浴血长征的川籍女红军

王友平 著

顾问 杨绍明 陈廷湘 熊华源

四川人民出版社

图书在版编目（CIP）数据

浴血长征的川籍女红军/王友平著.--成都：四川人民出版社，2025.1.--ISBN 978-7-220-13841-6
Ⅰ.K264.406；K825.2
中国国家版本馆CIP数据核字第2024NY4254号

YUXUE CHANGZHENG DE CHUANJI NÜHONGJUN

浴血长征的川籍女红军

王友平　著

出 版 人	黄立新
责任编辑	董　玲
责任校对	吴　玥
封面设计	李其飞
版式设计	张迪茗
责任印制	祝　健
出版发行	四川人民出版社（成都三色路238号）
网　　址	http：//www.scpph.com
E-mail	scrmcbs@sina.com
新浪微博	@四川人民出版社
微信公众号	四川人民出版社
发行部业务电话	（028）86361653　86361656
防盗版举报电话	（028）86361653
制　　版	四川胜翔数码印务设计有限公司
印　　刷	成都国图广告印务有限公司
成品尺寸	170mm×240mm
插　　页	7
印　　张	21.25
字　　数	345千
版　　次	2025年1月第1版
印　　次	2025年1月第1次印刷
书　　号	ISBN 978-7-220-13841-6
定　　价	59.80元

■ 版权所有·侵权必究

本书若出现印装质量问题，请与我社发行部联系调换
电话：（028）86361656

1937年,5位川籍长征女红军在陕西三原。左起:党之光、胡明秀、王新兰、彭道华、胡莹
(萧云 供图)

1949年3月,在第一届全国妇女代表大会期间,部分参加过长征的女红军在中南海怀仁堂前合影留念。照片前排左起:刘英、陈琮英、戚元德、周越华(原名周月华)、危秀英;中排左起:邓六金、甘棠、吴仲廉、邱一涵(头被挡者)、李伯钊;后排左起:吴朝祥、姓名不详、康克清、李坚真、李贞、廖似光、蔡畅(杨绍明、刘文山、袁振威 供图)

1951年，5位长征女红军老战友与孩子们在南京合影。后排：右一伍兰英、左一张静；中排：右一汪荣华、左一吴朝祥；前排左起：刘弥群（刘伯承之女）、刘永生（刘忠之女）、刘雁翎（刘伯承之女）、刘纪柱（刘忠之子）（刘蒨 供图）

1962年，五位红军时期的老战友合影。其中四位都是川籍长征女红军。前排：左一马奎宣、右一蒲秀珍；后排：左一王顺洪、右一蒲云（王小玲 供图）

1965年，8位川籍长征女红军老战友在北京合影。前排左起：彭克昌、蒲文清、岳世珍；中排左起：杨素珍、谭新华；后排左起：黄琳、蒲云、贺林（马立国、姚景云 供图）

1969年12月，参加过长征的5位川籍女红军老战友在北京合影。前排左起：史群英、彭真、建华；后排左起：贺林声、良梅（刘国华 供图）

1975年，5位川籍长征女红军老战友在北京郊区麦田合影。左起：马奎宣、王定国、何连芝、赵惠兰、赵明光（赵辉 供图）

1978年，红军老姐妹们在北京合影。后排左一张苏、左二权卫华、左四苏风（陶万荣）；前排右一林月琴（罗荣桓夫人）、右二何连芝（董必武夫人）、右三王定国（谢觉哉夫人）（李磬 供图）

1978年，安钦林（二排左一）、李明（二排左二）、侯立珍（三排右一）等16位川陕苏区女红军应邀出席成都市第七次妇女代表大会合影（陈新民 供图）

20世纪80年代初，川籍长征女红军张文（右一，洪学智上将夫人）与开国将帅夫人们出席电影故事片《女兵》开机仪式后合影。左起：康克清（朱德元帅夫人）、李贞（甘泗淇上将夫人）、张瑞华（聂荣臻元帅夫人）、林月琴（罗荣桓元帅夫人）、张文（洪炜 供图）

005

20世纪80年代,女红军张庭福(前排右三)与马光清(前排右一)等人在四川通江妇女独立团旧址合影(黄新世、杨毅 供图)

1985年,原西路军战士组团到甘肃张掖高台烈士陵园悼念西征时牺牲战友。前排均为参加了长征和西路军西征的女红军战士,左起:陈淑娥、李文英、王泉媛、何福祥、马玉莲、李玉兰、董桂芳(李菲菲 供图)

1986年，部分在京女红军参加纪念红军长征胜利50周年座谈会合影，其中多数是四川人。前排左起：刘立清、姓名不详、邬先碧、朱世清、严荣、华全双、李贞、康克清、陈琮英、王定国、吕明珍、姓名不详、李玉兰；中排右三王德银、右五王新兰、右七王克、右八孙克、右九李敏；后排右一着军装者为李开芬（张晓云　供图）

1997年，40位长征女红军在北京聚会，其中多数是四川人（杨庆平、张晓云、徐莎莉　供图）

目 录

序 / 001
绪　论 / 006

第一章　长征前川籍女红军概况 / 001
　　一、川籍女红军的分布与构成 / 001
　　二、川陕苏区建立的妇女武装及其革命斗争 / 033
　　三、川陕苏区大量女性参加红军及长征的主要原因 / 067

第二章　随中央红军长征转战 / 075
　　一、红色戏剧家李伯钊的三军历练、三过草地 / 076
　　二、宣传斗士甘棠的曲折长征路 / 089

第三章　随红四方面军进军川西与南下北上 / 094
　　一、英勇善战的妇女独立团 / 097
　　二、独特的妇女工兵营 / 122
　　三、救死扶伤的红军医院女战士 / 129
　　四、出色的红军剧团、宣传队女战士 / 141
　　五、随时转移的红军兵工厂与被服厂女兵 / 152
　　六、长征中失散的女红军 / 161

第四章　血战河西走廊 / 168
　　一、西路军妇女抗日先锋团的成立 / 169
　　二、随西路军西征的悲壮历程 / 172
　　三、西路军中失散的女红军 / 192

第五章　长征中的重要作用和贡献 / 199
　　一、宣传鼓动 / 200
　　二、参加战斗 / 213
　　三、后勤保障 / 217

第六章　对长征精神的丰富、宣传与终身践行 / 232
　　一、对长征精神内涵的丰富 / 232
　　二、对长征精神的大力宣传 / 263
　　三、对长征精神的终身践行 / 269

结束语 / 275

附　录 / 277
　　附录一：川籍女红军中的开国校官一览表 / 277
　　附录二：夫妻同属长征老红军的川籍女红军一览表 / 279
　　附录三：双方均参加过长征的部分川籍女红军夫妇合影 / 292

参考文献 / 315

后　记 / 323

中国工农红军长征是永垂不朽的中国革命史诗，也是人类历史上的伟大奇迹。其中，参加万里长征的女红军，尤其是川籍长征女红军感天撼地的英雄事迹和超绝人寰的战斗经历更是永远光耀史册的历史奇观。但是，由于历史研究不可能不受到主客观因素的影响而明暗不均，川籍长征女红军征战建功的英雄事迹长期处于历史研究的半明半暗之区，在中国工农红军长征已过去近一个世纪的漫长岁月里未得到充分的研究和应有的彰显。

人类的历史是有性别的，中国的历史也是有性别的。中国革命家明确指出"妇女能顶半边天"，人类的全部历史也毋庸置疑是由两性共同创造和共同构成的。中国工农红军长征是人类历史的奇迹，这个奇迹自然也是由两性所共同创造和构成。参加红军长征的女性尽管人数上远少于男性，但仍然是组成红军长征历史整体的两大结构之一。红军长征中的女性，尤其是川籍长征女红军，不仅在战胜千难万险，历尽千辛万苦，创造人间奇迹的行动方面，而且在革命理想的坚定性，牺牲精神的纯洁性方面完全能体现中国工农红军长征史诗的恢宏与壮丽。党史学者王友平教授为了使中国工农红军长征中女性的英雄史迹和精神辉光不致因年代久远而湮没不彰，潜心研究十多年写成了《浴血长征的川籍女红军》一书。该书的写成与出版将填补红军长征史研究的一大空白，不仅使长期处于黯然失色状态的长征女红军的光辉史迹较充分地展现于中国革命史册，也使中国工农红军长征的历史以更加完整的面貌呈现于广大读者面前。

王友平教授研究川籍长征女红军历史始于18年前。2006年夏，他被借调到中共中央党史研究室参加纪念杨尚昆同志诞辰100周年的有关文献整理编撰工作，成为《风云画典——一位饱经风霜的老革命家杨尚昆》一书的主要撰稿人之一。在此过程中，他有幸接触到杨尚昆夫人、长征女红军李伯钊的相关资料《李伯钊文集》《李伯钊传》等，由此开启了他研究长征女红军历史的艰苦探索进程。经初步研究，作者发现，在所有参加长征的女红军中，四川籍女红军占90%以上，仅红四方面军妇女独立团两个团就有2000多人，另有红四方面军后勤部门的女战士3000多人及其他一些跟随红四方面军长征的女性。其中又有1000多女红军随西路军参加了极其悲壮的西征。她们的悲壮革命事迹和崇高奋斗精神一直鲜为人知。当革命战争烈火硝烟散去之后，1000余名曾拼杀疆场、大难不死而幸存下来的川籍长征女红军在新中国的革命和建设中也继续作出了重要贡献。其时，这些负载着无数可歌可泣英雄故事的女红军绝大部分都已相继辞世，但她们感天撼地的人生经历和革命史事仍未彰显于世。见到这些尘封已久的光辉史迹，作者在感动与感叹之余，萌发了撰写一部比较系统反映川籍女红军长征历史全貌的著作。此际，红军长征胜利80周年纪念已经临近，党中央对红军长征研究高度重视，这给作者立即着手写作提供了一个重要契机。2014年底2015年初，作者独自策划了主编一本传记体《长征中的川籍女红军》著作的写作计划。

该书的编著首先得到了杨尚昆之子杨绍明的大力支持。经杨绍明多方联系与沟通协调，作者得到众多川籍女红军亲属的热情帮助。他们免费提供了许多在网络上、图书馆、档案馆里无法查到的宝贵一手贵资料（包括一些女红军珍贵老照片、内部资料回忆录等）。同时，作者还与全国20多个省份共160多家女红军后代建立了直接联系（其中包括董必武之女董良翚、朱德元帅外孙刘建将军，开国上将洪学智、萧华、朱良才、王宏坤等的子女及其他40多位开国将军亲属），从他们处获得了更多宝贵的历史资料。此外，作者还充分利用他曾在省地方志机关工作17年、曾任《四川省志》副总编的经历，从各地党史和地方志机构搜集到大量相关资料。功夫不负有心人，作者经过上述浩繁的资料搜集工作，为该书的撰著奠定了不可或缺的雄厚基础。这里，特别值得大书一笔的是有近20位女红军子女亲自参与了书稿的撰写。经过作者和众多川籍女红军亲属的共同努力，2016年，全国首部反映川籍长征女红军革命事迹的通俗读物《长征中的川籍女红军》正式出版。该书的出版，第一次将红军长征历史研究中长期湮没的数千巾帼英雄的事迹生动地展现于世，引起了巨大社会反响。

人的活动构成的历史是生动的，也是深刻的。作者深知，写成一部通俗读物，使川籍长征女红军的史迹传扬于千百万读者的意义毋庸置疑，但写成一部具有深刻性的川籍长征女红军史学专著，把川籍长征女红军的英雄历史置入史学殿堂的意义更为重要。因此，在完成川籍长征女红军通俗读物写作出版后，他又于2017年申报四川省社会科学"十三五"规划重点项目《川籍女红军的长征历程及革命贡献》获得批准，由此开启了撰写《浴血长征的川籍女红军》学术著作的艰辛历程。

经过七年上下求索，作者终于写成30多万字的《浴血长征的川籍女红军》书稿。该书是通俗读物《长征中的川籍女红军》的姊妹篇，是在此基础上重铸而成的全国第一部深入研究川籍长征女红军历史的学术专著。本书亮点众多，其中最突之处有两个方面：

其一，资料搜集、辨析与运用功力深厚。七年间，作者在北京、西安、成都、重庆、巴中等地采访了七位健在的川籍长征女红军（其中6位上百岁，现仅存1位）。这七位亲历者保存的资料和她们口述的长征史事是本书学术性得以极大提升的最珍贵史料基础，是致本书具有同类著述无法超越的学术价值的根本所在。

前文述及，作者在主编《长征中的川籍女红军》时，与160多家女红军亲属（其中包括女红军夫君属于国家级领导人的家庭有6家，属于开国将军家庭的有40多家）建立了直接的联系。从他们处得到了大量一手资料和口述史料，并用这些资料建构起川籍长征女红军们的小传。此次，作者对这些数量巨大的资料重新进行了深入研究，比照七位长征亲历者的口述资料和从四川省档案馆、成都市档案馆，及有关部门档案室搜集的相关资料（如四川省司法厅政治部档案室所藏关于毛主席为她取名的女红军岳克的资料），深入仔细加以分析考辨，以确定史料的可靠性。经过长期不计辛劳的辩证取舍，作者为本书成就为一部水平较高的学术专著奠定了更广泛的资料基础。

其二，厘清了川籍长征女红军研究的争议问题。川籍长征女红军研究尽管还相当薄弱，但涉及这一问题的单篇论文和相关著作还是较多的，要写出一部有高质量的学术专著，首先必须参阅这些著述，从中发现值得进一步讨论的问题，以便把研究引向深入。在撰写本书过程中，作者参考了《红军长征史》《红军女英雄传》《巴蜀巾帼壮歌——红四方面军女战士革命斗争实录》等近百部专著和相关文章300余篇。在这些著述中发现并厘正了大量有争议的问题，其中讨论解决的重大问题有两个。

一是长征妇女独立师是否存在的问题。长期以来，许多学者认为长征妇女独立师只是传说，并未真正成立。作者通过对大量红军长征亲历者，尤其是长征女红军的回忆录等可靠史料的深入分析，最终确认妇女独立师的成立可以肯定，只是存在时间很短暂。

二是参加长征的川籍女红军总人数问题。学界对究竟有多少女红军参加了长征，一直没有形成定论。学者们一般认定有2000多人。此外，学界尚存在参加长征的女红军共有3000多人、4000多人、5000多人、8000多人、1万多人等多种说法。本书作者参考多种文献，经过反复考证，得出了参加长征的女红军至少有5000多人，1万多人之说依据不足，8000多人的说法应比较可信且其中90%以上是四川人的结论。

《浴血长征的川籍女红军》的写作经过上述近七年的努力终于脱稿，一部富于学术价值的力作即将出版。七年时间在历史长河中连一个小小浪花都算不上，但七年时间对人的一生，尤其是对一个学者的学术生涯而言却是弥足珍贵的时光。友平教授为写作这部专著耗费了十分宝贵的学术生命力，但他七年辛苦也得到了应有的收获。《浴血长征的川籍女红军》填补了红军长征史研究的一个空白，必将在中共党史研究，尤其是红军长征研究领域产生具有长远的影响力。

历史研究本质上是一项永远没有最终结论的人类文化活动，任何史学著作都不可能完美无缺。《浴血长征的川籍女红军》的写成自然也不可能成为川籍女红军研究的终结，友平教授的行动也对此给出了正确的诠释。在此书写作尚未结束之际，友平教授又已申报国家社科基金项目《长征女红军对中国革命和建设的重要贡献研究》获得成功。他为《浴血长征的川籍女红军》的最后一句话画上句号之际，就是全面研究长征女红军对中国革命和建设的重要贡献的宏大学术新征程的开始。在《浴血长征的川籍女红军》即将付梓之际，我由衷地为友平教授所取得重要学术成就表示热烈祝贺，同时也希望他再接再厉，在自己选定的领域不懈耕耘，做出更多更有水平的研究成果。同时，我也预祝他的下一部全面研究长征女红军大作的写作取得更大更圆满的成功！

  是为序。

陈廷湘

2024年9月28日

绪 论

红军长征是人类历史上的伟大奇迹。长征创造了世界军事史上的奇迹，也创造了妇女解放运动史上的奇迹。大量女性参加中国工农红军（以下均简称"参加红军"）并参加万里长征，既是解放劳苦大众，也是解放妇女自身。长征女红军战士是战斗英雄，也是中国妇女解放运动的先驱。

习近平总书记在纪念红军长征胜利80周年大会上的重要讲话中，号召全党全军全国各族人民要"弘扬伟大长征精神、走好今天的长征路"。在新时代新征程中，我们更需要进一步深入研究长征历史、弘扬长征精神。而为数众多的女红军是红军长征主体中的一个重要组成部分，是长征中一个规模很大、作用重要的特殊群体，在中央红军（红一方面军）和红四方面军中都有四川籍女红军，其中绝大部分女红军战士都集中在红四方面军。据四川省妇女联合会20世纪90年代的统计，1935年春，随红四方面军西渡嘉陵江参加长征的女红军共有

8000余人[1]，其中绝大部分是四川人，占长征女红军总人数的90%以上。1932年12月红四方面军撤离鄂豫皖根据地进入四川通江县城时，"从鄂豫皖苏区入川的女红军有四十余名"[2]。以后红四方面军"扩红"招收了大量女兵，几乎都是四川人。而川籍长征女红军的人数规模远远超过海南的"红色娘子军"（1931年5月在海南岛成立的中国工农红军琼崖第二独立师第三团女子军特务连，次年春又在红三团扩编增设女子军特务第二连，1933年春解散，总共190人）[3]，是其数十倍之多。红四方面军长征出发时由从鄂豫皖入川时的1万多人发展到8万余人，其中跟随长征的女战士就占红四方面军长征总人数的1/10左右。这些参加了长征甚至参加了紧接着的西路军西征的川籍女红军战士最后大部分牺牲或被打散或被俘，只有极少数幸存者胜利到达陕北。1937年，中共中央妇女部部长李坚真（1907—1992）在延安对美国记者斯诺说："现在有600名妇女在延安接受正规化的军事训练，大部分是四川人。"[4]

长征时，除1934年10月随中央红军开始长征的两名川籍女红军战士李伯钊和甘棠外，川籍女红军全部集中在红四方面军。她们的年龄一般为十六七岁，最小的才七八岁，绝大部分都在长征中献出了年轻而宝贵的生命，且绝大多数都没有留下姓名。据四川省妇女联合会统计，新中国成立后在工作岗位的红四方面军女战士有名可查者总人数为434人（包括1992年12月前已去世的70人在内[5]，其中绝大部分是四川人）。

原红四方面军政治部副主任、开国上将傅钟将军曾说："红四方面军的女兵队伍，是古今中外人数最多、建制最齐、信仰最坚、理想最大、能征善战、功勋卓著，命运最为凄凉的、最富有献身精神的、唯一的一支英雄的女兵队伍。"所有长征女红军都对中国革命以及新中国建设事业做

---

[1] 四川省妇女联合会编著：《巴蜀巾帼壮歌——红四方面军女战士革命斗争实录》，四川人民出版社1993年版，第2页。
[2] 四川省妇女联合会编著：《巴蜀巾帼壮歌——红四方面军女战士革命斗争实录》，四川人民出版社1993年版，第38页、第482页。
[3] 顾秀莲主编：《20世纪中国妇女运动史》（上卷），中国妇女出版社2008年版，第345页。
[4] 李芝兰编著：《巾帼壮歌——川陕苏区女红军纪实》，大众文艺出版社2008年版，第303页。
[5] 四川省妇女联合会编著：《巴蜀巾帼壮歌——红四方面军女战士革命斗争实录》，四川人民出版社1993年版，第483—489页。

出了极其重要而特殊的贡献，其悲壮历程、光辉业绩和伟大精神，可歌可泣。这是一笔十分宝贵的精神财富，非常值得系统深入研究。

因各种历史原因，长期以来对长征女红军特别是为数众多的川籍长征女红军缺乏系统、全面和深入的研究，迄今为止，除了一些普及性通俗读物以外，尚无一部全面系统深入研究川籍长征女红军的专著问世。因此，为了深入贯彻落实习近平总书记《在纪念红军长征胜利80周年大会上的讲话》精神和党的十九大、二十大精神，大力宣传革命文化，增强文化自信，进一步弘扬伟大长征精神，很有必要对占整个长征女红军绝大多数的四川籍长征女红军群体进行全面系统深入的研究。

对长征女红军的历史记载，始于1935年陈云所著《随军西行见闻录》。80多年来特别是最近30年来，国内外众多专家学者出版了大量相关论著，有关长征女红军的图书多达数十种（参见文末所附《参考文献》）。其相关文献资料主要可分为以下四类：（1）人物传记性专著；（2）长征女红军回忆录、文集；（3）相关文艺作品；（4）相关论文和记述文章（目前在中国知网上查到以"女红军"为主题的报刊文章，共有300多篇，但关于"川籍女红军"的论文仅有2篇，即包括笔者撰写的1篇和指导的硕士论文1篇）。

以往对长征女红军集中记述较多的著作主要有以下6部：

（1）曾志主编《长征女战士》（两卷，北方妇女儿童出版社1986年版、1987年版），主要是对长征女战士的采访文章。

（2）《瞭望》编辑部编《红军女英雄传》（新华出版社1986年版）、《红军女英雄传（增补本）》（新华出版社1989年版），分别载有关于多位川籍女红军的介绍。

（3）四川省妇女联合会编著《巴蜀巾帼壮歌——红四方面军女战士革命斗争实录》（四川人民出版社1993年版），收录记述女红军专文45篇（分别介绍47人），主要是对红四方面军女战士的采访文章。

（4）李芝兰编著《巾帼壮歌——川陕苏区女红军纪实》（大众文艺出版社2008年版），收录记述女红军专文40余篇。

（5）中共中央党史研究室编《巾帼红军忆长征》（中共党史出版社2017年版），收录了85位长征女红军撰写的长征回忆文章共100篇（其中绝大部分是川籍女红军亲笔撰写或口授回忆），是研究长征女红军的重要一手史料。

（6）王友平主编《长征中的川籍女红军》（四川辞书出版社2016年版）、《长征中的川籍女红军（增订本）》（四川辞书出版社2024年版），共记载了240多名川籍女红军的革命事迹，并附录了1400多名长征女战士的姓名。

另外，还有关于长征女红军（包括川籍女红军）的若干报刊文章发表和少量未发表的相关文章，比如至今尚未公开发表的董必武夫人何连芝1962年口授整理成文的长篇回忆录。

以上公开发表的论著反映了关于长征女红军的许多研究成果，但其中最大的缺陷是，基本上只是对女红军进行个体零星记述或论述、故事性描写，有的几乎属于单个人物事迹记述的文章汇编，且为大众通俗性读物，而非关于女红军群体对中国革命和建设事业的贡献进行系统性研究和整体性论述的学术专著；中共四川省委党史研究室所著《红军长征在四川（修订版）》（四川人民出版社2017年版）一书中对女红军也无系统论述，只有分散在各页、比较零星的十余处记述，提到了妇女独立团、妇女独立师等妇女武装组织和张琴秋、吴朝祥、刘百兴、贾德福、蒲秀英、姜秀英、板登卓、彭明秀等8位女红军的姓名，各处相关文字总计不过寥寥几百字而已。因此，以前各种公开出版的著述，对于长征女红军特别是川籍女红军的长征历程和革命贡献的整体情况等记述可谓十分零散，很不充分，"只见树木，不见森林"。总体来讲，对长征女红军（主要是川籍女红军）群体的全面系统研究还很欠缺，尚无一本关于川籍长征女红军群体的研究性学术专著面世。但以前相当丰富的有关记叙性成果也为本课题的研究奠定了一定的资料基础。因此，很有必要对整个川籍长征女红军群体进行全面系统深入的研究，进一步挖掘其中的感人事迹和革命精神。

本书系首次全面、系统、深入地研究参加了长征的川籍女红军群体的革命事迹，论述这个特殊群体的重要革命贡献；深入挖掘其革命精神，并阐述这个特殊群体对长征精神内涵的丰富及其在后来的一生中对长征精神的传承与弘扬，揭示其时代价值和现实意义。

本书紧紧围绕长征事迹和长征精神，以丰富、生动、翔实、可靠的史料，凸显川籍长征女红军为争取民族独立和人民解放、实现国家富强和人民幸福所走过的光辉历程及其所做出的重要革命贡献。

第一章

长征前川籍女红军概况

一、川籍女红军的分布与构成

(一)川籍女红军的分布

1. 地域(籍贯)分布

红军三大主力部队(红一、红二、红四方面军)和红二十五军中都有女红军战士,但主要集中在红四方面军中,有好几千人,绝大部分是四川人。红四方面军女战士中,除少数是从鄂豫皖革命根据地转战到川陕革命根据地的(共45名)以外[①],她们都是在川陕革命根据地(主要在四川)参军的。她们主要来自四川省的通江、南江、巴中、阆中、广元、苍溪、旺苍、绵阳、江油、万源等地,其中通江、旺苍、苍溪、阆中籍女红军特别多,通江籍女红军人数是最多的。据有关统计,1982年12月25日

---

① 四川省妇女联合会编著:《巴蜀巾帼壮歌——红四方面军女战士革命斗争实录》,四川人民出版社1993年版,第482—483页。

经通江县人民政府一次性批准为革命烈士的失踪女红军就有499人①（其中有不少人是1935年随红军出征后失踪的）；另据《通江女红军》一书记载："目前，虽无通江妇女参加红军的准确数据，但按参加长征女红军有万人以上之数，约占红四方面军8万之众的1/8来计算，通江有4.8万人参加红军，近6万人随军参加长征。那么，通江妇女参加红军人数应该至少不低于1万人。"②该书还载有《通江女红军451名英烈名录》。1933年1月到1935年4月，旺苍县共有1.2万多人参加红军，其中妇女有3000余人，占了该县参加红军总人数的1/4。③由于后来川陕革命根据地的中心转移到旺苍，红四方面军在旺苍扩编，大量旺苍女性参军。在苍溪，1933年红军到来时，全县总人口仅28万，竟有3万余人参加红军，一家多人参军成为普遍现象。如苍溪县三川镇阳观村孟家嘴解元府当年有个姓孟的一家10人参加了红军，其中7人牺牲在长征路上。④"据不完全统计，苍溪全县先后有1500多名妇女参加红军。"⑤"阆中就有2.2万余人参加红军，红军撤离川陕苏区时，阆中有1.1万余人随队长征，其中有女红军500余人。"⑥

2. 单位分布

川籍女红军，除有两名（李伯钊、甘棠）在中央红军（红一方面军）工作以外，绝大部分集中在红四方面军，主要分布于红四方面军妇女独立团、妇女工兵营、剧团（剧社）、医院、军（师）政治部宣传队以及中共川陕省委妇女部、党校、妇女学校、保卫局等部门。保卫局设有妇女看守队。红四方面军"在总政、军、师部都有妇女宣传队，新剧团、医院、

---

① 《通江县部分女红军简介》，分享巴中，www.sharexbar.com，2016年6月16日。
② 彭俊礼主编：《通江女红军》，中国文史出版社2015年版，第3页。
③ 黄立诗主编：《旺苍苏维埃志》，中共旺苍县委党史研究室1997年编（内部资料），第23页。
④ 杨顺良：《解元府地孟家嘴 豪门一家十红军》，苍溪文艺网，2017年3月19日。
⑤ 中共苍溪县委党史研究室：《中国共产党四川省苍溪历史》，中共党史出版社2017年版，第97页。
⑥ 中共阆中市委党史研究室：《红色摇篮阆中革命老区》，四川师范大学电子出版社2011年版，第52页。

运输队、担架队、被服厂等也都有女同志，而且比例相当大[①]。"有的女红军是在部队的学校里工作，"除妇女学校以外，党校里也有女学员。在长征中办了党校……当时党校有200多人，其中女的有20多名，占10%左右"[②]。川陕苏区的广大劳动妇女，除了参加妇女独立团、妇女工兵营的数千人外，参加红军组织建立的机关、学校（包括妇女学校和党校）、工厂的还有1万多人[③]，其中大多数都是川籍女红军。

长征中曾任红四方面军总医院院部书记的李国策回忆说："总指挥部、政治部、后勤部（供给部）、卫生部及其所属单位，如剧团、医院、军工厂、运输队等单位中，红军女战士很多，甚至一些单位大多数工作人员是女红军。她们在后方机关和直属单位里工作，倒也适合一些。我们附属医院里，大多数是女同志，并且大多数是四川人，是在川陕苏区时参加红军的。她们的具体职务是：医生、看护（护士）、卫生兵、演员、炊事员、运输队员。她们大多数是未婚青少年，身强力壮，在劳动方面比我们男同志还能干，吃苦耐劳，艰苦奋斗，勇敢顽强，是生力军。她们很活泼，爱说、爱笑、爱唱、爱跳，她们那儿总是那么热闹，人还未见，声音先到。在雪山草地中，她们好像什么困难也没有似的，还是那样生气蓬勃，一片笑声，逗得我们男同志也精神起来了。"[④]

原川陕省委妇女部秘书、红四方面军妇女独立团营长陶万荣回忆说："当时，省和各县机关的宣传组织、党务、群众团体、后勤工作等都有女同志参加，后方工作的女同志占的比例也是很大的，党的代表大会、苏维埃代表大会，妇女代表占10%以上。……妇女同志发挥的作用很大，医院女的占绝大多数；工厂里做衣服、做军鞋绝大多数是女的。"[⑤]红四方面军总医院的担架队，为一个营的编制，营长何桂芝。原红四方面军总医院

---

① 李芝兰编著：《巾帼壮歌——川陕苏区女红军纪实》，大众文艺出版社2008年版，第36页。
② 李芝兰编著：《巾帼壮歌——川陕苏区女红军纪实》，大众文艺出版社2008年版，第23页。
③ 巴中老区促进会、中共巴中市委党史办公室编：《川陕苏区·巴中卷》，四川人民出版社2012年版，第199页。
④ 李国策：《万水千山只等闲》，载中共中央党史研究室编：《红军长征纪实丛书·红四方面军卷7》，中共党史出版社2016年版，第2889页。
⑤ 李芝兰编著：《巾帼壮歌——川陕苏区女红军纪实》，大众文艺出版社2008年版，第30—31页。

担架队的女战士吴秀英回忆说："担架队员是红军战士，绝大部分是妇女"；"每副担架四个人轮流抬，只要哪里有枪声，我们就出现在哪里，冒着枪林弹雨，奋不顾身地抢救伤员。"①

川陕省粮食局（有两个运输连）、卫生营、川陕省妇女团员学校（1935年4月成立，有两个连，各140人，校长刘桂兰）、红四方面军后勤部、供给部、卫生部、保卫局、中共川陕省委党校等单位中也都有不少女战士。还有红三十三军女子警卫连（连长郭长春）、川陕省保卫局妇女连等。

许多女战士参加红军时最初都是做宣传工作，后来又分配到了部队的其他部门，到红军各医院当看护（护士）的比较多。在长征前及长征中，这些女红军的工作单位也并非一成不变，有时要交流调动到其他单位去工作。

红军医院中有大量女战士。川陕苏区创建了一个庞大的医疗卫生机构系统，包括：红四方面军总医院1所（内设看护学校），分医院5所，军医院5所，团医务所（卫生所）44所，医护人员中有700多名女战士；②川陕省工农总医院1所，分医院6所，县工农分医院23所，③工农药店或药铺160多个，其中也有不少女同志。

红四方面军在川陕苏区组织了十分庞大的宣传系统，包括中共川陕省委领导下的各级党政地方政权（苏维埃）宣传机构和红军内部的各级宣传机构。红军的各级宣传队中，大部分是女同志。1933年参加红军、编入红四方面军第三十一军宣传队的四川旺苍籍女红军史群英（1922—2014）回忆说："宣传队当时有三四十人，一半是女同志，年岁不大。队下又分几个班。"④1935年，红四方面军第四军政治部宣传队共有三个分队，其中三分队共10人里就有6名是女孩子，包括王新兰，都是十二三

---

① 柳建辉主编：《川陕忠魂》，中共党史出版社2012年版，第130页。
② 四川省妇女联合会编：《妇女之路：新民主主义革命时期的四川妇女》，四川人民出版社2012年版，第50页。
③ 中共四川省委党史研究室：《川陕苏区（总卷）》，四川人民出版社2012年版，第385页。
④ 中国人民解放军文艺史料编辑部编：《中国人民解放军文艺史料选编（红军时期上册）》，解放军出版社1986年版，第350页。

岁的年龄，因此被又称为"娃娃兵"。王新兰年仅11岁，是"当时舞蹈组组长，念过书，聪明伶俐，长得非常可爱，性格也十分活泼，舞也跳得最好"，是那个宣传队分队"女孩子中的佼佼者"。[①]红四方面军第三十一军扩红宣传队有三四十人，其中一半是女战士；红四方面军第三十三军宣传队有50多人，其中绝大部分是女战士。中共川陕省委宣传部设有宣传队，总共有200人左右，主要由妇女和青年组成。[②]

表1　川陕苏区时期红四方面军女红军工作单位分布情况统计表（不完全统计）

单位名称	成立时间	成立地点	人员构成及变动情况
妇女独立团	1934.4	南江	共设2个团，共有2500余人。1935年3月，随红四方面军西渡嘉陵江长征。长征开始后不久曾一度编散。1935年8月，在理番，又把各军、政府掉队的女同志和妇女独立团原有的一部分人集中起来编成一个妇女营，共500多人，吴朝祥任营长，下设5个连。1936年4月，在炉霍整编时只剩下1000余人。
总供给部妇女工兵营	1933	通江	营长林月琴，很快发展到500人左右。1935年春，随红四方面军西渡嘉陵江长征。
总供给部被服厂	1933	通江	其中设有男工厂、女工厂。早期就有林月琴、王泽南、赵正富、张文、刘照林等100多名女战士。另有各军供给部所设被服厂，如红四方面军第四军供给部被服厂共有男女二三百人，分6个班，女战士有100多名，通江籍女红军张文就曾在此任班长，后随军参加长征。
兵工厂	1933	通江	最初由红四方面军总经理部部长郑义斋兼任厂长，规模最大时共有1000多人，有许多女兵。
妇女粮秣队	1934.6		共有300多人，除队长外，全是女战士。叶冰、胡桂英即是其中的队员。

---

① 冉光照：《为了理想的社会》，载中共中央党史研究室编：《红军长征纪实丛书·红四方面军卷7》，中共党史出版社2016年版，第3284页。
② 何先成：《川陕苏区的女宣传队员》，达州日报网，2019年10月18日。

续表

单位名称	成立时间	成立地点	人员构成及变动情况
红四方面军总医院	1933.12	通江	直属西北革命军事委员会，医、政、军合一，是部队卫生勤务系统的指挥机构和最高医疗卫生业务单位。女红军将领张琴秋曾任总医院政治部主任。医务人员由最初的30多人发展到近200人。下设5个分医院（每个军1个）。办有红色卫生学校。其中，看护营有两个女看护连共200余人；洗衣队设4个连300余人全是女性；被服厂全是女工共240余人；卫生大队、炊事排、运输长等部门也有不少女性。1935年1月，撤离通江王坪，3月底随军西渡嘉陵江长征，这时总医院及分院共有1万多名伤病员。此后，全由医院的担架队和妇女独立团担任医院补给和运送伤员工作。1935年6月，红一、红四方面军会师后，红四方面军总医院与中央红军总医院合并为总卫生部。有的师也有医院，如红二十五师医院，医护人员中曾有几百名女战士，年龄最小的才12岁。
川陕省工农总医院	1933.8	通江	有15个病号连，下设6个分院。1934年在通江时，全院有工作人员420多名。1935年3月随军西渡嘉陵江长征，各分院随党政机关撤离。1936年11月，在甘肃会宁解散，人员并入部队。四川达县籍女红军李开芬就随工农总医院一道长征并随西路军西征。
中共川陕省委妇女部	1933	通江	首任妇女部部长张庭福（原名张庭富），后为姚明善、刘坚、吴朝祥等。其主要任务是号召受苦受难的妇女积极参加苏维埃，为前线打仗的红军做鞋做衣、搬运粮食和弹药、抬送伤员和动员妇女参加红军等。
中共川陕省委妇女学校	1934	巴中	成立时共有学员900多名，刘桂兰任校长，负责轮训各县妇女干部和准备提拔的妇女积极分子，然后分配到各县去担负重任。川籍女红军华全双学习成绩优异，毕业后就留在了少共省委妇女部。
川陕妇女团员学校	1935.4	茂州	由妇女独立团选出2个连整编而成，每个连140人左右，均为党团员。校长刘桂兰。伍兰英在一连任排长。
大金省委妇女干部学校	1935.10	绥靖	吴朝祥任校长，按连队分班组织，共有200多人，其中藏族50多人，汉族学员都是全副武装。既是工作队，又是战斗队，后来称妇女营。

续表

单位名称	成立时间	成立地点	人员构成及变动情况
红四方面军新剧团	1933.2	通江	该剧团又称红四方面军政治部剧团。初名"蓝衫剧团"，1933年8月改名"川陕苏维埃工农剧团"，专业人员有六七十人，按军事编制，同正规部队一样。后分3个剧团，合起来相当于1个营的编制。剧团成员中，女战士占绝对优势。1935年3月，剧团随红四方面军总政治部西渡嘉陵江长征。长征中，1935年11月，在天全县杨家湾整编为两个剧团，改称"中央前进剧社"，简称"前进剧社"，社长李伯钊。会宁会师后，缩编为一个团，改称"前进剧团"，共约七八十人。
总卫生部卫生所	1935.6	炉霍	负责人为傅连暲，成立之初共有医务人员10名，其中9人是女红军。
各部队宣传队	1933		总政、军、师都有妇女宣传队，人员数目不一。红三十一军政治部扩红宣传队共有300多人，大都是女战士。
红三十一军供给部	1933		其中缝衣工厂有一个女兵排，共有36名女红军，排长侯前进。
红四军电台运输连	1935		其中有1个女班共12人，班长常玉勤等9人在长征中牺牲。梁金玉任副班长。

资料来源：欧阳彬主编：《四川省医药卫生志》，四川科学技术出版社1991年版；中共通江县委党史研究室编：《通江苏维埃志》，四川人民出版社2006年版；中共旺苍县委党史研究室编：《红军在旺苍》，吉林文史出版社2018年版；中共中央党史研究室第一研究部：《巾帼红军忆长征》，中共党史出版社2017年版；李芝兰编著：《巾帼壮歌——川陕苏区女红军纪实》，大众文艺出版社2008年版等。

（二）川籍女红军的构成

1. 年龄构成

川籍女红军参军时绝大多数都青少年儿童，最小的只有几岁。红四方面军的女战士年龄一般在10—30岁，其中大部分是14—20岁的川北农村妇女，年龄最小的只有七八岁。川籍长征女红军中，万曼琳和苏力参加红军时都只有7岁，李登玉在1933年与姐姐李登福一起参加红军时只有8岁，王新兰、陈其、霍守云都是9岁时于1933年参加红军的，通江籍女红军李鸿翔12岁时参加红军。1926年夏出生的万曼琳（南江人）和1927年初出生的苏力（青川人），应该算是长征路上最小的两位川籍女红军。

其中，也有个别年纪较大参加红军的妇女，如60多岁参加红军并随子女一起参加长征的藏族女红军杨金莲（1870—1972），50多岁带领全家参加红军并长征的女红军王理诗（1882—1936），还有50岁参加红军的四川巴中籍女战士、后来参加长征和西路军西征的温秀英（1883—1964），等等。

当年红军"扩红"时，沿途招收了大量未成年男女儿童。红四方面军中失散的藏族女红军阿木初回忆说，1935年的一天，红四方面军某部长征过松潘时，见她这个女孩子在山上放牛，就亲切地对她说："跟我们走吧，你看，有这么多的人参加了红军，都是干革命的。"当时她才12岁，对红军毫无认识，也不懂得什么是革命。但她亲眼看见有200多个年龄与她相仿的男女小孩，从他们的脸上看不出恐惧和忧愁，也看不出被折磨的痕迹，并且只见那位带领这些孩子的红军大姐很和善，也很亲切，因此她觉得跟着他们走不会有坏事，于是就决定跟着红军走了。这200多个十一二岁的孩子参加红军后，从松潘到小金，一路上得到红军战士的精心照料和日夜保护。粮食奇缺，沿途他们看到的是凄凉空旷的村子，还有被反动派杀害的红军战士的尸骨，部队多半靠树根、野菜充饥，偶尔弄到一些粮食，红军都先让孩子们吃。不幸的是，当他们随部队到达金川集沐乡时，两个连的红军奉命迅速转移，只留下一个班的红军和那位红军大姐护送这批

长征女红军万曼琳
（1926—2023）

长征女红军李登玉（1925—）
（王翊供图）

孩子兵。一天，他们这200多人行至集沐额固处，借宿在一藏民家，当晚突然遭到一帮反动武装包围。红军战士英勇抵抗，全部壮烈牺牲。这批孩子和那位红军大姐由于住在最里面的房间里，未被敌人发现，幸免于难。但祸不单行，就在次日凌晨，当他们行至业龙乡时，又遭土匪抢劫，那位精心保护他们的红军大姐也不幸遇难了。最后土匪把这批孩子捆在一起，从业龙桥上推下了河。阿木初没被淹死，爬出躲藏到一间牛圈里，后被一个好心的藏民收留，得以幸存。①

长征女红军苏力
（1927—2022）

有的女孩子为了参加红军故意报大年龄，如四川旺苍籍女红军侯敏（1920—2008）。1933年6月的一天，父亲叫她去赶集换盐巴，她看见家乡旺苍县白水乡来了红军，街上到处是人，还有几个剪着齐耳短发、身穿灰色衣服、打着绑腿的女红军在人群中宣传。一个高个子女红军说："红军是穷人自己的部队。"她挤过去一看，原来是"扩红"报名处。她鼓起勇气，向那位高个子女红军问道："女人也能当兵吗？"当她得到肯定的回答时，又问："那你们要不要我呀？"招兵的人问她几岁了，她就故意把自己的年龄多报了两岁，说："15岁。"招兵的人又问她："当红军可是要走路的哟，你走得动吗？"她挺起胸膛回答说："怕什么？别说走路，让我干什么都行。"就这样，她成了红四方面军三十三军的一名女战士。由于走得太匆忙，也来不及告诉家人。四年之后，随军参加长征到达延安时，侯敏才给家里去信，告诉父母她参加了红军。②

2. 家庭出身

川籍女红军基本上是贫苦农民，"参加地方赤色武装的百分之九十九都是贫农、雇农、手工业工人、个别中农、贫苦青年、牧童、劳动妇女

---

① 李芝兰编著：《巾帼壮歌——川陕苏区女红军纪实》，大众文艺出版社2008年版，第174—175页。
② 侯敏：《长征后，父母才知道我参加了红军》，载中共中央党史研究室第一研究部编：《巾帼红军忆长征》，中共党史出版社2017年版，第627页。

等。地主富农是没有资格参加的"①。但也有极个别比较富裕家庭出身的女孩参加红军的,其中童养媳、放牛娃、孤儿参加红军的较多。有的是一家中一人参加红军,有的是多人甚至举家参加红军。

川北一带,童养媳参加红军的占很大比例。如王定国、王长德、何连芝、何子友、刘坚、华全双、蒲文清、孟瑜等都当过童养媳,后来参加了红军。红军女战士王秀英说:"参加红军的女战士里,百分之六十的人都当过童养媳。"②有的童养媳是从婆家偷偷跑出来参加红军的。女红军刘坚就是一个典型例子。

刘坚(1919—2005),原名萧成英,出生于四川通江县大黄坝萧家湾一个佃农家庭。7岁时,因外婆病故,父母去吊丧,把她寄养在姑父家里,谁知姑父竟丧尽天良,为了买3两大烟土,几天后就将她卖给了一个陈姓地主家的傻儿子做童养媳,受尽非人的折磨。9岁那年,陈家把她送到一个团总家里当丫头,在那里度过了苦不堪言的3年,12岁时又才回到陈家。每当痛苦难耐之时,她就经常想起小时候父亲所说:"我们要坚强地活下去,世道一定会变的。"1932年冬,红四方面军一路征战,翻过大巴山,进入四川北部的通(江)、南(江)、巴(中)一带,刘坚的父亲萧长春把这个消息偷偷地告诉了她,还说红军是为穷人谋利益的部队。1932年12月的一天,在父亲的帮助下,刘坚终于逃出了那个陈姓地主家,拿着农民协会开的条子,翻山越岭,经过一昼夜的奔波,找到了红四方面军第十师三十三团。在父女俩的再三恳求下,红军部队最终同意接收这个刚满13岁的女孩子参加红军,团政治处主任给她取名为"萧成英"(后来在抗大学习时改名为"刘坚")。③她入伍后,被编入团妇宣队当宣传队员。1933年9月,组织上见她作风泼辣、能力很强,就由中共川陕省委书记袁克服和省团委书记郭先富介绍,由共青团员破格批准转为中共

---

① 《中国工农红军第四方面军战史资料选编·川陕时期》(上),解放军出版社1993年版,第353页。
② 谢太平:《烽火长征巾帼魂——怀念我的红军母亲》,《中华魂》2016年第9期,中国共产党新闻网,2016年9月29日。
③ 彭琳、潘超:《蓦然回首兮 峥嵘岁月稠——记广州军区三位红军长征女战士》,《广东党史》2004年第6期。

川籍女红军王定国（左）与蒲文清合影（何丽　供图）

党员。1934年10月，刘坚出席川陕省第四次党员代表大会，在会上当选为省委常委，并任省委妇女部部长，成为当时川陕红军中最年轻的省级领导人，后来参加长征。

女红军王秀英说，刘坚"在南江、长赤、广元一带搞了半年的扩红宣传工作，妇女们的热情空前高涨，每天都有近百名的妇女报名参军。那种场面，人数之多、影响之大，感人至深。"①

有些是由孤儿到当童养媳后再参加红军的。如曲飞（原名罗坤、罗正坤），1923年出生于四川苍溪东河镇，父亲和两个哥哥被国民党反动派杀害，母亲含恨离世，她成了孤儿，10岁便因生活所迫当了童养媳，备受虐待和折磨。1933年，红军来到她家乡，她坚决要求当红军，可红军负责登记报名的人嫌她年纪太小不收，她坐在山上大哭。乡苏维埃委员何光秀见她要求当红军的决心这么大，就建议她先加入儿童团，说儿童团是红军的预备队，她便随何委员到乡苏维埃政府参加了儿童团。当时儿童团跟红军部队一样，儿童团员每天早早起床出操，还要上课，学军事、学文化、学政治。参加儿童团的，大多是穷孩子。与部队不一样的是，儿童团的主要任务是站岗放哨。儿童团员充当把守苏维埃政权与敌占区之间交通要道上的小卫士和小耳目。同时，儿童团员们还在后方搞宣传，每当红

---

① 谢太平：《烽火长征巾帼魂——怀念我的红军母亲》，《中华魂》2016年第9期。

军前方捷报频传，他们就打着小红旗，敲锣打鼓，到处宣传前方的胜利。1935年4月，曲飞随儿童团下乡搞宣传，一去半个多月，等到返回原驻地时，红军部队早已开走了，地方红色政府机关也跟着一起撤离了。无奈之下，他们12位儿童团员（年龄都在10—13岁）决心坚定革命道路不动摇，决定沿着红军走的路，去赶上大部队，大家推选了一个很有主见的小女孩何连英担任这个"特别行动小组"的组长。随后，他们打听清楚了红军走的道路和方向，向西赶去。为了防止碰上敌人引起怀疑惹麻烦，他们12个人分批行动，并装扮成逃荒要饭的叫花子，假装互不认识，各走各的路。他们跋山涉水，风餐露宿，途经剑阁、江油、中坝、北川、茂县等地，一路上吃了不少苦，还巧妙地摆脱了人贩子的拐卖，机警地躲过了野兽的袭击，克服了饥寒，战胜病痛的折磨，历时三个多月，行程一两千里，终于在快进草地的边沿地区赶上了红军部队。川陕省委妇女学校连长何连芝满怀喜悦地对他们说："能赶上部队就是胜利。你们从小就这么有志气、有毅力，不愧是革命的好后代，是党教育出来的英雄少年！"[1]后来，他们这些红小鬼一直跟随红军大部队行动，走完了长征。

有的是由丫鬟（丫头）参加红军的。当年四川通江、巴中一带流传一首歌叫《丫鬟走出鬼门关》，歌词中写道："穷人债难还，卖女当丫鬟；丫鬟多磨难，血汗都流干；红军来了砸枷锁，丫鬟走出鬼门关。"四川青川籍女红军苏力回忆说："我是从地主家逃出来的丫头，一个人投奔了红军。"[2]

还有童养媳夫妻双双参加红军的。如宣汉籍的女红军李素芳，因家里太穷，很小时被抱到杨万银家当童养媳。一般来讲，童养媳的生活是很苦的，但李素芳却遇到了好人家，丈夫杨万银对她很是疼爱，夫妻关系相当和谐。1933年红军到了宣汉，杨万银首先在妻子李素芳的支持下参加了红军。随后19岁的李素芳看见红军队伍里有女同志，并且当地也有不少妇女参加了红军，她便下定决心参加了红军，不久调入红四方面军妇女独立团，并参加了长征，在长征中因病失散（夫妻也从此分离），后幸存

---

[1] 李芝兰编著：《巾帼壮歌——川陕苏区女红军纪实》，大众文艺出版社2008年版，第36页。
[2] 中共中央组织部、解放日报社合编：《长征路上访红军采访实录》，百家出版社1996年版，第70页。

于理县杂谷脑①。又如通江的李开英，家里很穷，她先是动员丈夫参加了红军，不久自己又带着十几岁的独生子鲜炳文一同参了军。

有的女孩是在给地主家当放牛娃时参加红军的。例如四川通江籍女红军杨琴（原名杨在田，1939年改名为杨琴），9岁时因家境贫困被迫给地主家当放牛娃，饱受折磨。1932年底，她与村里的几个嫂子姐妹到乡苏维埃报名要求参加红军，因年龄太小被拒，后又跑到县苏维埃坚决要求参加红军，最后被接收入伍。1934年她被任命为团部对敌宣传队副队长，1935年随红四方面军参加长征，在长征中过草地时奄奄一息，被妇女部领导吴朝祥救起，接着随红四方面军总医院翻越大雪山，险些滚下雪山，又被吴朝祥救起，终于走完长征，到达会宁。②

1939年，老红军杨琴（左）与张天伟在延安结婚照
（张国新 供图）

也有个别家境较好的女孩参加红军。她们大多数受过一定教育，具有一定的社会理想抱负，从而参加红军，走上革命道路。比如曾受过良好教育的李伯钊，地主家庭出身的昭化"俏小姐"张明秀、江油何曼秋，出身于苍溪县武术世家的陶淑良，富裕家庭的宣汉籍王新兰，封建没落家庭的达县籍李开芬、达县蒲家场小学校长之女高壁升等都加入了红军，走上了长征之路。

还有不少属一家多人甚至举家参加红军干革命的川籍女红军战士。据不完全统计，在川籍女红军中，至少有60多家是一家多人甚至全家参加红军的。

---

① 四川省阿坝藏族羌族自治州妇女联合会编：《女红军在雪山草地》，民族出版社1990年版，第116—121页。
② 四川省妇女联合会编著：《巴蜀巾帼壮歌——红四方面军女战士革命斗争实录》，四川人民出版社1993年版，第405页。

表2　一家多人参加红军的部分川籍女红军情况统计表

序号	姓名	籍贯	生卒年代	参军年代	相关情况
1	马朝清	通江	1919—1998	1932	和两个哥哥马朝贵、马朝胜及一个嫂嫂四人一起参加红军。1935年一起随红四方面军参加长征。马朝贵在长征时牺牲，马朝胜牺牲于抗日战争。
2	张文（原名张熙泽）	通江	1919—2022	1933	与二哥张熙汉一起参加红军，均在红四方面军第四军供给部被服厂工作，并一起参加长征。在长征中与红四军政治部主任洪学智结婚。1936年加入中国共产党。参加了抗日战争和解放战争。新中国成立后，历任第十五兵团附属幼儿园主任、志愿军留守处幼儿园主任、总后机关家属委员会主任、中央广播事业局秘书、吉林工学院组织部长、总后管理局顾问等职。
3	苟秀英	通江	1920—2014	1933	与姐姐苟先珍、丈夫钟永福等全家多人参加红军。1935年随红四方面军长征。1939年加入中国共产党。新中国成立后，曾任重庆造纸厂工会主席。
4	刘坚（原名肖成英）	通江	1919—2005	1932	与弟弟肖发森一起参加红军。曾任中共川陕省委常委、省委妇女部部长，参加了长征。1955年被授予上校军衔。
5	林桂珍	通江	1919—1995	1933	与两个哥哥一起参加红军，曾任红三十军卫生排排长，1936年在长征中失散，后流落在甘肃临夏县河西乡。二哥林焕青长征后参加西路军西征，任副师长，在战斗中牺牲。
6	杨朝珍	通江	1919—	1933	与父亲杨本银一起参加红军，并一起长征。父亲在长征中牺牲，她因奉命就地安葬父亲而掉队。
7	陈久红（原名程天友，又名陈天有）	通江	1919—1953	1932	和哥哥姐姐共3人一起参加红军并长征，1934年加入中国共产党。1952年在中南行政区工作时，随丈夫郭维权和子女回到江西省赣州市会昌县白鹅乡定居。病故后被追认为烈士。

续表

序号	姓名	籍贯	生卒年代	参军年代	相关情况
8	李开英	通江	1903—1937	1933	与丈夫和儿子鲜炳文参加红军并参加长征和西路军西征，一同在祁连山战斗中牺牲。李开英曾在长征中任红四方面军总供给部妇女工兵营二连指导员。
9	李玉南	通江	1916—2010	1932	和弟弟一起参加红军。第三次过草地时姐弟相见，弟弟从此杳无音信。历任少共川陕省委妇女部部长和少年先锋队总指挥长、刘华工厂连长、红四方面军新剧团团委书记、红四军政治部宣传队指导员、川北行署农民协会特派员、通江县妇联主任等职。
10	邓秀英	通江	1922—2014	1934	在父亲邓心科的带领下参加红军，1935年春与父母、兄弟、姐妹、姐夫等一家八口参加长征。背着6岁的弟弟邓玉乾长征。长征中，父亲病故，哥哥牺牲，母子三人流落四川甘孜，经历十年苦海，终获解放。1963年，与弟弟全家回到老家通江县新场乡。
11	梁金玉	通江	1917—2018	1934	与哥哥梁金海一起参加红军，任红四方面军运输队副班长，参加长征。新中国成立后，曾任江苏省丹阳县县委书记。梁金海在长征中牺牲。
12	赵玉香	通江	1917—	1934	和父亲赵三怀、母亲岳氏、大哥赵大魁、二哥赵胖娃一起参加红军，都加入中国共产党。在长征中任红四方面军妇女独立团连长，1936年随西路军文工团参加西征，1937年在战斗中受伤被俘，逃出虎口后流落甘肃和政县。父母被国民党杀害，大哥在战斗中牺牲，二哥在长征中失踪。

续表

序号	姓名	籍贯	生卒年代	参军年代	相关情况
13	熊芝兰	通江	1916—1992	1933	与哥哥熊天平（后改名程平）一起参加红军，先编入红四方面军妇女独立营，后进入红四方面军总医院，哥哥编入红三十一军警卫队。1935年3月，兄妹俩一起参加长征。1937年春在红军"援西军"作战中因病失散流落于陕西泾阳县手巾白村安家落户。1979年经中共中央组织部指示地方党委审核认定为老红军。
14	杨银本	通江	1920—	1933	与大哥一起参加红军，大哥不久牺牲。曾任红四方面军总医院一分院洗衣队队长，1935年参加长征，1936年参加西路军西征，在战斗中受伤被俘，关押在宁夏银川马匪监狱。新中国成立后，曾在银川市街道做群众工作。
15	张庭富（后改名张庭福）	通江	1919—2010	1932	和哥哥张庭国一起参加红军。1933年加入中国共产党，同年担任中共川陕省委首任妇女部部长。1935年随红四方面军长征。1936年，与哥哥一起参加西路军西征（哥哥在西征中牺牲）。新中国成立后，曾任甘肃省高台县天城乡妇联主任、乡党支部书记。
16	张 苏（张甦）	通江	1921—2007	1933	与两个哥哥、一个姐姐一起参加红军，历任红四方面军第四军政治部宣传员、新剧团团员、供给部被服厂缝纫班班长，参加长征。三哥张德良在长征中牺牲；二姐张德知曾任妇女独立团连长，在随西路军西征时牺牲。1955年被授予中校军衔。
17	万曼琳	南江	1926—2023	1933	与哥哥万兴煜一起参加红军并参加长征，后哥哥在长征中牺牲。1940年10月入延安中国女子大学特别班就读，之后在苏维埃边区及中央军委机要局工作。新中国成立后，先后在西北军区等单位工作。20世纪60年代，在西安市地方工业局任人事科科长，因病提前离休。

续表

序号	姓名	籍贯	生卒年代	参军年代	相关情况
18	龙春莲	南江	1917—	1933	和父亲一起参加红军，父女同时参加长征和西路军西征。1937年在康龙寺战斗中被俘后流落。新中国成立后，曾任村党支部书记。父亲在西征中牺牲。
19	王洪应	南江	1917—2001	1933	与姐姐王洪兰一起参加红军。1935年随红四方面军长征，1936年加入中国共产党。历任红三十一军供给部班长、排长、连长等职。参加了抗日战争和解放战争。新中国成立后，曾任上海市唐山中学党支部书记、上海市虹口区人民政府调研室调研员等职。
20	唐成芝	南江	1913—1989	1933	与妹妹唐成英一起参加红军并长征。曾任红四方面军第九军政治部宣传员、总医院洗衣队班长、红四方面军总部办事处妇女连一排排长。1937年在延安加入中国共产党。1946—1956年任冀东荣誉军队学校正连职组织干事。后因病休养。
21	岳　克	南江	1918—2015	1933	和大哥岳书华、二哥岳华明及堂兄岳仁和一起参加红军并长征，二哥牺牲。长征到达陕北后，1936年10月加入中国共产党，曾任毛泽东主席办公室第一秘书处副指导员。参加了抗日战争和解放战争。新中国成立后，曾任四川省劳改局政治部科长等职。
22	孙　克	巴中	1921—2008	1933	与两个哥哥、一个舅舅一起参加红军，并参加长征。大哥、舅舅在长征中牺牲。1934年加入中国共产党。新中国成立后，在中央调查部工作，曾任国家安全部处长等职。
23	王少莲	巴中	1920—2023	1933	与母亲许发英、哥哥王少福一起参加红军。王少连在红军反"六路围攻"中与部队失散，后一路乞讨回家。母亲曾任红四方面军妇女独立团排长，参加长征，后因作战受伤与部队失去联系，1964年终于辗转回到老家。哥哥在长征中牺牲。

续表

序号	姓名	籍贯	生卒年代	参军年代	相关情况
24	王希云	巴中	1918—	1933	和两个哥哥王希胜、王希吉一起参加红军，一年后两个哥哥牺牲。她在长征中负伤被送回家乡。
25	杨翠兰	巴中	？	1934	与父亲杨家禄、哥哥杨世栋一起参加红军，参加长征。1934年加入中国共产党。父、兄皆牺牲。后随西路军西征，担任红九军政治部文工团指导员，因受战伤失散，流落于甘肃平凉县。
26	李 萍 （原名李富德）	巴中	1919—	1933	与二哥一起参加红军。曾任大金省委少共妇女部部长，参加了长征。新中国成立后，曾任南江县妇联主任。
27	雷秀珍	巴中	1919—2017	1933	与哥哥雷崇德、姐姐雷玉珍参加长征，先后在红四方面军总政治部任通讯员和宣传队员，三兄妹参加长征。长征中，姐姐牺牲。
28	程淑珍	巴中	1921—1994	1933	和父亲、堂兄一起参加红军并参加长征。1936年秋随西路军西征中受伤掉队流落在甘肃省景泰县芦阳镇安家落户。
29	熊翠兰	巴中	1914—1992	1933	与父亲熊洛国、丈夫李宗和一起参加红军并长征。1934年加入中国共产党，曾任红四方面军妇女独立团一连三班班长。1936年在随西路军西征中于临泽战斗中与部队失散，讨饭流落到青海，后在临泽安家落户。1954年重新加入中国共产党，后被政府认定为流落红军，享受相关待遇。
30	余秀英	巴中	1914—	1933	与哥哥余隆海一起参加红军并长征。1935年加入中国共产党，曾任红四方面军妇女独立团一营二连二排排长。长征后在甘肃喇嘛寺沟附近被马步芳匪军所俘，被推进"万人坑"未死。后流落到河南郑州。

续表

序号	姓名	籍贯	生卒年代	参军年代	相关情况
31	肖汝存	巴中	1912—	1933	和弟弟肖明亮一起参加红军并参加长征和西路军西征，1937年被俘，后流落在青海大通县安家务农。弟弟在西征中牺牲。
32	李林（原名李玉和）	巴中	1917—1991	1933	与哥哥李富和一起参加红军。1934年任红四方面军妇女独立团副连长，1935年参加长征。
33	龚家淑	阆中	1906—	1933	与哥哥龚家忠一起参加了红军，参加长征和西路军西征。新中国成立后，定居宁夏银川。
34	戚应雪	阆中	1919—	1933	与大哥戚应森、二哥戚应元参加红军，加入了中国共产党，曾任川陕省邮政部部长。大哥、二哥于1934年在张国焘"肃反"中被错杀，她从此也失踪。
35	安明秀	阆中	1920—1998	1933	与两个哥哥一起参加红军，先后在红四方面军总部文工团、总医院，参加长征和西征。两个哥哥在长征中牺牲。
36	吴明兰	阆中	1912—1991	1933	与哥哥吴明庆一起参加红军并参加长征。1936年10月随西路军西征，任妇女抗日先锋团排长。1937年初被俘，后流落青海西宁。1956年加入中国共产党。
37	侯正芳	阆中	1922—2016	1933	一家9人参加红军，8人牺牲（包括两个哥哥）。历任红四方面军总政治部剧团、红二方面军战斗剧团团员。先后参加长征、抗日战争和解放战争。1955年被授予少校军衔。
38	李三珍	苍溪	1912—1990	1933	与丈夫马世杰一起参加红军（后丈夫牺牲），长征中编入红四方面军妇女独立团，任连指导员，因负伤流落邛崃。

续表

序号	姓名	籍贯	生卒年代	参军年代	相关情况
39	王永忠	苍溪	1910—2008	1932	与父亲、弟弟一起参加红军。历任红四方面军妇女独立团连长、指导员，红九军宣传队长，参加了长征和西路军西征，1937年西路军失败后流落甘肃，1987年得以确认其红军身份。父亲和两个弟弟均在长征中牺牲，丈夫在西征中牺牲。
40	卢桂秀	苍溪	1917—2017	1933	和哥哥卢桂榜一起参加了红军，并一起参加了长征。长征时，芦桂秀任红四方面军总政治部宣传队团支部书记。芦桂榜在长征后不久牺牲。
41	孟丽君	苍溪	？	1933	1933年与哥哥孟觉先、嫂嫂孙素娥及堂兄孟光先、孟明先等一家10人参加红军并长征，其中7人在长征中牺牲或失踪。
42	王秀英	旺苍	1913—2002	1933	与哥哥王松坤一起参加红军，1934年调到妇女独立团任班长。哥哥王松坤牺牲。
43	牟炳贞	宣汉	1921—2020	1933	随着两个哥哥、两个嫂嫂一家五口参加红军，最初在红四方面军总医院第二卫生所当护士，后参加长征，1936年随西路军西征。新中国成立后，曾任甘肃省永登县妇联主任。2020年2月8日在成都逝世。哥哥牟炳和曾任新疆生产建设兵团伊犁农场场长，另一个哥哥在长征中牺牲。

续表

序号	姓名	籍贯	生卒年代	参军年代	相关情况
44	张绍清	宣汉	1921—	1934	和妹妹张绍益一起参加红军。1935年，在妇女独立团随红四方面军总部参加长征。1936年11月，编入妇女抗日先锋团随西路军西征。1937年1月，在高台战斗中受伤与大部队失去联系，流落青海，后落户甘肃临夏县刁祁乡友好村。1987年，享受红西路军相关政策补助。
45	赵兰	万源	1908—2002	1933	任妇女独立团二营二连连长，与两个亲兄弟一起参加长征，哥哥赵映忠和弟弟赵映霄都在长征中牺牲。
46	陈银花	万源	1917—1976	1933	和弟弟陈东吴、妹妹陈白花一起参加红军，长征途中与弟、妹一见成永别。1936年在甘肃武山县因病掉队。
47	王理诗	达县	1882—1936	1933	与丈夫李惠荣及子女一家九口参加红军，5人牺牲，其中4人牺牲在长征途中（包括王理诗及其长子李中泮、次子李中池、女儿李中珍），只剩下4人（李中柏、李中权、李中衡三兄弟及妹妹李中秋）胜利到达陕北。1955年，李中权被授予少将军衔；李中秋被授予上校军衔。
48	蒲秀英	达县	1917—	1933	与哥哥蒲定忠一起参加红军，1935年随红四方面军长征。1936年又和兄妹一同随西路军参加西征，均被俘，均逃出。曾任西路军妇女独立团指导员。落户青海省贵德县河西乡。

续表

序号	姓名	籍贯	生卒年代	参军年代	相关情况
49	杨文局	达县	1913—1998	1933	与弟弟杨文治一起参加红军。1934年，与红四方面军总经理部（后改称总供给部）部长郑义斋结婚。红军时期，历任中共达县县委委员和妇女部部长、川陕省工农银行保卫科科长、红四方面军妇女工兵营营长等职。参加了长征和西路军西征。弟弟在万源保卫战中牺牲。新中国成立后，先后担任甘肃武威县妇联主任、永昌县妇联主任、酒泉劳改局被服厂厂长等职。
50	赵明英	达县	1914—	1933	与哥哥赵明恩、妹妹赵明珍一起参加红军，参加长征并随西路军西征。赵明恩曾任红三十一军营长，在战斗中被俘牺牲。赵明英曾任西路军新剧团三团团长、妇女团副团长，西征失败后被俘，后定居甘肃临夏。
51	高泽升	达县	1914—1935	1933	1933年与弟弟高太升、堂妹高璧升一起参加红军。1935年春随红四方面军长征后，进入西康省藏族地区，带领十多个女红军战士为红军购粮到土司家背运，遭敌人楼下伏击而牺牲。弟弟高太升在操练手榴弹时爆炸牺牲。堂妹高璧升长征到达陕北后与老红军李戒迷结婚，新中国成立后曾任云南省交通厅航务处副处长。
52	张惠	南部	1919—	1933	随哥哥一起参加红军，曾任红九军八十一团宣传队队长，1935年调任妇女独立团一营二连排长。参加了长征。

续表

序号	姓名	籍贯	生卒年代	参军年代	相关情况
53	杨金莲（原名班登卓）	金川	1870—1972	1935	在先参加红军的大女儿姜秀英的动员下，60多岁的杨金莲携带小女儿姜萍（14岁）和大儿子姜德成、小儿子唐志泉（12岁）全家4人参加红军，编入红四方面军第九军，参加长征。1936年杨金莲随红军到达陕北后，在延安与两个女儿意外重逢，但小儿子唐志泉在随西路军西征时牺牲。
54	龙正英	金川	?	1935	和姐姐龙秀英及兄弟等5人一起参加红军。
55	张明秀	昭化	1918—2011	1935	带着妹妹张明莲一起参加红军并长征，妹妹牺牲。张明秀曾任红四方面军妇女排长、新四军军部教导队女生队指导员。1939年，与罗炳辉将军结婚。
56	夏秀英	平昌	1927—	1933	与父亲夏修汉一起参加红军，参加了长征和西路军西征。
57	王顺洪	宣汉	1919—1999	1933	与哥哥王顺玉、王顺正一起参加红军。长征时，她担任红四方面军总医院看护长。两个哥哥先后牺牲。
58	贯文翠	广元	1917—2000	1933	和两个哥哥贯玉成、贯玉伟一起参加红军并长征。曾在红四方面军第三十一军、广元县苏维埃妇联工作。1937年驻甘肃省庆阳地区，在八路军129师385旅被服厂担任缝纫工作至全国解放。1950年任庆阳地委行政公署组织部干部，同年随丈夫老红军敬正坤回四川南部皂角乡（今属升钟镇）老家定居。两个哥哥在长征中均牺牲。
59	李秀珍	广元	1919—	1933	与哥哥一起参加红军并参加长征（哥哥在长征中牺牲）。1936年10月随军转战河西，1937年在梨园口战斗中受伤被俘，押往西宁羊毛厂做工。

续表

序号	姓名	籍贯	生卒年代	参军年代	相关情况
60	甘棠 （原名阚思颖，又名阚思英）	南溪	1910—1971	1934	1926年加入中国共产党。1934年10月随中央红军长征。1935年春奉命留川南，任中国工农红军"川南游击纵队"政治部宣传队队长，后调任司令部指导员兼组织干事。1938年起先后担任中共四川省工委秘书长、中共川康特委妇委书记、中共石家庄市委妇委书记等职。新中国成立后，历任中共重庆市委妇委书记、四川省高级人民法院副院长等职。哥哥刘鼎（原名阚思俊），1923年加入中国共产党，曾任中共中央特科第二科副科长，1933年任闽浙赣苏区政治部组织部长、红军第五分校政委。新中国成立后，历任重工业部副部长、兵工总局局长，第一、第二、第三机械工业部副部长并兼任航空科研究院院长等职。

资料来源：曾志主编：《长征女战士》，北方妇女儿童出版社1986年版；王友平主编：《长征中的川籍女红军》，四川辞书出版社2016年版；有关各市（县）党史、地方志，部分女红军亲属采访资料等。

李中权、李中秋一家长征到达陕北时合影（李洋　供图）

1996年,王定国(左)与红军老战友曲飞合影(徐莎莉 供图)

2022年5月,中央广播电视总台大型电视专题片《长征之歌》摄制组记者赵阳等在四川省巴中市巴州区鼎山镇蝉池村采访百岁女红军王少连(王友平 摄)

3. 文化程度

女红军战士绝大多数入伍时都是文盲,只有极个别的女孩能识字。共产党和红军高度重视红军战士的文化教育和政治思想教育,想方设法让女战士识字学文化。例如,四川阆中籍女红军孟瑜(原名李翠芝),1933年在通江参加红军编入妇女独立营,就是在参军后才学会读写自己的名字和"共产党""毛泽东""革命""农民"等字词的①。当时，在参加长征的红军战士中，不少人因出身贫穷，没有机会读书识字。于是，在行军路上他们就想了一个办法，让每个战士背上写着字的小纸片行走，而且每个人背上的字都不一样，这样后面的战士就可在行军中学习认识前面战士背上所背的文字。当时王定国也不识字，可她就在长达一年多的行军途中，竟然认了不少的字，这个收获非常出乎她的意料。②当时红军在与敌人进行军事斗争的同时，还特别注重学习文化。如红四方面军第三十军政治部要求"每个战士每天要认五个字，班长及党团员每天要多认一个字"③。

4. 民族构成

川籍女红军中汉族占绝大多数，也有一些少数民族。长征前，参加红军的几乎全是汉族。1935年3月红四方面军撤离川陕革命根据地开始长征后，由于很快进入川西北高原藏族羌族聚居区，沿路经过了茂县（今茂汶县）、汶川、理番（今理县）、马尔康、懋功（今小金县）、金川地区（包括当时绥靖、崇化、丹巴、绰斯甲等地）、红原、若尔盖、阿坝、黑水、松潘、壤塘，沿途一些少数民族男女纷纷参加红军，以藏族、回族、羌族较多。少数民族地区在1949年以前，是封建农奴制的社会，各族人民特别是劳动妇女身处于水深火热之中。经过细致的民族宣传和动员工作，不少少数民族地区的女性参加红军，她们中有老中青年女性甚至小女孩参加红军。如"理番县妇女部部长陈再茹（陈在茹）动员姜秀英参军，由于她的影响，姜秀英年过半百的母亲班登卓（后改名杨金莲）也带着年幼的子女姜萍（14岁）、姜德成、唐志泉（12岁）参加了红军。金川县勒马乡来了三位缠过脚的女红军，动员龙正英和姐姐龙秀英及兄弟等五人参加了红军。一位女红军在金川咯尔乡德胜村动员那里的群众参军，把全村青年、妇女都动员去参加了红军，群众反映这位女红军真能干"④。还

---

① 龙铮：《孟瑜：走过雪山草地，董老为她取名》，《长征中的川籍女红军》，四川辞书出版社2016年版，第297页。
② 余玮：《王定国：老红军的红色记忆》，《党史纵览》2016年第6期。
③ 蔡文金、韩望愈主编：《川陕根据地革命文化史料选编》，三秦出版社1996年版，第63页。
④ 四川省阿坝藏族羌族自治州妇女联合会编：《女红军在雪山草地》，四川民族出版社1990年版，第22—23页。

有金川藏族妇女杨秀英，红军长征刚到她的家乡后不久就参军了。"仅金川县参加红军的就有1000余人，其中妇女大约占30%。其他茂县、理番、懋功、松潘、马尔康等地均有不少妇女参加红军"①。1935年底，红四方面军解放绥靖县（今金川县）后，建立了绥靖回民苏维埃政权，动员回民参加红军，一次就动员了马华凤等30余名回族妇女参加红军，编入红五军②。又如，1935年红四方面军新剧团在理番县（今理县）蒲溪乡举行军民联欢会，唤醒了当地群众的觉悟，几百名羌族群众参加红军，羌族200多名红军中就有100多位女红军。③红军长征过雪山草地时，茂县、理番、马尔康、金川等地参加红军后杳无音信的藏、羌、回、汉等各族女红军共有27人，还有无数无名的各族妇女参加长征时牺牲，埋葬在雪山草地。④不仅如此，少数民族女性为红军筹粮、修路，当向导、翻译，做宣传工作等，起了很大作用。

（三）川陕苏区妇女组织机构及其对支持扩大红军的作用

自从1933年初川陕革命根据地建立后，中共川陕省委非常重视把广大劳动妇女发动和组织起来。1933年2月，中共川陕省委第一次党员代表大会就明确提出建立、发展"妇女生活改善委员会"，这是川陕苏区最初的妇女组织，后改名为"女工农妇协会"，受川陕省委中共（少共）妇女部领导。在川陕苏区党的组织系统中，省委、道委、县委、区委均设有妇女部；乡村党支部设有妇女干事，领导妇女工作。女红军干部张琴秋、姚明善等都先后担任过省委妇女部部长。共青团省委各级组织也设有领导青年妇女的妇女部，吴朝祥、萧成英（亦作肖成英，后改名刘坚）等女红军先后担任过部长。省工会系统设有女工部领导妇女工人的工作。1933

---

① 刘永国：《红军长征在川西北少数民族地区的政治动员工作论析》，《毛泽东思想研究》2015年第3期。
② 周锡银：《长征时期有关回族的重大事件和人物》，《中国穆斯林》1997年第3期。
③ 四川省阿坝藏族羌族自治州妇女联合会编：《女红军在雪山草地》，四川民族出版社1990年版，第34页。
④ 四川省阿坝藏族羌族自治州妇女联合会编：《女红军在雪山草地》，四川民族出版社1990年版，第43页。

年6月，中共川陕省委第二次党员代表大会通过的《组织问题决议案》中提出："以后党在各种斗争中应注意争取妇女特殊利益。从斗争中扩大党员中的劳动妇女数量，并注意吸收积极的劳动妇女参加各种领导机关工作。"[1]同年8月，川陕省工农兵代表大会制定了保护妇女婚姻条例。9月，在巴中召开了全省妇女大会。随后，中共川陕省委在紧急动员根据地人民群众粉碎刘湘对红军发动的"六路围攻"期间，确定了党对妇女工作的具体要求，提出"发动广大的劳动妇女参加整个阶级斗争"，强调"在消灭刘湘的紧急动员中，各地妇女积极参加拥护红军的工作是非常重要的"，要求各村一定要把"妇女生活改善委员会"组织起来。

1933年，中共川陕省委还制定发布了《妇女斗争纲领》，分为"妇女的""女工的"两部分，其中有关"妇女的"部分共12条，明确规定：

（一）妇女在政治上、经济上、教育上与男子一律平等；（二）妇女有结婚离婚的自由；（三）劳动妇女与男子同样有分得土地的权利；（四）妇女有组织为自己谋利益的妇女会、妇女生活改善委员会的自由；（五）劳动妇女有参加政治机关的权利，与男子同样有选举权和被选举权；（六）劳动妇女有参加组织工会、农会及一切社会团体的权利；（七）雇工苦力妇女应增加工资和改良待遇；（八）青年妇女与男子同样有享受教育的权利；（九）反对包办婚姻；（十）反对买卖婚姻及童养媳制；（十一）反对多妻多妾、蓄婢制度；（十二）反对封建势力的压迫和旧家庭的束缚！[2]

《妇女斗争纲领》有关"女工的"部分共6条，包括男女同工同酬、照顾女工等项。其中所列各条，均与妇女的切身利益和政治命运密切相关。这是对劳动妇女的解放，也是对妇女参加红军、参加革命的动员。因此，川陕苏区有大量妇女参加红军。

---

[1] 林超主编：《川陕革命根据地历史长编》，四川人民出版社1982年版，第385页。
[2] 中共旺苍县委党史研究室等：《血沃苍山——红四方面军转战苍溪》，中共党史出版社2015年版，第125页。

中共川陕省委决定于1934年3月8日国际劳动妇女节召开川陕省妇女大会（女工农妇代表大会），同年10月又于巴中召开了川陕省第三次妇女大会。

川陕革命根据地建立以来，中共川陕省委这些政策措施，使川陕苏区广大妇女第一次获得了解放，得到了"生活改善；在政治、经济、文化教育上与男子一律平等；婚姻自由；女工与男子同样工作拿同等工资，在产前后休息8个星期。农村劳动妇女都分得好田好地"[1]等权利。并且，劳动妇女和男子同样有参加红色政权管理工作的机会。据不完全统计，川陕省苏维埃政府内务委员会和省苏维埃委员会中的妇女领导干部约有10人，省苏维埃政府委员会干部中等大小职员妇女占150名以上（革命法庭、保卫局女警和政府各部、处的女子杂务工作人员尚未计入）[2]。巴中、赤江、广元、万源、仪陇等县苏维埃政府的内务委员会主席都是妇女，其中许多人随红四方面军参加了长征。比如达县苏维埃政府主席雷明珍随红四方面军长征到达了延安，曾为许世友的夫人。

表3 中共川陕省委、大金省委妇女部历任部长一览表

姓名	籍贯	生卒年代	主要革命经历
张庭福（原名张庭富）	通江	1917—2010	1932年参加革命，并动员100多人参加红军。1933年加入红四方面军妇女独立营，任排长，同年加入中国共产党。1933年2月当选中共川陕省委妇女部首任部长，同年底改任川陕省苏维埃政府内务委员会主席兼省苏维埃政府委员。1934年与川陕省苏维埃政府主席熊国炳结婚。1935年春随红四方面军第三十军参加长征。1936—1937年参加红军西路军西征，祁连山战役失败后被俘，后逃到甘肃高台县天城乡。新中国成立后，先后任天城乡妇联主任、乡党支部书记。1960年回故乡通江定居，享受红军待遇。

---

[1] 林超主编：《川陕革命根据地历史长编》，四川人民出版社1982年版，第387—388页。
[2] 林超主编：《川陕革命根据地历史长编》，四川人民出版社1982年版，第388—389页。

续表

姓名	籍贯	生卒年代	主要革命经历
姚明善	南江	1903—	1933年2月参加红军，1933年6月当选中共川陕省委妇女部部长，同年底到重庆从事党的地下交通工作，1938年辗转回到延安从事革命工作。曾入延安女子大学学习。1955年复员回到四川，定居达县红星村。
刘坚（原名肖成英）	通江	1919—2005	1932年12月参加红军，1933年加入中国共产党。1934年当选为中共川陕省委常委。1935年任中共川陕省委妇女部部长，参加长征。1939年调往新四军从事民运等工作。新中国成立后，相继任湖南省军区后勤部副政委、广州军区司令部直属政治部副主任（副军职待遇）。1955年被授予上校军衔。
吴朝祥	通江	1918—1998	1932年参加红军，次年加入中国共产党，历任少共川陕省委妇女部部长、红四方面军直属妇女独立第2团第1连指导员、刘华工厂厂长、妇女独立团营长。1935年2月，任红四方面军妇女独立师第2团政治部主任，随后参加长征。1935年9月，任中共大金省委妇女部部长，同时兼任大金省委妇女干部学校校长。抗日战争时期，任延安中国女子大学校务处副处长、辽东军区第二医院政治委员。解放战争时期，历任辽东军区卫生部政治处主任、东北野战军第4纵队第10供给部政治委员、第四野战军第41军第121师供给部政治委员等职，参加了辽沈战役和渡江战役。新中国成立后，历任第四野战军后勤部直属供给处政治委员、武汉八一小学校长、武汉军区总医院副政治委员、湖北省军区后勤部副政治委员、湖北省军区顾问等职。1955年被授予上校军衔。是第四届、第五届全国人民代表大会代表。

1935年10月，中共金川省委（又名大金省委）在卓木碉成立，同时还建立了少年共产国际金川省委（简称少共省委），下设妇女部和少共妇女部。其中金川省委妇女部部长由女红军吴朝祥兼任，少共金川省委妇女部部长先后由女红军肖成英、李富德担任。中共金川省委在所辖汶川、茂县、理番、懋功、绥靖、崇化、丹巴、马尔康等各县及区、乡建立了妇女组织。许多县、区级妇女部部长都由女红军担任。

表4　1935年阿坝地区各县级妇女组织的妇女部部长一览表

组织名称及职务	姓名	备注
茂县妇女部部长	吕明珍	红军
中共汶川县委妇女部部长	李玉兰	红军
中共崇化县委妇女部部长	陈在如（又名陈再茹）	红军
中共汶川县下庄区委妇女部部长	唐忠秀	红军
中共懋功县委妇女部部长	何连芝（后为吴秀英）	红军
中共绥靖县委妇女部部长	傅文翠	
少共懋功县妇女部部长	赵玉香	红军
少共汶川县妇女部部长	曾学珍	红军
少共崇化县妇女部部长	熊明珍	
少共丹巴妇女部部长	朱德云	红军
少共绥靖县妇女部部长	赵桂英	
绥靖县苏维埃政府妇女部部长	杨秀英（后改名赵光）	红军

资料来源：四川省阿坝藏族羌族自治州妇女联合会编：《女红军在雪山草地》，四川民族出版社1990年版，第25—26、66页。

吕明珍（徐保平　供图）

1961年冬，红四方面军老战友何连芝（左）、吴朝祥（中）与朱德云（右）在湖北武昌东湖客舍合影（韩延宏、乐洪　供图）

2015年10月，女红军赵桂英（前排右二）百岁诞辰时与子女们在内江合影
（田冲 供图）

妇女组织的领导干部大多是红军，对发动群众支援红军作战、扩大红军规模的作用是很大的。因为当时苏区妇女工作的中心任务就是支援战争、保卫苏区，具体工作是搞宣传，发动群众。1933年在巴中参加红军的少共金川省委妇女部部长李富德（后改名李萍）回忆说："当时妇女部的人一部分是搞宣传的，一部分是搞侦察的。搞宣传的任务是争取群众，搞侦察的主要任务是摸清敌情。"[1]对群众的宣传工作是根据当时的形势进行的。红军到达金川时，很多老百姓因为不了解红军的政策，听人造谣，都跑到森林里躲起来。因此，当时女红军们的主要工作是"安民"，向少数民族宣传红军的政策，宣传"红军是穷人的队伍，是打富济贫的队伍，是保护群众利益的"，"红军不杀人，不放火，不共产共妻"。其主要目的是争取少数民族同胞回到寨子里来，并培养少数民族干部，争取他们参加红军。经过宣传，当地老百姓慢慢回到家里，后来还有很多藏族青年参加了红军。天宝（原名桑吉悦希）和其他几位藏族女同胞如姜萍等就是在1935年参加红军并走出雪山草地的。正如李富德所说，"长征中他们会汉语和藏语，多数当翻译，为战胜敌人、走出雪山草地做了很大的贡献。"

---

[1] 四川省阿坝藏族羌族自治州妇女联合会编：《女红军在雪山草地》，四川民族出版社1990年版，第65页。

原中共川陕省委妇女部部长、川籍女红军姚明善回忆说，"当时妇女工作的中心任务是支援战争，保卫苏区"①。1933年，姚明善与省委、省苏维埃、政治部、省保卫局等单位的同志一起，先后被派到长赤、南江、万源等县去做发动群众、支援红军等工作，还教妇女唱《送郎当红军》《送子上战场》等革命歌曲，动员妇女送自己的亲人参加红军，扩大红军队伍。随着战争的需要，他们还组织了妇女运输队，为前线运送武器弹药、粮秣给养；还组织妇女当看护，精心护理伤病员，并组织宣传队到医院慰问伤病员等。后来，根据组织安排，姚明善脱下军装，赴重庆参加党的地下交通工作。

二、川陕苏区建立的妇女武装及其革命斗争

川陕苏区大量妇女参加红军，并在红军中建立了成建制的妇女武装。川陕苏区主要妇女武装有红四方面军妇女独立团（最初为妇女独立营）、妇女工兵营等组织，广大妇女群众和红军女战士在中国共产党的领导下开展了卓有成效的革命斗争。

（一）红四方面军妇女独立营的成立与参加反"三路围攻"

1933年元旦，红四方面军总指挥徐向前率部进入四川通江县，不久占领南江、巴中，使红军在川北有了立足之地，"从此进入创建川陕革命根据地时代"②。1933年2月，红军解放南江长池，更名为"长赤"，同时建立长赤县苏维埃政府。红军入川后，把解放妇女、发展妇女组织包

红军时期的徐向前
（徐小岩　供图）

---

① 李芝兰编著：《巾帼壮歌——川陕苏区女红军纪实》，大众文艺出版社2008年版，第5页。
② 秦基伟：《秦基伟回忆录》，解放军出版社2007年版，第52页。

括妇女武装作为一项重要工作内容。

1933年3月，当反四川军阀田颂尧发起的"三路围攻"从战略防御转为战略对峙阶段时，为了加强后方防卫，中共川陕省委和红四方面军总部决定，对机关进行整编、精简，在通江县城成立"红四方面军妇女独立营"，由红四方面军总部和川陕省委抽调机关干部100余人和妇女群众积极分子200余人组成。1933—1934年间，川陕苏区所辖各地成立了大量妇女独立营、连，红四方面军总部直属妇女独立营只是众多妇女独立营中的一支。在它成立前后，苏区所辖各地方存在大量不脱产、半脱产、脱产的妇女独立营、连等妇女武装。

妇女独立营首任营长是年仅17岁的红四方面军总政治部妇宣队队长陶万荣（1916—1995，湖北麻城人，后改名苏风），政治委员是曾广澜，指导员是刘桂兰，军事教员是秦基伟。这支妇女部队下辖4个连，直属西北革命军事委员会参谋部领导。

陶万荣（阮晓浒 供图）

妇女独立营营长陶万荣回忆说："大批的妇女同志参加红军和在各级政权机构中工作，特别是在各县，还成立了不少不脱产的妇女独立连、独立营等地方妇女武装，她们……表现得十分出色，为创建和保卫川陕革命根据地发挥了越来越大的作用。为了适应广大妇女群众武装保卫革命政权的要求，加强后方警卫，更好地配合主力红军作战，粉碎敌人的围攻，川陕省委和红四方面军总部决定组建一支正规妇女武装。"[1]

妇女独立营上级主要负责人实际上是张琴秋。张琴秋（1904—1968），浙江桐乡人，1924年加入中国共产党，曾留学苏联莫斯科中山大学，1932年底随红四方面军撤离鄂豫皖苏区西征时担任红四方面军

---

[1] 陶万荣：《妇女独立营》，载《艰苦的历程——中国工农红军第四方面军革命回忆录选辑》（上），人民出版社1985年版，第408页。

七十三师政治部主任，后来担任红四方面军总政治部主任，是红军中唯一的女将领。她富有组织指挥才能和战斗经验，而且早已具有带女兵的经验。红四方面军撤离鄂豫皖苏区西征时，张琴秋被指定为红七十三师收容队队长，负责收容伤病员和掉队的红军战士。这时，张琴秋发现离他们不远处一直有一群女孩子紧跟着收容队。她派人去查明，原来她们都是被遣散回家的红军女战士。她们见到张琴秋时，都哭诉着不肯脱离红军回家，一定要跟着红军继续干革命。张琴秋深受感动，便答应了她们的请求，收留了她们。①

张琴秋（刘竞英 供图）

1933年，秦基伟奉命组建红四方面军总部警卫团并任团长。警卫团一成立，便立即投入粉碎四川军阀田颂尧受蒋介石之命向红四方面军发起的"三路围攻"。秦基伟在回忆录中说红四方面军"总部成立了一个妇女独立营……参谋部派我去当过一段时间的军事教官"②。

1984年国庆大阅兵受阅部队总指挥秦基伟
（秦畹江 供图）

妇女独立营成立之初设有3个连，后扩编为4个连，每连约七八十人，其中人数最多的一连，有100多人。从营长到马伕全是女同志，多为四川籍女红军。曾广澜回忆道：

---

① 《军嫂》杂志社编著：《跟着信仰走——我们家的长征故事》，人民出版社2016年版，第71页。
② 秦基伟：《秦基伟回忆录》，解放军出版社2007年版，第58页。

当时妇女独立营的任务是保卫后方，担任交通工作，因为大部分男同志已编成队伍调往前方去。当时妇女独立营的军事生活和男同志一样，剃光头、绑裹脚、戴帽子、背子弹袋子，每人一杆马枪、两颗手榴弹，天天练，入夜行军、进攻防御、夜间偷袭等军事演习……妇女独立营内部的组织人员，从领导到勤务员均为女同志。对国民党影响很大，反动派很伤脑筋……当时妇女独立营编制为4个连（10个人为一班），约300多人，编3个连又多，4个连不满，叫4个连。这些妇女都由各部队或机关集合起来的。当时妇女独立营中只有四个同志是从鄂豫皖来的，其姓名为陶万荣、刘桂兰、我和一个姓徐的。当时刘桂兰为连指导员，姓徐的为连长或是排长，其余均为四川的女同志。[①]

新任营长陶万荣肩负重任，怀着忐忑不安的心情去红四方面军总部报到，受到总指挥徐向前、政委陈昌浩的热情鼓励。徐向前鼓励她说："组织上经过认真考虑，决定派你去担任妇女独立营的营长。你虽然比较年轻，但身体条件好，又经过战火的考验，不少同志都认为你打仗勇敢。"陈昌浩接着对她说："这个地区的妇女由于过去受的苦难深重，所以革命热情特别高，也很能干，建设这支妇女正规武装意义很大，省委和总部都非常重视。你们这个妇女独立营将直属总部领导，营的各级干部和大部分战士，将从军直和省直各机关中抽调，不足的话，还可从地方妇女干部和妇女武装中选调一些……"[②]为了战斗时怕被敌人发现是女性和免得生虱子，以及便于负伤时治疗，妇女独立营的女战士一律剃了光头，像男同志一样。紧接着，就是紧张的战前训练。

50多年后，苏风（原名陶万荣）还清楚地记得红四方面军妇女独立营成立的情景：

1933年3月的一天，在通江县城的一个学校广场上，举行了中国历史

[①] 李芝兰编著：《巾帼壮歌——川陕苏区女红军纪实》，大众文艺出版社2008年版，第20—21页。

[②] 中共中央党史研究室第一研究部编：《巾帼红军忆长征》，中共党史出版社2017年版，第602页。

上第一支红色妇女正规武装——红四方面军妇女独立营的成立大会。400余名身着军服、头戴五星八角帽、身佩长短枪支和大刀的红军女战士,英姿飒爽,神采飞扬,整齐地排列在广场上。红四方面军总部和省委的很多首长都出席了成立大会。整个通江城几乎都被轰动了!广场被干部、战士和周围群众围得水泄不通。人们都用惊喜的目光看着,一个农村妇女赞叹地说:"没想到妇女也能扛枪打仗,啧啧,共产党和红军真了不起!"[1]

妇女独立营成立的消息立即轰动了川东,广大劳动妇女跋山涉水,纷纷赶来参加。但因编制所限,妇女独立营不能全部收留,只好把她们转送到各红军医院和其他后勤单位去。

秦基伟由总部调到妇女独立营担任军事教官后,除了做些必要的课堂讲解外,大部分时间是在操场上组织女战士们进行实际操练。他把队伍一分为二,由营长陶万荣和他各带一队,到野外进行实战演习,包括投弹、射击、刺杀等科目的训练。全营指战员最感兴趣的就是野外演习,主要是演练怎样进攻和防守,怎样打扫战场、押解俘虏,怎样抢救伤员和运送弹药等,有时是一方攻、一方守,有时是双方共同抢占一个山头。女战士们都是刚是走出家门的年轻姑娘,没有文化,更没受过军事训练,也不懂得组织纪律,一开始列队训练时还闹出许多笑话。营长陶万荣回忆说:"训练中,秦基伟同志讲解耐心,反复示范,同大家一起练,每次练完都是一身汗。女战士们学习的劲头也都很足,练投弹,很多人胳膊都练肿了,但没有一个叫苦的;练射击,因为当时人多枪少,常常是歇人不歇枪,夜深人静时,还有人对着星星练瞄准;练刺杀,女战士们还在草靶子画上蒋介石、田颂尧、刘湘等人的头,带着对敌人的仇恨,杀声震天,苦练猛刺。"[2]经全营指战员共同努力,披星戴月地抓紧练兵,她们的军事素质很快得到提高。总部首长徐向、陈昌浩等对妇女独立营十分关心。

---

[1] 中共中央党史研究室第一研究部编:《巾帼红军忆长征》,中共党史出版社2017年版,第602页。
[2] 陶万荣:《妇女独立营》,载《艰苦的历程——中国工农红军第四方面军革命回忆录选辑》(上),人民出版社1985年版,第412页。

表5　1933年川陕苏区妇女武装组织情况统计一览表

组织名称	建立时间	人数	首长姓名	备注
通江县妇女独立营	1933年3月	400余人	陶万荣	系红四方面军总政治部直属
长赤县妇女独立营	1933年4月	250余人		长赤县在今南江县
赤北县妇女独立营	1933年	900余人	不详	
巴中县鼎山独立营	1933年9月	400余人		辖5个连，其中2个女兵连，由吴朝祥任营长
万源县妇女独立营	1933年9月	200余人	杨桂英	
万源县妇女赤卫军连	1933年10月	200余人	何连芝	
长胜县妇女独立营	1933年	200余人	吴朝祥	
江口县妇女独立营	1933年10月	200余人	尹洁尔	
营山县妇女独立营	1933年11月	300余人	王定国	设有3个连，由郑莲芳、李思、罗德秀分别任连长，后大部分分配红九军
南江县妇女独立营	1933年	400余人		
苍溪县妇女独立连	1933年12月	160余人	覃帮秀	

资料来源：中共达县地委党史工作委员会编：《川陕革命根据地斗争史》，华夏出版社1989年版，第234页；中共通江县委党史办研究室编：《通江苏维埃志》，四川人民出版社2006年版，第158页；川陕革命根据地博物馆编：《川陕革命根据地简史》，2018年内部版，第203页；何先成：《红四方面军妇女独立团详考》，《苏区研究》2018年第2期。

表6　通江妇女独立营各连主要领导人一览表

连队	连长	指导员
一连	向翠华	刘桂兰
二连	詹映香、李成英	侯守玉
三连	马正英	胡玉兰
四连	潘家珍	

资料来源：中共通江县委党史研究室编：《通江苏维埃志》，四川人民出版社2016年版，第158页。

妇女独立营的战士，"年龄都在20岁左右，身材高大，体格健壮。干部战士不蓄头发，穿着打扮和男同志一样：头戴八角帽，身着灰军装，腰扎皮带，腿缠绑腿，赤脚穿草鞋，肩挎小马枪或大刀。一个个英姿飒爽"①。

妇女独立营成立时的武器比较落后，主要是大刀、长矛，枪支弹药很少，子弹袋大多用高粱秆、纸填满伪装。还配备有洋镐、洋锹。如女红军林江所在的连队，"开始，连队给每个战士发一个挎包、一个米袋、一支木枪，四个假手榴弹，120发假子弹"②。连长让她们把这些东西上上下下捆了一身，然后集合给大家讲话。她从打土豪劣绅讲起，讲到将来要建立一个没有剥削和压迫的新中国，让这些女孩子听得简直入了迷。

按照红军部队规定，女战士入伍后的第一项任务就是剪发、放足。当时川北一带有缠足的风俗，但参加红军的女孩子大都是穷苦出身，缠足的不多，阻力不大。而剪发则不同了，大家最初都想不通，认为剪了发，很难看，像个出家的尼姑。如林江所在的那个连，连长潘家珍率先垂范，首先剪掉自己的辫子，接着说："同志们，红军战士要有战士的样子，留着长辫，缠着小脚，怎么能行军打仗？"③于是在连长的带动下，女战士们立即行动起来，全部剪了发、放了脚。随后，又按上级指示，为了适应战争需要，全部女战士一律剃光头。曾广澜回忆说："我们妇女独立营在通江时，主要任务是保卫后方，所以我们进行了紧张的军事训练。上级发了些矛子枪（梭镖），每个人有马刀，都打绑腿，又号召剃光头。开始大家都不愿意剃，说'营政委不剃，我们也不剃'。我就首先带头剃，大家也跟着剃了。训练开始因为我们都不大懂军事，就抽俘虏中的班、排长教练，大家苦学的精神非常好，夜晚演习也很认真……"④

参加红军的巴中籍女红军孙克回忆她怎样当上红军时，曾说：

---

① 吴朝祥：《巴山妇女在战斗中成长》，载中共中央党史研究室第一研究部编：《巾帼红军忆长征》，中共党史出版社2017年版，第283页。
② 四川省妇女联合会编著：《巴蜀巾帼壮歌——红四方面军女战士革命斗争实录》，四川人民出版社1993年版，第427页。
③ 四川省妇女联合会编著：《巴蜀巾帼壮歌——红四方面军女战士革命斗争实录》，四川人民出版社1993年版，第428页。
④ 中共旺苍县委党史研究室：《红军在旺苍》，吉林文史出版社2018年版，第410页。

"1933年陶万荣带一个独立营到我们镇子上,我那时认识了张琴秋同志","陶万荣带一个妇女独立营来了,张琴秋同志也在,她身上插两支枪,非常有精神。她们队伍住了有一个多月,我要求参加,她们说我没有枪高,不要,可我们镇子上很多妇女都参加了。我有个朋友也当了女兵,都觉得很光荣,自己没当上很难过。她们的一个连长告诉我可以参加到剧团,以后地方成立剧团,要一批小娃娃,我就参加了。……以后部队撤离时,又不让我走,我哭着非去不行,才允许我跟着走的。"①

妇女独立营成立后,就"立即投入紧张的军事、政治训练,并担负着警卫后方和通信、运输等繁重任务"②,并很快投入了反"三路围攻"战役中。

早在1933年1月27日,蒋介石委任田颂尧为川陕边区"剿匪"督办,促其乘红军在川立足未稳之机,迅速组织围攻,并拨发100万发子弹和20万元军费。次日,田颂尧在成都宣布就职,立即调兵遣将,于2月中旬开始对川陕边革命根据地发起了历时4个月的大规模军事围剿,组织38个团近6万人的兵力,分三个纵队三路对红军进攻——"三路围攻",企图消灭或驱逐红军,恢复其在通南巴地区的统治。③红四方面军总指挥部决定采取"收紧阵地、积极防御"的战略方针,以打破敌人的围攻。

刚刚成立不久的红四方面军妇女独立营经过一段时间的短暂训练,便投入反"三路围攻"的激烈战斗。对此,妇女独立营营长陶万荣回忆道:

在粉碎田颂尧战斗中,妇女营的主要任务是保卫供给线,敌人飞机来轰炸,还派奸细来破坏交通要道,我们就要保卫这些地方;或直接到一个地方守一个阵地;负责前后方的通信联络;负责弹药、粮食、伤病员的运送,女同志很勇敢,把伤病员抬起来,把弹药送上去,都是冒着枪林弹雨往前冲;主力部队把敌人打下去了,我们在有些地方就负责打扫战场;哪里把敌人围困进来了,我们就去搜索枪支弹药;有时我们也有直接配合主

---

① 《红四方面军战史资料选编·川陕时期(下)》,解放军出版社1993年版,第481—482页。
② 《中国工农红军第四方面军战史》,解放军出版社1989年版,第221页。
③ 《中国工农红军第四方面军战史》,解放军出版社1989年版,第217页。

力部队牵制敌人。在反"三路围攻"后不久，妇女营驻扎毛浴镇，有天晚上遭到敌人的突袭，全体同志非常勇猛，打退了敌人两次冲锋，邻近兄弟部队听到枪声赶紧来支援，两面夹攻，全歼敌人一个营。①

就在反"三路围攻"战役中，妇女独立营第一次参加了战斗——通江鹰龙山战斗。

1933年5月中旬，红四方面军主力准备反攻，红军收紧阵地至通江空山坝（今设空山镇），战线缩紧，主力集中，妇女独立营为准备大反攻的红军部队日夜赶送粮食等物资。一天晚上，她们运粮经过通江城北附近的鹰龙山，正在山上休息，忽然发现黑压压的一片，敌人正向山上爬来。来敌是被红军反"三路围攻"击溃了的川军田颂尧左纵队一个团的残部，因天黑迷路逃窜至此。当时，刚建立不久的妇女独立营尚未正式参加过战斗，武器装备又差，仅干部和警卫人员才有枪，战士们全用大刀、长矛，子弹袋大都是用荆竹棍伪装的。营部领导决定智取法击敌，面对这伙狼狈不堪的敌人，妇女独立营营长陶万荣命令各连战士迅速把粮食挑进树丛，按战斗队形做好隐蔽，三个连的女战士分别从东、西、后三路包抄，她自己再带一连从正面悄悄向敌人接近。

这股敌人爬上山后方向莫辨，也未发觉树林里有红军，他们又累又困，疲惫不堪，鸦片烟瘾大发。在山腰一块草坪上，一声"原地休息"，他们便迫不及待地把枪支扔到一边，立即躺在地上抽起大烟。营长陶万荣一看这是一个绝好的机会，立即命令各连迅速抢占有利地形，隐蔽待命。

随即，在前面开路的一排长陈秀芝和班长何文秀摸到敌人哨兵跟前，干净利落地一下把哨兵干掉。各连相继靠近敌人，陶营长一看时机已到，就发出进攻信号，鸣枪为令，全营指战员一跃而起，枪刀对准敌人，厉声高喊："缴枪不杀！""红军优待俘虏！"那些"双枪兵"顿时惊慌失措，大部分立即跪在地上高举双手投降。个别几个还想负隅顽抗，女红军们毫不含糊地将他们收拾了。她们迅速收缴了敌人的枪支。陶营长命令一连立即控制山口要道，以防可能出现的敌人援兵，二连、三连看管俘虏，

---

① 李芝兰编著：《巾帼壮歌——川陕苏区女红军纪实》，大众文艺出版社2008年版，第27页。

四连打扫战场。恰巧这时红军兄弟部队闻讯赶来，相互配合，很快顺利结束战斗凯旋。妇女独立营没损失一兵一卒，首战告捷，解决了敌人一个团，还缴获了几百支钢枪。妇女独立营因此受到红四方面军总部传令嘉奖，总部将这次战斗中缴获的武器全部拨给了妇女独立营，以资鼓励。营长陶万荣回忆说："这一仗，旗开得胜，大长了妇女独立营的志气。"[①]从此，妇女独立营声威大振。1933年5月25日，成都《蜀笔通讯》刊登了这条新闻，《中国论坛》1933年第2期第九卷予以转载，因此，"五百农妇缴一团白军枪"的新闻传遍全川。[②]

此后，妇女独立营不仅担负战勤和防卫后方的工作，有时还执行第一线的战斗任务。在1933年5月的红四方面军竹峪关反击战中，女红军也发挥了重要作用。这次战斗的亲历者余洪远（时任中共川陕省委组织部部长）回忆说："1933年5月的竹峪关战斗，敌人来了八个团，要和红军决一死战。徐向前总指挥亲自交给我两项任务：运送伤员和搜山剿匪。我带了一个妇女大队，除了大队长、我和我的警卫员、马夫是男的以外，全是女的。徐总指挥向来是运筹帷幄，善操胜算。这一仗把敌人五个团全吃掉了。我们妇女大队，先后抬下800多伤员，竹峪关街上都摆满了。先是给伤员喂水，包扎，然后抬送一百多里到洪口医院。我们不但抬自己的伤员，还抢救一些敌人的伤员，还把缴获的几百支枪搬回到通江苦草坝。抬担架是非常艰辛的……"[③]

至1933年7月，妇女独立营配合红四方面军主力胜利地粉碎了田颂尧的"三路围攻"，歼敌2万余人。

1933年6月底，红四方面军在南江县木门召开军事会议（史称"木门会议"），总结了反"三路围攻"的经验，决定将原有的4个师扩编为4个军，并作出了加强政治工作和大力开展军事训练等决定，明确规定妇女独立营属于红四方面军直辖部队，直属西北革命军事委员会参谋部领

---

① 中共中央党史研究室第一研究部编：《巾帼红军忆长征》，中共党史出版社2017年版，第603—604页。
② 孙兆霞主编：《西征中的红军女战士》，甘肃人民出版社1993年版，第81页。
③ 余洪远：《巴山女红军》，1982年成都军区内部资料（余洪远之子余昂提供），第17页。

导。①红四方面军总部妇女独立营存在仅7个月。

1933年10月底，红四方面军由原来的4个师扩编为4个军，共计12个师，7万余人。1934年初，由于反"围剿"斗争的需要，红四方面军总部决定将妇女独立营暂时化整为零，分散到各军医院、被服厂，有的被分到新解放区做妇女运动。时任妇女独立营政委曾广澜回忆说，反三路围攻胜利后，苏区扩大了，"各地方机关均需要妇女同志参加具体工作，当时营部内又流行一种麻疹传染病。于是此时，妇女独立营女同志分散了"，"到各军去搞被服、医院等工作"②。原妇女独立营营长陶万荣调到了中共川陕省委妇女工作部，并任妇女学校名誉校长。

1933年11月，中共营山县委组织成立了妇女独立营，下设3个连。由首任中共营山县委书记王崇道兼任营政委，王定国任营长。1934年1月，这个妇女独立营打了一仗之后，剩下的100多人，一部分编入了妇女独立团，一部分分到了红九军、红四军、红三十一军。③王定国率妇女独立营在营山战斗了5个月。

1934年3月，四川恩阳县苏维埃红军妇女独立营的一个连共106名女战士在马蹄滩村（现属巴中市恩阳区义兴乡）遭到当地土匪包围袭击，全部壮烈牺牲。现在此建有马蹄滩红军烈士群墓陵园。

（二）妇女独立团的成立与参加反"六路围攻"

红四方面军妇女独立团是在反"六路围攻"中诞生的。1933年10月，蒋介石在调动50万大军开始对江西中央革命根据地进行第五次"围剿"的同时，又拨万余支枪、500万发子弹和200万元军费，用以支持四川军阀刘湘发动对川陕革命根据地红军的围攻，即"六路围攻"。刘湘组织的六路围攻军，总计110余团约20万人的兵力，另有空军两队、飞机18架，在西北起广元、东迄城口地区向万源方向上，向红军进攻。敌人妄图

---

① 徐向前：《历史的回顾》，人民出版社2016年版，第169页。
② 《中国工农红军第四方面军战史资料选编（川陕时期）》，解放军出版社1993年版，第473、478页。
③ 王定国著、谢飞选编：《百岁红军百年路》，人民文学出版社2023年版，第39—41页。

以分进合击、步步为营、稳扎稳打的战法，将红四方面军围歼于川陕边境。刘湘甚至狂妄宣称，要在"三个月内全部肃清"川陕边区的红军。①

1933年12月11日，中共川陕省委召开第三次党员代表大会，号召党政军民全力投入粉碎蒋介石"六路围攻"的斗争。这次大会的总结强调："运用冲锋的速度在'二七'前完成2万新红军和30个独立团赤卫军，以区作单位来集中编制完成各县少先队模范营，组织妇女侦探队，加紧站岗放哨，建立工人纠察队，完成工人师少先团和妇女独立团，武装全苏区的工农群众到前线作战，实行全赤区的军事化。"②

1934年3月，中共川陕省委根据第三次党员代表大会的决定，以原来的妇女独立营为基础，在长赤成立了妇女独立团，辖3个营，近千人，曾广澜任团长，张琴秋任政委。③1935年初陕南战役前夕，张琴秋接任团长职务，曾广澜任政治委员。妇女独立团由红四方面军总指挥部直辖，其党政、经理工作分别由方面军政治部、总经理部领导。指战员均是精心挑选的，团一级领导都是从鄂豫皖过来的老同志；连、营干部是从各部门任过领导职务的女干部中选拔的；战士全是四川籍的，大部分年龄在20岁以下。④张琴秋担任妇女独立团团长后，非常重视干部培养教育和部队军风军纪整顿。

据妇女独立团政委曾广澜回忆，"1934年在旺苍坝，将各部队和机关女同志集中起来成立妇女独立团，武装配备军事训练生活，与以前妇女独立营一样。当时正是紧张行军，一切工作都由军委参谋部组织好后，才调我去任团政治委员兼主任，没有团长，仅参谋部派了一个男同志来指挥军事⑤"。

这支妇女武装部队组成后，经过短期训练，即担负了艰苦的战勤工作

---

① 《中国工农红军第四方面军战史》，解放军出版社1989年版，第265—266页。
② 任照：《川陕时期红四方面军后勤物资筹措问题研究》，四川师范大学2013年硕士学位论文。
③ 中共通江县委党史研究室编：《通江苏维埃志》，四川人民出版社2006年版，第159页。
④ 川陕革命根据地博物馆编：《川陕革命根据地简史》，2018年内部版，第204页。
⑤ 李芝兰编著：《巾帼壮歌——川陕苏区女红军纪实》，大众文艺出版社2008年版，第21页。

和警卫后方机关、清剿土匪等任务。

因是战斗部队，与妇女独立营一样，凡是调入妇女独立团的女战士都一律剃光头。关于妇女独立团女战士剃光头的事，据吴朝祥回忆，曾任妇女独立一团团长的张琴秋曾经对她说："妇女独立团的女同志都要剃光头，说话要学男同志。为什么呢？因为山地雨水多，头发打湿了，要长虱子，也没有时间洗，没有时间梳，这是一。第二，最主要的原因，是怕负伤。负伤后，头发黏在伤口上去了要化脓，所以要剃光头。第三，要装成与男同志一样，否则敌人看到是女的就要拼命追，大喊大叫：是女的，赶快追！头发剃了，敌人看不出是女的。这是经过研究，动员女同志剃光头的。"①

女红军王长德（1916—1971）回忆说："我们妇女学校在通江时，和男同志一样剃光头，枪有真的（汉阳造），也有假的，子弹是一颗真的、四颗假的装一排，假的是用苞谷杆做的。"②由此可见，不光是妇女独立团（营），当时在红四方面军的其他非作战部队中也有女红军剃光头。

女红军张艺回忆说，1935年初，她和宋以田、李有玲、黄秀英、张国秀、刘有桂等6个女战士，由红九军调到妇女独立团一营二连。她记得"一件有趣的事"：她们调到妇女独立团后"都把头剃得光光的，穿上新军装，打起绑腿，戴上斗笠，背上步枪，和男战士一模一样"。她们在进行紧张的军事训练中，心情十分愉快，一有空就会唱起歌来，到处都洋溢着女战士们的歌声。张艺记得有首歌的歌词大意是："栀子花儿瓣瓣香，你是谁家小姑娘。人又小来生得好，包包拿

王长德（李宏 供图）

① 林超主编：《川陕革命根据地历史长编》，四川人民出版社1982年版，第280页。
② 《红四方面军战史资料选编·川陕时期》（下），解放军出版社1993年版，第487页。

起给背上。你要背来背过河,回家好去见婆婆。婆婆问你是哪个,她就是红军哥哥。"[1]妇女独立团的女兵都是经过挑选的15岁以上、25岁以下的女兵,身体一般都比较结实,一个个英姿飒爽、朝气蓬勃。

妇女独立团的武器装备比较齐全。每个战士都发给步枪一支(汉阳造较多)、手榴弹两枚和足够的子弹。连级干部配有马枪。各连还发给洋镐、洋锹10把,用以修筑工事,军旗一面,同男红军装备一样。妇女独立团成立后的主要任务是:保卫后方机关、医院、仓库,清剿土匪,运输武器、弹药,转运伤员等。平时还加强军训,并学习文化。她们有时要直接参加战斗,或到火线上去抢运伤员。

妇女独立团成立后不久,红四方面军政委陈昌浩曾在妇女独立团排以上干部会上的讲话中指出:"(一)当前敌情严重,我们一定要动员一切力量投入反围攻,配合红军主力作战。(二)要掀起学习军事和练兵高潮。"吴朝祥回忆说:"会后,开始整训、练兵。课目很多,如实弹射击、掷手榴弹、越障碍、渡河、防空,还有基本动作训练。约整训了两个星期左右……我们接受了运武器弹药、被服与抬伤员等任务。此后,各连又分别接受了打仗、警戒、修路、转运等任务,都克服了种种困难,圆满地完成了任务。"[2]

陶万荣(苏风)能打双枪,群众对此印象非常深刻。部队与人民群众的关系非常好,组织纪律性很强,上操打着绑腿,野外演习精神振奋。对当时妇女独立团的生活,连长赵兰曾生动地回忆说:"军事生活逐步纳入正轨。早晨,我们很早起床,在浓浓的雾气中上早操。早饭后,就是练习投弹、瞄准、劈刺,有时还到野外去演习。野外演习最有意思,我们分成两队,互相侦察,互相厮杀,谁的帽子被抓去,谁就输。……在体育方面,跳高、跳远、单杠……样样都练。我们特别喜欢的是赛跑,它可以帮助我们行军和冲锋。""这种崭新的生活,使我们班里的十几个姑娘处得十分亲密,整天姐呀妹呀的像一家人一样。精神也挺愉快。歌儿不离嘴,

---

[1] 四川省阿坝藏族羌族自治州妇女联合会编:《女红军在雪山草地》,四川民族出版社1990年版,第92页。

[2] 四川省阿坝藏族羌族自治州妇女联合会编:《川陕革命根据地历史长编》,四川人民出版社1982年版,第281页。

什么'活捉胡宗南','打刘湘',家乡小调,唱起来没个完。"她们也"是很知道爱护武器的,常常到处询问保护武器的方法"。①

张琴秋曾在1961年给红四方面军战史编委办公室的信中生动具体地记述了妇女独立团执行战勤任务的情况:"在党的教导培养与关怀下,妇女的觉悟迅速提高,1000多个身强力壮的女青年组织成立了妇女独立团。该团完全是全副武装,穿军衣,戴军帽,裹绑腿,背子弹袋,有的挂短枪,很威武,一个个都是雄赳赳,气昂昂,人称娘子军。生活全部是军事化。出操、担负警戒(站岗放哨),执行任务都能担当。女同志不但吃得了这个苦,而且很机智灵活,能经得起风险。部队经常流动,每到一地,都派人到前面打前站,看房子布置宿营地,借草铺地,分班排住宿。行李、枪支、子弹、干粮袋都要自己背上,至少有二三十斤重。到达宿营地后,女同志当大师傅,替全连人做饭,住下后就进行政治、军事、文化学习,有时还搞军事演习和实弹射击。她们担负的任务非常艰巨。当转移阵地时,主力部队要在前方出击,独立团就担负运输物资工作。"②有时妇女独立团还要奉命配合正规部队作战,到火线上去抢运伤员,抬担架,大个子3人一副担架,小个子4人一副担架。"该团也曾经担负过打扫战场的工作,搜索敌人,搜集枪支子弹,也都完成了任务。总之,任务来了她们都抢着去做,从来没有讨价还价,从来不知什么叫苦。妇女独立团在当时起了很大作用,像个革命军人一样,坚决执行命令,遵守部队纪律,搞好群众关系。她们对革命事业贡献很大。"③

1934年5月,红军为了创造战机,主动撤出通江县城,布防于鹰龙山、鸡子顶一带。妇女独立团的一个营和赤江县游击队奉命配合红264团守卫鹰龙山阵地。7月1日,红军妇女营袭击在蛮坡岩的敌人唐式遵部的一个侦察排,歼敌20多人,其余敌人全部溃逃。此后接连三日,红军妇女营在鹰龙山等地阻击敌人,共歼敌1400余人,缴获甚多。④红军伤亡80余

---

① 《川陕革命根据地历史长编》,四川人民出版社1982年版,第282页。
② 《川陕革命根据地历史长编》,四川人民出版社1982年版,第284—285页。
③ 《川陕革命根据地历史长编》,四川人民出版社1982年版,第285—286页。
④ 中共通江县委党史研究室编:《通江苏维埃志》,四川人民出版社2006年版,第162—163页。

人，妇女独立团的一个副营长陈怀秀英勇牺牲。[①]妇女营和游击队胜利完成了守卫鹰龙山的任务。红四方面军总指挥徐向前和第三十军政治委员李先念都参加了鹰龙山保卫战的庆功大会。李先念在会上即席吟诗一首，生动概括了战斗的全过程：

夜色犹未退，军号响声急。
男女似飞箭，把连集合齐。
红军战山头，妇女左右翼。
游击伏一线，专等攻来敌。
山头一声打，杀声如霹雳。
……
军民配合战，红军谁能敌？[②]

1934年冬，妇女独立团"全团上阵，组织力量，大个子3人一副担架，小个子4人一副担架。事前做好政治工作，大家表示决心，要安全地把伤员同志运送到医院治疗……使他们减少痛苦。女战士们都有思想准备，先到指定地点等候，等到枪声一响，她们分别到火线上抢运，抬着就走。道路难行……有好多人脚上磨起了泡，还是坚持，每人都出了满身大汗，湿透了衣服，照样地抬着走，使伤员能够早日得到治疗。该团也曾经担负过打扫战场的工作，搜索敌人，搜索枪支子弹，也都完成了任务。总之，任务来了她们都抢着去做，从来没有讨价还价，从来不知什么叫苦。"[③]

由于当时川陕边区的劳动妇女都是文盲，妇女独立团便组织女战士开展学习文化活动。最普遍的做法是利用一切空余时间组织大家学习文化，官兵互教互学，收到良好效果。如女战士赵兰到妇女独立团不久，上级决定由她担任连长，但由于不识字，她感到难以胜任。妇女独立团营长吴朝

---

① 中共通江县委党史研究室编：《通江苏维埃志》，四川人民出版社2006年版，第195页。
② 中共通江县委党史研究室编：《通江苏维埃志》，四川人民出版社2006年版，第195页。
③ 中共通江县委党史研究室编：《通江苏维埃志》，四川人民出版社2006年版，第160—161页。

祥便经常在晚上教她识字,她很快学会了看口令和点名。青龙区苏维埃红军女战士陈桂香给父母的信中说:"小女子在江口县委工作,一切都好,为穷人革命的胜利,我努力学习。"①

在反"六路围攻"中,女红军参加了许多战斗。妇女独立团营长吴朝祥回忆道:

> 1934年3月,刘湘向我根据地发起"六路围攻"的"第二期总攻",敌人逼近旺苍坝。旺苍坝是我军的供给站,方面军总医院住地。为了不让物资和伤员落入敌人手中,总部命令妇女独立二团紧急抢运物资转送伤员。那时我在二团。时间紧迫,任务重大。接受任务后,全团上下马上投入了战斗。在往返200多里的山路上,战士们不分白天黑夜,奔跑不息。这一任务结束后,为在川西北少数民族地区配合主力红军发展新苏区,宣传组织群众及筹粮等需要,妇女独立第二团宣告解散。全团只有几匹牲口,大量的粮食和军需物资,全由女战士们肩挑背扛。不少同志头皮磨破了,脚板打满了泡,血浸了出来也一点不顾。她们的心里只想着粮食,全忘了疼痛。在完成这次的任务中,最困难的是转送伤员同志。把伤员从旺苍坝到永宁铺,中间要翻一座山。山高坡陡,下雨路滑,稍不留神就有滑下山崖的危险。……我一辈子也不能忘记的是:有两位重伤员,实在不忍心自己的阶级姊妹为他们付出那样的代价,偷偷地割断了自己的动脉血管,说着"不能让同志为我牺牲……"然后闭上了眼睛。两天两夜的时间过去了,全团同志团结一致,连续苦战,以惊人的毅力克服了种种困难,终于胜利地完成了任务。②

1934年7月,红九军医院护士李玉兰(1920—2015)和看护排长李华明两位女战士随医院救护人员一起参加万源保卫战,做救护工作。李

---

① 中共达县地委党史工作委员会编:《川陕革命根据地斗争史》,华夏出版社1989年版,第236页。
② 吴朝祥:《巴山妇女在战斗中成长——回忆川陕革命根据地妇女斗争情况》,载中共中央党史研究室第一研究部编:《巾帼红军忆长征》,中共党史出版社2017年版,第284—285页。

玉兰回忆说:"当时,我们九军坚守万源城正面的大面山,抗击刘湘的主力……刘湘摆在大面山30华里的正面的兵力,先后共有90个团。刘湘……开始进攻时,摆出一副'王牌'的架势,天上派出飞机炸,地下万门大炮轰,集中大量的兵力,轮番向我们进攻……然而我军指战员英勇顽强,打得敌人尸横遍野"①。

在红四方面军反"六路围攻"中,1933年底至1934年初,战争异常激烈,川陕革命根据地军民同仇敌忾。许世友回忆并称赞道:

记得在激烈冲杀的战场上,正当我们与敌人浴血苦战时,地方党政领导同志带着慰问团、宣传队,冒着枪林弹雨来到前线慰问,鼓励我们杀敌立功;正当我们需要补充新的力量时,乡亲们敲锣打鼓把最优秀的青年送到了前线……特别是那些妇女同志,一点也不亚于男子汉,不管是战勤工作、警卫后方、通讯联络,样样能干。为了保障前方供应,她们常常背着上百斤重的物资,昼夜不停地跋山涉水,送上阵地。返回时,又抬着、背着伤病员到后方医院。她们的英勇事迹,在中国妇女运动史上都是值得大书特书的。②

1934年3月,反"六路围攻"期间,红军收紧阵地撤离旺苍,地方党政机关的县、区干部编为广元县袭击大队,与敌人进行游击作战。在此之下组建有一个100余人的妇女游击队,李惠兰任队长,尹德兰任副队长。粉碎"六路围攻"后回到旺苍,大部分妇女游击队队员编入了红军。

川陕苏区的正规妇女武装,除了上述妇女独立营(团)外,还有省妇女学校的妇女连、总保卫局的妇女看守队,以及军直属的妇女独立连等。另外,红四方面军的经理部总医院、各军医院(分医院)和政治机关里也有不少妇女战士。当时川陕苏区流行这样一首歌曲:

"脚不缠,发不盘,剪个毛盖变红男,跟上队伍打江山。要问领兵是

---

① 曾志主编:《长征女战士》(第二卷),北方妇女儿童出版社1987年版,第307页。
② 许世友:《我在红军十年》,战士出版社1983年版,第270页。

哪个,他的名字徐向前。"①

(三)红四方面军妇女独立第二团及妇女独立师的成立

1. 红四方面军妇女独立第二团的成立

1935年2月,在四川旺苍坝(今旺苍县)组建了红四方面军妇女独立第二团。②此时,旺苍坝实际上已成为整个川陕苏区的中心,西北革命军事委员会、红四方面军总指挥部、川陕省委、川陕省苏维埃政府都迁设于此。妇女独立二团团长由安徽人刘百兴(后为陶万荣)担任,政委曾广澜(后为吴朝祥),下设三个营。原来的妇女独立团称为妇女独立第一团,团长王传野(1935年4月担任)。③原妇女独立二团二连连长赵兰回忆说:"红四方面军离开川陕苏区西进,行至旺苍坝时,领导上决定将随军的全体女同志约2000余人,集中成立妇女独立团(共两个团)。"④原中共川陕省委常委、省委妇女部副部长陈映民也回忆说:"至1935年2月,在旺苍成立了妇女独立二团。这支英雄的女红军队伍,在以后的革命斗争中作出了重大贡献。"⑤据吴朝祥回忆,妇女独立二团成立时,红四方面军政治部副主任曾传

吴朝祥上校(乐洪 供图)

---

① 《中国第一支大规模正规女兵部队出自大巴山》,新华网,2006年8月29日。
② 中共中央党史研究室第一研究部编:《巾帼红军忆长征》,中共党史出版社2017年版,第516页。
③ 中国人民解放军历史资料丛书编审委员会:《中国人民解放军历史资料丛书·红军长征·综述大事记表册》,解放军出版社1990年版,第194页。
④ 李芝兰编著:《巾帼壮歌——川陕苏区女红军纪实》,大众文艺出版社2008年版,第139页。
⑤ 李芝兰编著:《巾帼壮歌——川陕苏区女红军纪实》,大众文艺出版社2008年版,第277页。

六亲临讲话指出："独立团由军委直接领导，党政工作归总政领导，供给归总经理部。"在其成立后第二天召开的干部大会上，明确了二团的任务是："（一）保卫后方机关、医院、仓库；（二）清剿土匪；（三）运输武器、弹药等物资；（四）转运伤兵。"吴朝祥还说："妇女独立团人数多，分配在军队各部门都是妇女。军队的军师政治部都有妇女先遣队；还有分医院、总医院都是女战士；洗衣班、缝衣队，甚至大师傅（炊事员）也都是女战士；供给部的运输连、运输营也都是女战士担任。"[①]

妇女独立二团的人员都是来自根据地的青年妇女干部以及兵工厂、医院、宣传队的部分红军女战士，共1000多人，主要担负后方警戒和肃清反动武装的任务。团里的女战士一律剪成短发，并配发武器装备。每人发一支步枪、五六板子弹、两颗手榴弹、一个木碗和一副绑腿。该团的营团干部，都是从鄂豫皖根据地来的老同志，连以下干部、战士大都是川北农村姑娘。她们主要来自旧社会的最底层，多半是丫头、童养媳、贫雇农的女儿，饱经风霜忧患，特别勤劳勇敢。

刘照林大尉授衔照
（李军　供图）

据妇女独立二团一营一连连长刘照林（原名刘仕英，四川通江人）回忆，1935年5月，红军到达中坝后，妇女独立团宣告解散，年轻的女战士编成了两个连、一个营。[②]

2. 红四方面军妇女独立师的成立

有许多原红四方面军的干部战士在回忆时谈到，1935年2月在旺苍成立了"红四方面军妇女独立师"。中共四川省委党史研究室研究员吴启权曾明确写道："（1935年2月28日）红四方面军将从川陕根据地边沿

---

① 林超主编：《川陕革命根据地历史长编》，四川人民出版社1982年版，第280页。
② 李芝兰编著：《巾帼壮歌——川陕苏区女红军纪实》，大众文艺出版社2008年版，第139页。

地区撤下来的妇女工作人员集中起来，连同原来的两个妇女独立团共约2000余人，在旺苍坝瘟祖庙组建直属方面军总部的妇女独立师（下辖两个团），师长张琴秋，政委曾广澜。"①甚至中共旺苍县委宣传部编著出版了以此为书名的专著——《红军妇女独立师》（大众文艺出版社2009年版）。中共四川省委党史研究室著《红军长征在四川》一书也提到"妇女独立师等进入川北"②。而在《中国工农红军第四方面军战史》《红军长征史》等有关权威著作中，却没有关于"妇女独立师"的记载，有人据此否认红四方面军妇女独立师的成立和存在，如元江《对红四方面军妇女武装若干问题的考订》（温贤美主编《川陕革命根据地论丛》，四川大学出版社1987年版），何先成《红四方面军妇女独立团详考》（《苏区研究》2018年第2期），李开建、李军《红四方面军之妇女独立团——历史的见证》（中红网，2017年3月29日）等文章中均持此说。有人甚至认为"红四方面军妇女独立师一说是虚构的谎言"，并断定"网络、各种书刊、报纸传播的妇女独立师肯定是不存在"，其主要依据都是长征结束几十年后的权威军史著作和张琴秋逝世的官方悼词表述。因此，关于妇女独立师究竟实际上是否成立过，就成了一个长期以来争论不休的问题。

实际上，虽然在《中国工农红军第四方面军战史》《长征史》等权威著作中没有记载"妇女独立师"，但有一些红四方面军领导人和多位红四方面军女战士都在回忆录中都提到过妇女独立师的存在。除原红四方面军政治部副主任傅钟曾提到"各县先后即组织妇女独立连、营等战斗组织，以致后来发展成为川陕边妇女独师"③以外，比较有说服力的证据是：

第一，1961年6月20日，张琴秋给红四方面军战史编委办公室的信中写道："关于红四方面军在四川成立妇女独立师的时间、地点，凭我回忆是在二十四年（指民国24年——引者）秋季（应为春季——整理者注），地点是在旺苍。我是从长赤去工作的，那时已经组织起来，共有三个团，每团有三个营，对外号称师。据商业部曾传六（当时是红四方面军

---

① 吴启权：《长征在四川大事记要》，四川人民出版社1995年版，第50页。
② 中共四川省委党史研究室：《红军长征在四川》，四川人民出版社2017年版，第135页。
③ 傅钟：《红四方面军创建川陕边革命根据地及长江情况概述》，载《巴山烽火——川陕革命根据地回忆录》，四川人民出版社1981年版，第12页。

总政治部副主任）讲，成立妇女独立师原在巴州召开苏维埃代表大会上决定的，开始建立经过可问问他，我是成立后被派去的。"[1]由此可知，作为被认为曾任妇女独立师师长的张琴秋本人并未明确否认妇女独立师的存在，且说她是"成立后派去的"。其中所说"对外号称师"，这表明其对外曾经称过"师"。

第二，长征时任红四方面军妇女独立团政治部主任的华全双在回忆录中明确写道："1935年2月，在旺苍坝将妇女独立团扩编为妇女独立师，辖妇女第1团，第2团，张琴秋任师长。全师2500余人，直属总部领导。"[2]她还说，1936年2月部队西进到达炉霍后因南下转战减员，总部又"命令妇女独立师整编为妇女独立团"。

第三，1962年5月，四川旺苍籍女红军、何长工的夫人尹清平回到故乡旺苍县黄洋公社（现黄洋镇）在黄洋小学作长征报告时说道："1935年4月，我们红四方面军全部撤离川陕苏区，从旺苍出发过嘉陵江长征。当时我被调到妇女独立师当营长，妇女独立师刚成立不久，即奉命把庙儿湾红军总医院的1000多名伤病员转送到嘉陵江东岸。"[3]

第四，1985年10月，原少共国际先锋师政治委员高厚良接受共青团旺苍县委访问时回忆说："妇女独立师也是1935年2月初成立的，训练时我们常在一个河滩上，遥遥相望。妇女独立师的人都是青年妇女，年轻得很……"[4]这可谓是历史见证人的耳闻又目睹。

第五，原红四方面军妇女独立团的两名女战士胡敏和张惠曾明确地说道："1935年2月，妇女独立团与撤至中心区的妇女干部合编为妇女独立师，辖两个团，2000余人。不久，红军主力西渡嘉陵江，妇女独立师随主力转移，踏上了长征的漫漫征途。""红四方面军在1935年3月底开始

---

[1] 四川省社会科学院，陕西省社会科学院：《川陕革命根据地史料选辑》，人民出版社1986年版，第393页。
[2] 华全双：《长征中的红四方面军妇女独立团》，《中国工农红军长征史料丛书回忆史料》解放军出版社2016年版，第191、195页。
[3] 常天英：《女红军尹清平回黄洋的日子》，《旺苍文史资料选辑》第22辑（内部版），第45页。
[4] 中共旺苍县委党史研究室编著：《红军在旺苍》，吉林文史出版社2018年版，第339页。

了强渡嘉陵江的作战,刚合编的妇女独立师随总部行动。"①

第六,曾带领妇女独立团一些同志为红军强渡嘉陵江筹粮并参加了嘉陵江战役的余洪远(时任川陕省苏维政府副主席)回忆说:"1935年2月,红四方面军组织渡江战役时,把从边沿地区撤到中心区来的工作人员连同原来的妇女团,合编为妇女独立师迅即随大部队西征走了。"②

第七,长征时任红四方面军妇女独立团副连长岳克回忆说:"1935年春……为了长征中便于行军,把后勤及地方机关的女同志全部集中起来,编成妇女独立师,师长是张琴秋,政委是曾广澜。"③

还有其他曾在妇女独立团中担任过领导干部或普通战士的女红军在回忆录中也谈到过妇女独立师的存在。曾任妇女独立团营长的吴朝祥回忆说,在妇女独立二团成立的第二天,曾开过一次干部会,她与曾广澜、赵春富等同志参加了这次会议。会上,她知道了红军要北上,准备组织一个妇女独立师,据说师长政委是张琴秋,下设3个团,"但只是在会上这么说了一下,却没有看到成立师"④。此种说法,似乎较有道理。她承认"在会上这么说了","却没有看到成立",但她没看到,也并不等于此事就一定不存在。至于"妇女独立师纯属虚构"的说法也难以成立。因此不宜断然否定地说"妇女独立师"是纯属虚构的"谎言"。中共旺苍县委党史研究室所编《红军在旺苍》一书,仍然坚持成立有"妇女独立师"之说,明确写道:"1935年2月初……在旺苍城瘟祖庙外戏楼成立了直属总指挥部辖的红四方面军妇女独立师。"⑤而中共四川省委党史研究室所著《中国共产党四川历史》第一卷也明确写道:"妇女独立团直属于红四方面军总部,曾被扩编为妇女独立师,全盛时期达2000多人。"⑥

综上所述,既然红四方面军原政治部主任、妇女独立团的直接负责人

---

① 胡敏、张惠:《长征路上的巴蜀娘子军》,《四川党史》1994年第2期。
② 余洪远:《巴山女红军》,1982年金力用整理,余洪远之子余昂提供的内部资料。
③ 岳克:《关于妇女独立师的片段回忆》,载《巾帼红军忆长征(下)》,中共党史出版社2017年版,第456—457页。
④ 李芝兰编著:《巾帼壮歌——川陕苏区女红军纪实》,大众文艺出版社2008年版,第39页。
⑤ 中共旺苍县委党史研究室编著:《红军在旺苍》,吉林文史出版社2018年版,第338页。
⑥ 中共四川省委党史研究室:《中国共产党四川历史》(第一卷)(1921—1949),中共党史出版社2021年版,第195页。

张琴秋都说"成立妇女独立师"是在"大会上决定的",她是"成立后派去的",又有那么多亲历长征并与妇女战斗部队密切相连的红军干部(特别是余洪远、高厚良、华全双等)都回忆认定成立有妇女独立师,因此可以肯定确有其事,而非仅仅是传说。

妇女独立团担负着重要的战勤任务。1980年5月18日,吴朝祥在武汉接受成都军区川陕军史编委会的人访问时比较详细地谈了妇女独立团的主要工作任务。妇女独立团担负着各种艰苦的战勤工作,主要如下:

一是支前工作。支前工作比较重,因当时红军只有一个经理处,不像现在有这么多工厂和政府。红军需要的是后勤供给,妇女大部分是做鞋、做袜、打草鞋。四川女同志都会打草鞋,白天做活,晚上打草鞋。妇女部、生活改善委员会的一个任务就是做鞋、做袜、打草鞋,有的用谷草打,有的用竹麻草打草鞋,有的用稻草搓成绳子来打草鞋。把鞋做好后就送给前方部队。这个工作动员了很多妇女做,很辛苦。

二是扩大红军。妇女独立团女战士们组织宣传队、演唱队,深入宣传,苦口婆心地劝自己的丈夫及村里的青壮年参加红军。

三是运输工作。运输任务很重,特别是运粮食。各乡、村负责包干。从这个乡送到那个乡,都是送到大路旁边的粮食集中点。那时无公路,全靠人去肩挑背扛,一送几十里,全凭人运,四川叫"背二哥",用背夹子、打杵子背。那时连个自行车、人推车都没有,女同志的确很辛苦。也有少数男同志。因男同志大部分要去当兵,有的又参加政府工作去了,运粮食主要由妇女来做,甚至在晚上打起火把运。还有运柴和菜,部队往哪里打,就往哪里运送。一个人背百把斤,用打杵子歇肩。有的用裤子装粮,把两个裤脚一扎,裤腰一扎,挎在颈上背。

四是修路搭桥。部队要行军,那些枪炮、小炮在山区很不好带,小路只有一点点宽,过沟沟,要搭桥,就组织妇女们修路搭桥。当时非常齐心,有的妇女饿得头昏了还要坚持。打起仗来,不管是赤卫军、模范连、妇女生活改善委员会的妇女,都要动员起来送弹药、炮弹箱子,背的背,抱的抱,送到战场上去。从战场上转来,又把伤病员抬回来;战场上缴获敌人的东西也要运回来交给兵站;还有打扫战场中的一些东西也要运回来。抬伤兵、背伤兵,有的背得全身都是血,还是要背回来。妇女还有生产的任务。那时赤卫军也没有什么枪，只有镰刀、斧头、矛子、梭镖、红缨枪，搞生产时，就插在土地里。如有土匪和反动派武装来了，放哨的就打暗号，吆喝、吹哨子，或唱歌子，搞生产的晓得敌人来了，很快就拿起矛子跑上山。那时，又要搞劳动生产，又要支前，又要保卫苏维埃政府，女同志做了很多工作。①

1982年，王定国赋诗热情歌颂川陕苏区妇女的革命精神：

苏区妇女参军妍，张廖广澜组织先。
团队连营皆妇女，担架打仗半边天。
运输劳动兼生产，徒步行军越万山。
种种岗位都能守，诚心革命志弥坚。②

（四）妇女工兵营的成立及其早期革命斗争

妇女工兵营，是红四方面军总供给部部长郑义斋（1901—1937）的一个创造，是在通江县德汉城（今属永安镇）红军供给部女工厂的基础上成立的。妇女工兵营，直属红四方面军总供给部领导。1933年中秋节前后的一天，郑义斋把通江县德汉城红军供给部负责女工厂工作的林月琴及女工厂中从鄂豫皖出来的其他几个老同志王泽南、刘百兴等人通知去开会，在会上笑呵呵地对她们说："今天请你们来商量一件事。我看你们这支'娘子军'什么工作都可以干，背上背篓爬山还赛过男同志，真不简单，作风很像战斗部队。我们研究，你们今后就不要叫工厂了，干脆改成工兵营，下面编班、排、连。由林月琴任营长，王泽南任政委，刘百兴任副营长。现有的200多人先编两个连。男同志除留一个管理排长外，其余全部调走，伙夫、马夫、号兵，今后全由你们女同志来担任。"③

---

① 林超主编：《川陕革命根据地历史长编》，四川人民出版社1982年版，第283—284页。
② 四川省妇女联合会编著：《巴蜀巾帼壮歌——红四方面军女战士革命斗争实录》，四川人民出版社1993年版，第139页。
③ 李芝兰编著：《巾帼壮歌——川陕苏区女红军纪实》，大众文艺出版社2008年版，第74页。

1960年，红四方面军4位女红军老战友合影。前排左起：吴朝祥上校，林月琴大校；后排左起：王新兰上校，李光明少校（谭戎生 供图）

于是立即筹建妇女工兵营，其主要任务是缝军衣、做军帽、织绑腿、打草鞋，以及担负后勤运输任务等。妇女工兵营原本就是由随军被服厂改建扩编而成的，集建制军事化、生活集体化、行动战斗化于一体的特别"兵种"。1933年10月，红四方面军妇女工兵营正式成立，全营3个连，最初成立时共200多人，很快发展到共近500人。女红军林月琴任营长，王泽南任政委，刘百兴任副营长。全营"除一名排长是男性外，连营里的司令员、伙夫和马夫都是当地的年轻妇女，其中童养媳占80%。"[①]这支新组建的红色娘子军，绝大部分由就地招来的四川籍女兵组成。"妇女工兵营1连连长是向翠华（四川人），指导员是刘桂兰（安徽人）；2连连长是侯守玉（四川人），指导员是詹应香（河南人）；3连连长开始是陈五洲（鄂豫皖入川的，籍贯不明），后是马正英（四川人），指导员是胡玉兰（四川人）。战士多为川籍，身体结实，能吃苦耐劳，聪明能干。"[②]

---

① 罗北捷主编：《林月琴画传》，解放军出版社2014年版，第6页。
② 中共旺苍县委宣传部：《红军妇女独立师》，大众文艺出版社2009年版，第176页。

表7 红四方面军妇女工兵营领导成员情况一览表

姓名	籍贯	参加红军时间	生卒年	所在部队职务及相关经历
林月琴	安徽金寨	1930	1914—2003	1930年参加中国工农红军。1933年秋，任妇女工兵营营长。1936年加入中国共产党。红军长征时，任红四方面军总供给部妇女工兵营营长，兼妇女运输一连连长。长征结束后，进入中央党校学习，后与罗荣桓结婚。参加了抗日战争和解放战争，先后任八路军第一一五师政治部组织部干部副科长，山东军区司令部机要科政治协理员等职。新中国成立后，曾任解放军总政治部主任办公室副主任兼罗荣桓同志办公室主任、解放军总政治部干部部顾问（副兵团职待遇）、全国妇联执行委员、全国政协委员、全国人大常委会委员等职。1955年被授予大校军衔，并获得二级八一勋章、二级独立自由勋章、二级解放勋章。
杨文局（曾用名杨文菊）	四川达县	1933	1913—1998	1930年加入中国共产党，1933年参加中国工农红军。1934年9月调任红四方面军妇女工兵营教员，1935年参加长征，1936年春接替林月琴任营长。参加了西路军西征。新中国成立后，历任甘肃省永昌县妇联主任和酒泉劳改局新生被服厂党委书记兼厂长。1962年离休后定居西安。
刘百兴	安徽六安	1932	1913—1935	1933年秋，任红四方面军妇女工兵营副营长。1934年3月任妇女独立团副团长，1935年2月任妇女独立团第二团团长。在长征时，牺牲在草地上。
王泽南	河南商城	1930	1907—2001	1930年参加中国工农红军，1933年秋任女工兵营政委，后任妇女工兵营运输连连长。长征时红四方面军总供给部妇女工兵营政治委员，兼运二连连长，凭着一双小脚走完长征。长征到陕北后，先在红一军党校学习，毕业后先后在中央书记处、安塞保幼院、延安西北银行总行工作。新中国成立后，先在国家地质部工作，1956年调到内蒙古地矿局工作，历任人事处副处长、探矿机械厂工会主席、局实验室副主任等职。1983年离休。

续表

姓名	籍贯	参加红军时间	生卒年	所在部队职务及相关经历
郑光明	四川南江	1933	1915—1989	1933年参加中国工农红军。历任妇女工兵营班长、排长、指导员。1935年随红四方面军参加长征。1936年加入中国共产党。同年10月，随西路军参加西征。1937年到达延安后，先后在延安抗属学校、军委通讯学校、中国女子大学学习，随后在延安工作。新中国成立后，先后在四川宜宾、灌县（今都江堰市）、成都等地工作。1960年参与筹建四川省轻工业学校（今四川省工商职业技术学院），1980年离休。

资料来源：中共中央党史研究室第一研究部编：《巾帼红军忆长征》，中共党史出版社2017年版。

当时红军妇女工兵营的主要任务，并不是挖战壕修工事，而是给红军战士缝衣服做鞋帽。

首先，妇女工兵营的主要任务是生产被服，负责供应红四方面军全军所需要的军装、军鞋等用品。女兵们冬天做棉衣，夏天做单衣。她们冬天加夜班也往往加至深夜。此外，还要生产一些布匹，并靠红军在解放城镇时从地主、资本家、军阀库中缴获一些。布匹多时，妇女工兵营的工作任务就紧，布匹缺乏时，她们就要担负一些其他任务，如运输、宣传、帮助老百姓种地等工作，也通过这些工作密切了同当地群众的关系，动员了一批姑娘、童养媳参加红军队伍。妇女工兵营既是服装厂，又是运输队。

女工兵营刚建立，适逢扩大红军，她们便组织宣传队到川北各村寨宣传扩红招兵。从鄂豫皖入川的女红军张茶清排长在恩阳河的扩红工作特别成功，她以自身为例从童养媳参加红军的经历说起，引起许多在场童养媳的共鸣，当天就新招集起一支七八十人的队伍。很快，女工兵营就扩充到近500人，足足编了3个连。接着补充干部，选拔一批苦大仇深、表现积极、做事利落的女兵当班、排干部，同时从原来的班长排长中选拔一些人充实到排、连领导岗位上来。张茶清因工作出色，被提升为连长。被提升为排长的四川通江籍女红军李开英,在红军到来时,首先带头送丈夫到红军开办的戒烟所戒掉了大烟,自己成了苏维埃积极分子,并很快加入中国共产党。在扩红中,她又动员丈夫参加了红军,并带着12岁的儿子到了部队。当上排长后,她工作特别积极。

其次,妇女工兵营的战士要学习军事。由副营长刘百兴负责讲习军事,要求十分严格。这支娘子军大多数是扩红中入伍的新战士。尽管她们是主要担负生产被服等军用品和运输任务的后勤兵,但在当时的战争环境中同样会经常遭到敌人的袭击,军事训练必不可少,这也是妇女工兵营自身建设工作的一项重要任务。这些女兵,穿上军装,领到武器,剪掉长发,进行严格的军事训练。女战士穿的衣服与男同志一样。三个连的绑腿颜色各不相同,分别是三种颜色:紫色、灰色、黑色。三个连的着装既军容整齐,又色彩分明。各连队打红旗、唱战歌,女兵们个个精神抖擞。每周要安排半天进行军事训练,包括爬山、打靶等。在通江参军的女红军李敏虽然个子矮,但爬山特别快,因此得了个"小飞机"的绰号。经过严格的军事训练,战士们都学会了打枪、甩手榴弹,懂得了一些基本军事知识,掌握了一些基本作战技能。战士背的是小马枪,干部背的是驳壳枪。她们要准备随时应付敌人的进攻。

再次,妇女工兵营还要开展思想政治工作和组织学习文化。由文化教员杨文局主要负责全营的思想政治工作和文化学习。当时妇女工兵营的战士大部分是当地劳动妇女或童养媳出身,文化普遍很低,除了营里几个干部外,大部分人不识字。杨文局算是营里的"知识分子",给大家上课,开展"识五"活动,要求每个人每天识五个字,先易后难,循序渐进。让大家先从自己的姓名学起,然后学"红军是穷人的军队""中国共产党万岁"等标语,这样将识字和学习政治常识结合起来。为了帮助大家提高文化水平,营里掀起了学习文化的高潮,把战士们分为几个班,组织她们利用业余时间学习。没有教材,杨文局就和营长林月琴商量,到川陕省委宣传部去领点课本,并根据当时的形势、任务、战斗口号、前方捷报等编写一些通俗易懂的教材。四五个月后,收效明显。进步快的同志有的就能写信,有的可以记学习心得,有的还能为墙报写稿了。通江籍女红军李开英通过学习,不仅能给儿子写信,还能辅导其他同志,后来她参加了长征

苏琴空军照（张秋明　供图）

和西路军西征，可惜她与丈夫和儿子一起在祁连山战斗中不幸壮烈牺牲。当时学得比较好的还有王泽南、施光珍（后改名苏琴）、彭爱莲、李忠兰、李世英等人。

这里特别值得一提的是政委王泽南。当时为了保障前方的供应，红四方面军总供给部决定临时将妇女工兵营的3个连合并为两个连：第一连由营长林月琴带领，继续承担生产被服任务；第二连由王泽南担任，到兵站部执行运输任务，即当运输连的连长。后来王泽南这位"三寸金莲"以非凡的意志力走完了长征。王泽南所撰《妇女运输连》一文写道："我们运输连有200来人，除了管理员和炊事员是男同志外，其余都是穷苦人家出身的女同志，大的不过三十来岁，小的才十几岁，组成了一支红军女运输连。运输的物资主要是粮食，还运布匹、军衣、枪支和弹药。我们唯一的工具就是一块布单。平时，这块布单既当铺的褥子，也当盖的被子。运粮时，把布单卷成个筒子，两头用绳子一扎，就是背粮的口袋。"[①]

最初，妇女工兵营运输连住在四川通江县的洪口场（今洪口镇）。这个运输连经常要接到向前方部队运粮的任务，有时要遭遇敌人。一次，王泽南奉命向70里外的一个转运站运送一批军用棉纱。一大早她就带领女运输连的80多人出发，每人背着一大捆棉纱急行军，直到午后才赶到目的地。就在回去的路上，天色已晚，突然遭到躲在黑暗中的敌人开枪射击，三名年轻女战士不幸牺牲。幸好红军转运站派来护送她们的战士立刻还击，打跑了敌人。面对牺牲的战友，她们怀着复仇的怒火发誓："血债要用血来还，革命到底不回头。"[②]她们就地掩埋了烈士的遗体，擦干了眼泪，又继续前进。

---

① 中共中央党史研究室第一研究部编：《巾帼红军忆长征》，中共党史出版社2017年版，第493页。

② 中共中央党史研究室第一研究部编：《巾帼红军忆长征》，中共党史出版社2017年版，第494页。

妇女工兵营还奉命开设红军总被服厂分厂。1933年10月，由于粉碎了四川军阀田颂尧的"三路围攻"，革命根据地扩大、红军人数大增，原有的红军总被服厂军需生产已经不能满足主力红军的需要，红四方面军总部决定从妇女工兵营中抽调几名骨干人员办分厂。女工兵营营长林月琴、政委刘泽南等研究决定，派张茶清、赵正富（四川通江人）、小刘（名字不详）三位同志到工作基础较好的恩阳镇去组建被服厂分厂。她们三人各自带了一个包裹，这就是她们组建分厂的唯一家当，去到恩阳镇。这三位分厂创办人到达恩阳后，首先找来一块红布，精心绣制一面五星红旗，上面写上"红军被服厂"几个大字，接着便在镇上较为热闹处搭起宣传台子，宣讲红军的政策，讲妇女解放，吸引广大群众。第一个前来报名参加被服厂的就是一位童养媳赵秀英（十七八岁尚无姓名，此名为她报名参军后红军所取）。紧接着，一群年轻的姑娘蜂拥而来，不一会儿便有90多人报名，她们十分高兴。

被服分厂设在恩阳河东北面靠巴中城方向的一座大三合院里。除缝制军需品外，该厂的女工兵们还经常担负民工运输和抬担架的任务，她们充当临时运输队，经常往返于恩阳、苍溪、巴中、通江之间，运军粮、军械、被服或伤员。她们还要负责战地运输任务。部队在前方打了胜仗，她们就随后赶到那里，组织人员把缴获的物资运回营地。1933年10月下旬，红军在宣达战役中缴获了四川军阀刘存厚库存的棉布20万匹、棉衣2万多套、缝纫机几十台，都由妇女工兵营运到了通江。为了加紧生产军需用品，妇女工兵营各班排开展革命竞赛，不分昼夜地赶制衣服、鞋、帽，又好又快。她们制作了大批衣服和鞋帽袜子，源源不断地运往前方。这使得在红军西渡嘉陵江之前，指战员们基本上都能穿上合适的衣服。

1935年初，妇女工兵营随红四方面军总部由通江德汉城转移到旺苍坝（今属旺苍县）。3月底，她们每人背着四五十斤东西随军渡过嘉陵江开始长征，经阆中到剑阁。一路上，她们沿着崎岖陡峭的山路，冒着风雨和敌人飞机的轰炸，艰难地前进，到达江油、中坝，并在此稍事休整，一面筹粮，一面赶做军衣。红军长征到达江油时，一次，妇女工兵营二连一排排长李文英和战友们正忙着运输伤员，突然遇上敌人突袭，国民党飞机从空中俯冲下来，这些山沟里长大的姑娘缺乏防空常识，不知道寻找有利地形隐蔽,反而往高处跑,结果暴露了目标。敌机扔下的炸弹在李文英身边爆炸,只听得"轰"的一声,她就昏过去了。醒来后她遍身是血,战友们手忙脚乱地把她送到了战地医院。这次血的教训,使她增长了见识。[①]

几天后,她们又随部队继续向北川转移。在转移途中,掉在主力部队后面的十几位女兵病号,穿过一个山沟时,突然遇到山下一股被红军打垮的一两百个敌人。敌众我寡,形势十分危急,这时杨文局和二连指导员熊朝喜、排长李开英等带着女兵病号,急中生智,拼命抢占有利地形,并命令号兵吹响一、二、三连的号谱,一下把敌人打蒙,很快甩脱了敌人。同年6月,她们随红四方面军总部又经茂县、理番到达懋功,与中央红军胜利会师。

原红四方面军政治部副主任傅钟称赞道:川陕苏区"广大妇女群众,直接帮助红军运粮运草,救护伤病员,在扩大红军与拥军优待红属的工作中,亦起着重大作用。尤其值得称赞的,各县区妇女积极分子在党的领导下,直接学习军事技术,参加地方公安工作,与根据地边沿区的反动地主武装进行不断的军事斗争。经过这番锻炼之后,各县先后组织妇女独立连、营等战斗组织,以致后来发展成为川陕边区妇女独立师。这个武装在当时内防工作上产生了积极的效果。因此可以说,根据地的妇女群众在党的武装斗争历史上是值得永远崇敬的![②]"

(五)川陕苏区"肃反"扩大化中女红军的遭遇

正当红四方面军在川陕苏区得到发展之时,张国焘继续在红军和苏维埃政权中搞所谓"肃反"。"肃反"严重扩大化,以"托陈取消派""右派""改组派""不纯洁分子"和"奸细"等罪名,无辜杀害大批红军干部、战士,其中也包括一些红军女战士。如在仪陇"肃反"中,被杀害的营山籍红军干部战士就有50多人,其中妇女独立营女副连长冯璋就是定为"不纯洁分子"被杀害。张国焘在川陕苏区"肃反"给女红军造成的

---

① 曾志主编:《长征女战士》第二卷,北方妇女儿童出版社1987年版,第393页。
② 《巴山烽火——川陕革命根据地回忆录》,四川人民出版社1981年版,第12页。

危害，不少女红军都有亲身经历的沉痛回忆。

李开芬回忆道："1933年冬，川陕苏区的大地上出现了不祥的阴云，'肃反'扩大化运动遍及每一个角落。当时我入伍不久，对于眼前所发生的一切感到迷惑不解，每天都有些同志被拉出去杀害！他们高呼'中国共产党万岁'而英勇地倒在自己同志的刀口之下。我恐惧，我不安，但我万万没想到，自己也会在这场政治漩涡中险些毙命。"[①]在一次党团大会上，李开芬被莫名其妙地指控为"反革命"，并将送往革命法庭。幸亏红四方面军政治部主任张琴秋赶来阻止。从此之后，"肃反对象"这顶帽子就牢牢扣在她的头上，成为精神上的沉重包袱。1934年春，中共达县县委领导同志为了把李开芬保护起来，就让她和几位有"肃反"嫌疑的红军小姐妹一起住进了川陕工农总医院，编成一个连，连长就是王长德。在医院里，由于精神上过度紧张和压抑，不久李开芬等人就染上了伤寒，一个个发起了高烧。可是红军保卫局的干部仍不断地对她们进行审讯。随着形势日益紧张，"肃反"气氛也越来越浓，几乎每天都有同志被拉出去。她们几个小姑娘整天提心吊胆，躲在被窝里暗自啜泣。由于精神上的沉重压力，她们的病情一天天恶化，同来的几位小姐妹先后病逝。连长王长德十分担心李开芬也会死去，便让她搬到连部去住，天天为她熬药、喂饭、梳洗，细心照料，她的病一天天好起来了。李开芬因此将王长德视为救命恩人。不仅如此，王长德还教她识字学文化，并劝她学医。长征后，李开芬到抗大医院工作。

据通江籍女红军路子南回

老红军、八路军李开芬在抗日战争时期的带枪照
（朱新春　供图）

---

① 《红军长征在四川》，《四川文史资料选辑》第48辑（内部资料），第35页。

忆，当时在通江毛浴镇红四方面军总医院，她所在的班上来了位大约十六七岁的姑娘傅明云。傅明云自愿参加了红军，一看上去像大家闺秀，是她这个班里唯一识字的人。傅明云非常热心地教全班女战士识字，后来又教其他班的战士识字，帮助大家提高文化水平，更深刻地懂得革命道理。可是，一天早晨傅明云突然失踪。过了许多天，排长悄悄告诉路子南说："傅明云死了！那天夜里，保卫局来人把她拉出去枪毙了，说傅明云是地主出身，是'改组派'。"路子南大吃一惊，十分纳闷。她感叹道："'改组派'究竟是什么玩意儿？我不知道。但我知道傅明云是个好姑娘、好战士。她那年轻的生命，本该在革命队伍里散发出青春的光和热，然而却这样无辜地死在了自己人的枪口下。每每想到傅明云的死，我的心头不寒而栗。看得出来，当时的部队里笼罩着一层神秘的恐怖气氛。"[1]

　　2004年5月，九十高龄的女红军王定国带着自己的儿子重走长征路。她在当年红四方面军长征所经过的嘉陵江边，望着滔滔江水，感慨万千地对儿子谢亚旭说道：长征路上的艰难困苦对身体的折磨，"这些都是可以克服战胜的，而对人格的侮辱才是难以承受的"，当年"面对那么残酷的军事斗争，红军内部还在进行着所谓的'肃反'，清理阶级队伍"。她的一个女战友，知识分子家庭出身，在当时算是文化水平比较高的，可就是由于这样的出身，那女战士一边行军打仗一边还要接受组织审查。这个20岁出头的女孩无法忍受这种冤屈，一天晚上就在嘉陵江边投江自尽了。她赶到的时候，只捡起了那女孩的一只鞋。讲完这个悲剧后，她十分感慨地对儿子说："这种人整人的历史，不应该再重演了。"[2]

　　女红军王新兰的姐姐王心国和两个哥哥（二哥王心敏、三哥王心正）以及六姐夫任峻卿都是在张国焘的"肃反"运动中被冤杀的。这在萧华、王新兰之子萧云所著《我的母亲：长征中最小的女红军》一书中有明确记载，被以沉重的笔调标记为"死在'肃反'祭坛上的亲人们"[3]。

---

[1] 中共中央党史研究室第一研究部编：《巾帼红军忆长征》，中共党史出版社2017年版，第703—704页。
[2] 谢亚旭：《王定国：夕阳未必逊晨曦》，载王友平主编：《长征中的川籍女红军》，四川辞书出版社2016年版，第32—33页。
[3] 萧云：《我的母亲：长征中最小的女红军》，中国文联出版社2021年版，第44—50页。

三、川陕苏区大量女性参加红军及长征的主要原因

（一）川陕苏区广大劳动妇女的生活遭遇悲惨，渴望翻身求解放

由于反动军阀、地主豪绅残酷的政治压迫和经济剥削，大巴山极其贫穷落后，民不聊生，广大川北劳动人民过着悲惨的生活，妇女的生活尤其悲惨。四川通江籍女红军吴朝祥回忆道："悲惨的生活，悲惨的人！最悲惨的要数我们巴山的妇女。人说黄连苦，我们巴山妇女比黄连苦百倍。"①

在家庭劳动负担上，大巴山妇女一般要干比男人更多更重的活。那时民间有句俗语："要吃巴山饭，婆娘打前站。"因为那时军阀、地主为了巧取豪夺，不管人民的健康死活，强迫农民种植罂粟花，生产鸦片烟，以烟土代替赋税，外运以牟取暴利，这使得大巴山区男人普遍抽鸦片吸毒成瘾，身体虚弱，不能胜任重体力劳动，农家"里里外外的重活累活，大都落到了妇女的肩上"。"但是，由于封建礼教和旧风俗的束缚，在家里，她们仍然当不了家，做不了主，处于受奴役的地位。""她们起早摸黑，终年劳动，累弯了腰，流干了汗，到头来还是吃不饱，穿不暖。"②原中共川陕省委常委、省委妇女部副部长陈映民回忆说："在川北，男人大都吸毒成癖，丧失了劳动能力，只有做家务；妇女是主要劳动力，而且从小就做童养媳，受尽痛苦折磨，所以她们灾难深重，强烈渴望自身的解放。"③

在婚姻上，那时妇女没有一点自由，完全听从父母之命、媒妁之言。

---

① 吴朝祥：《巴山妇女在战斗中成长——回忆川陕革命根据地妇女斗争情况》，载中共中央党史研究室第一研究部编：《巾帼红军忆长征》，中共党史出版社2017年版，第277页。
② 吴朝祥：《巴山妇女在战斗中成长——回忆川陕革命根据地妇女斗争情况》，载中共中央党史研究室第一研究部编：《巾帼红军忆长征》，中共党史出版社2017年版，第278页。
③ 李芝兰编著：《巾帼壮歌——川陕苏区女红军纪实》，大众文艺出版社2008年版，第276页。

往往由于家庭困难，10岁出头的女娃娃，尚未成人，就卖给人家做童养媳。童养媳的日子实在可怜，苦不堪言。先当奴隶，后做人妻，嫁狗随狗，嫁鸡随鸡，一天到晚累死累活，动辄还要挨打受气。不少女孩子忍受不了这种非人待遇，被逼得跳河投井、悬梁自尽，过早结束了她们的生命。四川阆中籍女红军林江回忆说，她十分幼小时父母被族长迫害致死，自己成了无依无靠的孤儿，从6岁起就先后三次被卖作童养媳。她感叹道："旧社会给人家当童养媳真是受折磨。特别是卖给富人家，哪里是当童养媳，在富人眼里，我们穷人的孩子连狗都不如。""挨打、饿肚子是经常的事。挨了打又找不到亲人去诉说，只好偷偷地流泪。"[1]

那时的妇女真是遭不完的殃、受不完的难，毫无人身保障。国民党军阀、土匪头子特别凶残，地主恶霸、兵痞流氓横行无阻，任意作践妇女。甚至女人家一两个人大白天也不敢上山下地干活，若遇坏人，不是被抢走就是被糟蹋。亲身经历过那段苦难岁月的女红军吴朝祥在回忆录中这样写道："苦难深重的巴山女啊，喊天天不应，叫地地不灵，上天无路，入地无门，挣扎在社会的最底层，盼望着解放，盼望着翻身。"[2]

处于这种境况中的农村妇女，既受农活家务的重压，又受豪绅兵匪的欺凌，还受封建礼教的束缚，过着非人的生活。她们一旦参加红军，获得解放，其革命热情和牺牲精神，就像火山一样爆发出来。

（二）共产党和红军的宣传主张和实际行动深深地吸引了广大穷苦妇女

中国共产党和红军历来重视妇女解放问题。红军入川后，把广大劳动妇女从苦海中拯救了出来。红军一到通（江）、南（江）、巴（中），就开展了解放妇女的运动，实行男女平等，号召妇女打土豪、分田地，深受劳苦大众特别是妇女的欢迎。川陕苏区党和政府极为重视妇女工作。四川

---

[1] 林江：《由孤儿到红军战士》，载中共中央党史研究室第一研究部编：《巾帼红军忆长征》，中共党史出版社2017年版，第617页。
[2] 吴朝祥：《巴山妇女在战斗中成长——回忆川陕革命根据地妇女斗争情况》，载中共中央党史研究室第一研究部编：《巾帼红军忆长征》，中共党史出版社2017年版，第278页。

宣汉籍女红军张艺回忆说："当时动员妇女参军也是很不容易的，因为妇女过去受封建思想束缚，家庭的阻力比较大，所以必须要做很多工作。军委总部和川陕省委，对妇女工作极为重视，做了不少工作，所以川陕根据地大批妇女参加了红军。通江县城内到处都可以看到女同志，放哨的是女同志，维持秩序的是女同志，省委下面还有一大批女同志，如医院卫生队照顾伤病员的，洗衣队的，行军时抬担架的，打粮的，采购的等等，甚至号兵也是女同志。"①

1933年2月，在通江县城召开的中国共产党川陕省第一次党员代表大会的政治决议中明确提出，建立、发展妇女生活改善委员会，决定在党的组织系统中，省委、县委、区委均设立妇女部，村支部由妇女干事领导妇女工作；苏维埃政府的各级内务委员会分管妇女、婚姻等工作，共青团省委组织也设有领导青年妇女的妇女部，省工会系统也设女工部负责女工的工作。妇女生活改善委员会，是当时劳动妇女斗争和教育的组织，"要为解放妇女各种生活中的痛苦来作斗争"。在这个组织中，"从家庭婚姻、土地问题直到参加政权，都可以提出来讨论；并要组织读报、识字、唱歌来提高劳动妇女的兴趣。同时这个组织又是劳动妇女拥护红军的中心，妇女生活改善委员会只有在乡和村有组织，只有劳动妇女才能参加"②。该委员会下设妇女生活改善小组，再下设洗衣队、慰劳队、缝纫队，不脱离生产，每队7—10人不等，按村的大小组织。妇女除参加妇女生活改善委员会外，还可参加政府、群众团体和工厂、医院并做经济方面的工作。其中直接参加机关、部队、工厂，脱离农业生产的妇女达1万人以上。③当时巴中县先后就有1000名女同志参加红军。④

1933年6月，在通江召开的中共川陕省第二次党员代表大会所作出的

---

① 四川省阿坝藏族羌族自治州妇女联合会编：《女红军在雪山草地》，四川民族出版社1990年版，第88页。
② 中共达县地委党史工作委员会编：《川陕革命根据地斗争史》，华夏出版社1989年版，第218页。
③ 中共达县地委党史工作委员会编：《川陕革命根据地斗争史》，华夏出版社1989年版，第219页。
④ 中共巴中市巴州区委党史办公室：《中国共产党四川省巴中市巴州区历史》第一卷，中共党史出版社2021年版，第100页。

组织决议案明确指出，"以后党在各种斗争中应注意争取妇女特殊利益，从斗争中扩大党员中的妇女数量，并注意吸收积极的劳动妇女参加各种领导机关工作"①。同年9月，在巴中召开了全省第一次妇女大会，推动苏区妇女运动的广泛开展。紧接着，中共川陕省委还专门制定了《妇女斗争纲领》，指出妇女在政治上、经济上、教育上与男子一律平等，劳动妇女与男子同样有分得土地的权利，为妇女斗争指明了前进的方向，也充分表达了广大劳动妇女翻身求解放的共同心愿。1934年间，又召开了川陕省第二次、第三次妇女代表大会。川陕苏区的妇女生活改善委员会改名为女工农妇协会，其经常性的活动是帮红军做鞋、做袜、打草鞋，协助扩大红军，许多妇女把自己的儿子、丈夫送去当红军，参加运输队运送军用物资和战利品，并抬运红军伤员等。

2016年，92岁的女红军陈其在家中
（李学风 供图）

她们为什么要参加红军呢？女红军吴朝祥回忆说，她当时懂得的道理不多，"只是有一种朴素的阶级感情，那就是恨国民党军阀，恨恶霸地主，恨他们把穷人弄得无吃无穿，家破人亡，把我们妇女不当人看。而红军呢，恰恰是打他们，为我们穷人谋利益，求解放，主张男女平等，婚姻自由，把我们妇女当亲姊妹看待。我们爱红军啦！"②13岁参加红军的四川营山籍女战士李玉兰也这样说："要问我为什么参加红军呢？当时我懂的道理不多，只有一种朴素的阶级感情，那就是国民党反动派、恶霸地

---

① 中共达县地委党史工作委员会编：《川陕革命根据地斗争史》，华夏出版社1989年版，第219页。
② 吴朝祥：《巴山妇女在战斗中成长——回忆川陕革命根据地妇女斗争情况》，载中共中央党史研究室第一研究部编：《巾帼红军忆长征》，中共党史出版社2017年版，第279页。

主，欺压我们穷人，弄得我们家破人亡，我恨死他们。而红军是我们的救命恩人，处处为穷人谋利益，把我们当姊妹看，我热爱他们。"[1]2016年，巴中籍女红军陈其（中共中央办公厅原副主任李质忠的夫人）回忆说："红军好呀！教我们唱歌、跳舞、学习文化，我们很喜欢，一定要跟着红军走。"[2]

当大家知道红军是专门打地主、打军阀，为穷人打天下的队伍时，大巴山的男女老少无不欢喜，尤其是受尽苦难的巴山妇女，像飞出笼子的鸟儿，奔走相告，喜上眉梢。不少妇女逃出家门，跑去找红军，积极要求参军参战。吴朝祥说她就是那时参加红军的。女红军林江（原名向光莲）回忆说她当时受苦受罪受够了，心想只要红军是为穷人的，不管怎样，她也要去找红军。当红军来到她的家乡阆中时，她就到处打听红军的消息，下定决心投奔红军。临走时，她对她的姐姐说："我听说红军是为穷人的。我现在无家可归，只有去找红军才是唯一的出路。"[3]她说服了她的姐姐，离开了家乡，终于在苍溪找到了红军，于1933年2月1日正式参加了红军。

又如原红四方面军女战士张兰（1916—2003），1955年她接受采访时感叹道："我从来就没有过过一次生日——父母过早地被贫穷、饥饿和疾病逼到了另一个世界上，所以，没有人告诉我，我是从哪年哪月哪日来到这个世界上的。1934年初，在和我的故乡——四川省万源县毗邻的通江县参加红军时，说年龄大了怕不要，小了也怕不要，我报了16岁——可以说，我的年龄，我真正的生命旅程，是从16岁开始的。参军后，我才找到了自己的家。"她说："没有党，没有红军，能有我的今天吗？"[4]

1962年，四川旺苍籍女红军战士尹清平回故乡给黄洋小学全体师生

---

[1] 曾志主编：《长征女战士》（第二卷），北方妇女儿童出版社1987年版，第306页。
[2] 耿兴敏：《92岁女红军陈其：苍龙日暮还行雨　老树春深更著花》，《中国妇女报》2016年10月19日。
[3] 林江：《由孤儿到红军战士》，载中共中央党史研究室第一研究部编：《巾帼红军忆长征》，中共党史出版社2017年版，第618页。
[4] 曾志主编：《长征女战士》（第二卷），北方妇女儿童出版社1987年版，第350—352页。

作报告讲道：

> 为什么我要参加红军呢？因为红军好，红军是咱们穷人的队伍。1933年5月，中国工农红军第四方面军来到旺苍，领导穷苦大众打土豪分田地，建立苏维埃政权，穷人翻身做了主人。火热的斗争场面在我心中掀起波澜。听到红军宣传队的一位女同志讲："要活命，就要起来闹革命！打倒地主老财分田地，才有饭吃！打倒国民党反动派，穷人才有出头的日子，妇女才能得解放！"顿时萌发了当红军找生路的念头，我这个出身于雇农家庭，从小给别人当童养媳，在苦水中泡大的穷苦人家的女儿，就这样跳出了火坑。报名参加了红军。①

据何连芝回忆，1933年春她参加红军后，首先被分配到妇女宣传队当宣传员。随着家乡的乡苏维埃政权的成立，农会、妇女部、少先队相继成立，并组织了游击队。由于党的各种组织积极开展宣传活动，动员青年男子、妇女参加红军，支援革命战争，几乎家家户户都有男子或妇女参加红军。由于宣传工作出色，她又很快当上了家乡的乡苏维埃委员长，随后又由组织上调到万源县苏维埃政府做地方工作，担任宣传员。作为一个宣传员，不仅要宣传党的方针政策，还要发动群众、组织群众。因为她是本地人，对这里的山川地形、人民生活等情况都比较熟悉，在党的领导下，开展工作比较顺利，做出了突出成绩，1933年11月党组织便发展她为中共党员。她入党时还不识字，入党申请表，还是请人帮助填写的。当时她曾误以为"参加红军就是参加了共产党"，当准备让她入党的连长给她解释说"红军并不等于共产党，参加了红军并不等于参加了共产党"，接着向她介绍了党的性质、党与红军的关系后，她才"恍然大悟"。②

而那时妇女出来参加红军，参加工作，也并非易事。红军刚到大巴山时，群众不大了解，有人又趁机造谣诬蔑，说共产党"共产共妻"，红军

---

① 常天英：《女红军尹清平回黄洋的日子》，载中国人民政治协商会议四川省旺苍县委员会编：《旺苍文史资料选辑》第22辑（内部出版），第42页。
② 中共万源市委党史研究室收藏：《何连芝同志革命事迹》（1962年何连芝回忆录手稿），第41—42页。

是红头发红眼睛，专整女人。因此许多人对红军心存恐惧，不敢接近。再加上封建礼教作怪，认为女人出门去参军参加工作，同男人、大兵混在一起，是伤风败俗、不成体统的，甚至家人也反对。当时妇女要走出家门参加红军，没有革命的勇气和决心是不行的。

（三）中共川陕省委十分重视对妇女干部的培养使用

1933年2月在通江成立的第一届中共川陕省委员会中，就设有妇女部，由女红军姚明善担任部长。同年4月，在通江县城召开川陕省工人第一次代表大会，选举成立省工会委员会，设有女工部，由李远清担任部长。同年7月，在通江新场坝召开川陕省第一次团员代表大会，成立川陕省团委会，设有青年妇女部，由女红军吴朝祥担任部长。

在1933年初至1934年底的三次川陕省工农兵代表大会中，妇女代表均占代表总人数的20%以上。[①]在川陕苏区的各级政权组织中，妇女干部均约占四分之一。还有一些妇女（都是女红军）在省苏维埃政府中担任要职，如内务委员会主席张庭福、聂焕林，常委、执委、监委有张琴秋、姚明善、聂焕林、萧成英（刘坚）等。在省级机关干部中，妇女达150多人；在县级机关中，有长赤、巴中、万源、仪陇、广元等多个县的内务委员会主席均由妇女担任。在民政和文教、医疗部门中，妇女更占绝对优势。

1934年，中共川陕省委在其所在地巴中举办了"妇女学校"，由女红军刘桂兰任校长，陶万荣协助其处理日常工作。该学校负责轮训各县妇女干部和准备提拔的妇女积极分子，然后分配到各县去担负重任。川陕省委书记周纯全和省委宣传部部长刘瑞龙讲课，讲授有关形势和党务方面的知识；部队首长讲授有关军事知识，张琴秋、刘桂兰、陶万荣等则讲授有关妇女运动方面的知识。当时学习条件很差，生活十分艰苦。尽管如此，大家的学习热情仍很高。川陕省委妇女学校培养了数百名地方妇女干部，

---

① 四川省妇女联合会编：《妇女之路：新民主主义革命时期的四川妇女》，四川人民出版社2012年版，第42页。

华全双照（王华 供图）

她们后来大多成为妇女独立团的领导干部。

如在妇女学校学习的四川巴中籍红军女战士华全双（1920—1999），童养媳出身，1933年参加红军，同年加入中国共产党。她聪明好学，十分刻苦，成绩特别好，从妇女学校毕业后就留在了少共省委妇女部工作，后来参加了长征，并担任了西路军妇女先锋团政治处主任，接着又参加了抗日战争、解放战争，能征善战。新中国成立后，她先后担任国营六一八厂干部科科长、国务院第五机械工业部保卫处副处长等职务。

对于川陕苏区广大妇女为什么积极参加革命参加红军的原因，原红四方面军总指挥徐向前元帅在回忆录中这样论述道：

"红军到来，提倡妇女解放，男女平等，婚姻自由，男女同工同酬，妇女有选举权和被选举权，打碎了套在妇女身上的枷锁，使她们挺起了腰杆，见到了天日。……妇女们的地位改变了，被当人看待了，生活有了希望。所以她们的革命积极性很高，不愧是土地革命运动和反封建的先锋。……红四方面军妇女独立团就是在这种基础上诞生的。"[1]

---

[1] 徐向前：《历史的回顾》，人民出版社2016年版，第151页。

第二章

随中央红军长征转战

川籍女红军虽然主要集中于红四方面军,但她们的长征历程,与红军的三大主力(红一、红二、红四方面军)都密切相关。

1934年至1936年,红一、红二、红四方面军和红二十五军都有女红军参加长征。其中,红一方面军参加长征的女干部、战士共有32人;红二方面军(即包括原红二、红六军团)参加长征到达陕北的女红军有女干部30余人;红二十五军参加长征的女战士共有7人。这三支部队中的女红军战士大多走出了雪山草地,到达了目的地。而红四方面军参加长征的女红军人数最多,经历十分曲折,伤亡也最为惨重,大部分牺牲在长征和随后的西路军西征中。

川籍女红军在红一方面军中只有两名——李伯钊和甘棠,红二方面军和红二十五军中均无川籍女红军。李伯钊、甘棠两人的革命经历各异,但都在长征中发挥了重要作用。

一、红色戏剧家李伯钊的三军历练、三过草地

李伯钊（1911—1985），原名李承萱，出生于重庆巴县的一个书香之家。她的父亲李汉周是前清秀才，曾任县令，参加过同盟会，母亲粗通文墨，爱好文学，从小给李伯钊以一定影响。1924年，李伯钊考入重庆的四川省立第二女子师范学校，受到在此执教的早期中共领导人张闻天、萧楚女的革命思想影响，接受了马克思主义的启蒙教育。1925年，李伯钊加入中国社会主义青年团（后改名为中国共产主义青年团），并成为当地学生运动的一名骨干。同年因参加爱国学生运动而被学校开除，后由重庆共青团组织安排赴上海大学学习，并改名为李伯钊。1926年，李伯钊因从事革命活动被军阀孙传芳当局拘捕关押，同杨尚昆一起关押在同一个拘留所的木笼子里，被杨尚昆认出。不久，杨尚昆被保释出狱后，把李伯钊被捕的消息告诉在上海大学学习的廖苏华。廖苏华对杨尚昆说："李伯钊是在浦东的工人区担任平民夜校的教员，共青团组织正在通过济难会营救她。"[1]李伯钊在狱中坚贞不屈，后被组织营救出狱，1926年冬由共青团中央派送到苏联莫斯科中山大学学习，1929年在莫斯科与同样由党组织安排在此留学的杨尚昆结婚，从此携手走上他俩共同的革命人生之路。1930年底，李伯钊由苏联回国到上海从事革命工作。次年春，杨尚昆也由苏联回国。

1931年春，李伯钊从上海绕道香港进入闽西革命根据地。她热衷于从事文化艺术工作，被暂留闽粤赣军区政治部任宣传科科长兼闽西彭杨军事学校的政治教员，从此成为红军中的一员。同年她加入中国共产党，被党组织派往中央苏区瑞金。在中央苏区，她先后担任中央红军学校政

20世纪20年代李伯钊在苏联
（杨绍明 供图）

---

[1] 《杨尚昆回忆录》，中央文献出版社2007年版，第19页。

治教员、《红色中华》报编辑、高尔基戏剧学校校长、中华苏维埃政府教育部艺术局局长等职,曾以"戈丽"为笔名经常在《红色中华》报上发表文章。1933年,她担任中央苏区创办的第一所艺术学校即"工农剧社蓝衫团"学校的校长及团长,充分利用鲜活的宣传来扩大党的政治影响。1934年1月,她参加了在瑞金举行的中华苏维埃第二次工农兵代表大会(全国第二次苏维埃代表大会)的庆祝文艺演出,受到毛泽东的亲自接见。同年初,蓝衫团学校改名为高尔基戏剧学校,李伯钊仍担任校长。该校在短短一年多的时间里就培训了1000多名学员。

在中央苏区工作期间,李伯钊借鉴留苏时看到的歌舞活动形式,创作演出了一批歌舞节目,为战斗紧张、生活艰苦的中央苏区军民提供了难得的文艺享受和珍贵的精神食粮。她由此成为革命根据地党和红军文艺宣传工作的开拓者之一,被誉为红军戏剧界的"赤色明星"。

1934年10月,李伯钊和杨尚昆(时任红三军团政治委员)一起随中央红军开始长征。李伯钊被编入中央总卫生部妇女队,与卫生队一起行动,杨尚昆在红三军团司令部,两人分别行军、很少见面。当时李伯钊的

1985年春,杨尚昆与李伯钊在遵义会议旧址(杨绍明 供图)

主要任务就是招呼担架队,负责宣传鼓动,把打土豪缴获的粮食衣物等分给群众,扩大红军队伍。后来她被调到红军总政治部从事文艺宣传工作。长征途中,李伯钊的经历特别丰富曲折,她同朱德总司令的夫人康克清一样,在三支主力红军部队中都工作过,主要负责文艺宣传工作。

关于长征中的经历,1982年李伯钊在中央戏剧学院亲笔写了《攻会理城侧记》《懋功的会见》《一个馍的故事》等文章,有很生动真实的记载。

1935年1月,中央红军长征进入贵州遵义,中共中央政治局在这里召开了具有伟大历史转折意义的遵义会议。此时,杨尚昆也从战场上赶来参加了这次重要会议,"这时也在遵义的李伯钊却顾不上与自己的战友和亲人重新团聚和细说离情,一进城就与刘群先(博古夫人)等同志一起,受命调查社会情况,参加没收反动军阀和地主恶霸的财产……每日又带着一群宣传战士四处宣传高歌……"[1]在这里,李伯钊还当选为新生苏维埃政权即遵义县革命委员会的文教委员会委员。遵义会议以后不久,红军部队行进到云南沾邑、寻甸一带时遭到敌机轰炸,红三军团政委杨尚昆也受伤了。李伯钊在征途中遇到中革军委副主席兼红军总政委周恩来,周恩来叫她赶快去看望夫君杨尚昆。杨尚昆深情地回忆道:

我受伤后,伯钊突然来看我,令我喜出望外。离开中央苏区时,伯钊被编入中央工作团,和蔡畅、邓颖超、康克清等30多位女同志在一起,领导人是董必武和徐特立同志,随中央卫生部行动。一路上,她在行军队伍中前后奔走,做宣传鼓动工作;到营地时,又到驻地群众中做社会调查,慰问伤员,分配没收来的物资,甚至筹粮管伙食。作为一名红色文艺战士,只要革命需要,她什么都干。在湘江畔,在老山界,都能听到她的歌声。[2]

李伯钊看望丈夫后,马上又回到了中央纵队继续从事自己的工作。

---

[1] 卢弘:《李伯钊传》,中国华侨出版社1989年版,第75—76页。
[2] 《杨尚昆回忆录》,中央文献出版社2007年版,第128页。

几天后，李伯钊就随军渡过金沙江，到达川南名城会理郊外。她趁部队休整时，带着几个宣传队员下连队去教唱歌，去的就是红三军团的炮兵团，离红三军团司令部很近。

1935年5月初，一天早晨7时许，李伯钊教红三军团炮兵战士们唱《上前线》歌。唱完歌后，战士们继续出发，李伯钊在竹林里坐下休息，等下一批战斗部队过来时再教。这时，一个通讯员快步走过来递给她一封信，她拆开一看竟是杨尚昆写来的，并告诉她司令部就驻扎在附近，希望她抽空去看看。战地久别重逢，机会十分难得。但她还有任务，还要等后续部队上来教他们唱歌。于是她思索片刻，马上告诉通讯员，说她还有工作，要教部队唱歌，一会儿等她教完了再去。等通讯员走后，她想杨尚昆怎么知道她在这里呢，大概是听到了她教连队唱歌的声音了吧。教完唱歌后，李伯钊向"红章"（当时中央苏区党政机关纵队的代号）司令部请了假，到"芜湖"（红三军团的代号）司令部去探亲，去见已经半年多没有见到的杨尚昆。

她走进已经改道前进的"芜湖"司令部驻地，望见那院子堂屋里桌前正坐着红三军团的几位领导人——司令员彭德怀、政委杨尚昆和参谋长叶剑英，他们在研究攻打会理城的军事部署，彭德怀拿着笔的手托着面颊正在沉思。她高声说："你们在考虑作战吧？"她边说边向他们敬了个军礼。彭德怀放下笔，赶紧高声叫警卫员把他打沙县缴获的冰糖从箱子里拿出来招待客人。李伯钊就坐在离他们稍远的地方嚼冰糖。他们商谈军事结束后，又谈笑风生地谈了一些别的事情。这时彭德怀突然掉过头来对李伯钊说："你怎么坐得远远的呀？！我倒想问问你这个女红军，怎么你们'红章'司令部行军的速度那么慢腾腾的，是不是缺少一点敌情观念呀？你知道吗，我们是保卫你们'红章'司令部行动的人，前后左右都有蒋介石的队伍围追堵截……"[①]李伯钊说道："我的工作是教唱歌，组织宣传棚，鼓舞士气，扩大红军，别的事我就不知道了。不过，我们那个队伍是扛的、抬的多，都是些重型家伙，还有卫生连的伤病员，他们行军是有点慢得让人着急。"彭德怀听了哈哈大笑说："是的，你只能给我们说点情

---

① 《李伯钊文集》，解放军出版社1989年版，第282页。

况。不过，我想请你把口信带到。"

李伯钊到红三军团司令部驻地，感到"有一种说不出来的新鲜感觉"。她没有实战经验，恳求彭德怀司令员给她一次观看实战的机会。她对彭德怀央求道："你们不是明天要对敌作战吗？你若能够带我上一次阵地，哪怕只是一次，那我也可以知道作战是个什么样子了。"最初，彭德怀坚决不同意。后来李伯钊又让丈夫杨尚昆一同向彭德怀请求准许。杨尚昆回忆道：

> 伯钊第二次来看我是渡过金沙江以后，那是在会理城郊，部队正进行小休息，准备攻城。她带着宣传队下炮兵团的连队教唱歌。彭总、叶参谋长和我正在研究攻打会理城……听说我们要攻打会理城，伯钊抓住机会对彭总说："军团长，我请求参加打会理城一仗。"彭总说："我没带过女兵，再说，战场上子弹不长眼睛，你要上火线，得请杨政委批准。"我便替她央求说："文艺兵也要体验一下真正的战斗生活，请你高抬贵手，批准她的要求吧！"彭总这才说："只此一次，下不为例。"但只准在指挥所里观战，不准到前沿去。①

最后，在李伯钊和夫君杨尚昆的共同请求下，彭德怀终于批准李伯钊观战，并诙谐地说："牛郎织女，战地相会，有什么悄悄话，你们抓紧说吧。战斗一打响，可就没空说了。"

同年5月8日至15日，彭德怀让李伯钊上前线实地观看红军攻打会理城。当李伯钊登上阵地时，天色已晚，她的位置就在电话机旁，在一个土堆后面，土堆就是电话机的护身墙。战斗打响，李伯钊听见敌人密集的机枪声，子弹劈头盖脸地射来。看见作战小参谋来问电话兵前线的情况："城墙炸的情形怎样？"电话兵说："敌人的火力来得很快，我们的炮火没跟上。"不久，电话响了，说城墙只炸了半边。红军攻击的爆破力量只毁了半边城墙，所以敌人很快恢复了火力。电话里很快传下部署："云梯多不多？"回答："敌人火力太猛，云梯上不去。"这时敌人子弹嗖嗖地

---

① 《杨尚昆回忆录》，中央文献出版社2007年版，第129页。

扑向她所在这边的红军阵地。会理城久攻不下,红军最后下令撤退。

李伯钊跟参谋们走回司令部时,听到了彭德怀与叶剑英等分析总结这次作战失利教训的讨论。彭德怀说:"怎么搞的,城墙只炸了一半?"叶剑英说:"爆破力没有达到摧毁城墙的强度。"工兵连连长来报告:"主要是对城墙的厚度没摸透,没有深入中心。爆破力没有达到破城的要求,所以敌人就很快集结,恢复射力。"彭德怀对参谋长说:"明晨5时开会,总结攻城爆破的教训,7时按规定路线前进。"叶剑英说:"疏于检查,这是重要的教训。"最后,李伯钊听到彭德怀长叹一声:"只有准备,没有周密细致的检查,是不能完成战斗任务的。战争,决不能有丝毫的疏忽。重要的还在于实事求是。"①

1935年6月,中国工农红军总政治部宣传部宣传干事李伯钊与中国工农红军总政治部宣传部部长陆定一共同商议了为庆祝红一、红四方面军懋功会师的欢迎会文艺节目。他们俩合写了《一、四方面军会合歌》(即《两大主力会合歌》),李伯钊还主演了一出话剧《干人当红军》。事前,陆定一部长派李伯钊去向红四方面军第三十军政委李先念请示有关欢迎会的筹备事宜。李先念问她:"你在部队是搞宣传的吧?"她说:"是的,我是宣传部的宣传干事。陆定一部长让我带来一首歌请你指教,歌名是《一、四方面军会合歌》,歌的内容是:'一、四方面军大会合,多么快乐,一个英勇善战不怕困难多,一个战略战术很不错,我们来会合,多快乐多快乐。'"李先念看了李伯钊送上的歌词说:"写得好!真是写得好嘛!""我很喜欢这首歌,它确实唱出了两个方面军的长处。这首歌写得好,就让两个方面军的红军唱起来吧。"李先念给李伯钊倒了杯开水,上下打量了一下问道:"你曾经打过仗吗?"李伯钊回答说她没有打过仗,可是在苏联学过军事。李先念问她都学了些什么,李伯钊说:"班、排、连的动作,野营。"他又仔细端详了一下腰上别着手枪的李伯钊说:"我以为你是打过大仗的老兵哩!""那你身上挂的小手枪是从哪里来的?"李伯钊说:"这是我丈夫打沙县缴来的。"接着李先念见她有这么

---

① 李伯钊:《长征漫忆》,中共中央党史研究室第一研究部编:《巾帼红军忆长征》,中共党史出版社2017年版,第102—107页。

好的枪，就叫李伯钊取下来给他看一下。李伯钊立即从皮带上取下手枪给他看，他拿过手枪就扣枪栓，"砰！"的一声，枪响了。原来，李伯钊没告诉他枪已上了膛。惊险过后，他们俩商定"明天晚上开联欢会"。李伯钊顺利完成任务回来后，把手枪走火的事告诉了陆定一部长。陆定一哈哈大笑说："真枪实弹在李先念面前是常事。"①

李伯钊在长征中三次过草地。

李伯钊第一次过草地是在1935年8月下旬。李伯钊随党中央和中革军委所在的右路军（又称"中央纵队"）经毛儿盖北穿过草地，到达班佑、巴西地区。这时，中央红军进入黑水芦花（在今四川省阿坝藏族羌族自治州中部、岷江支流黑水流域）后，红军总政治部动员全军筹备干粮准备过草地，规定每个人必须背10斤干粮和8斤衣物。

当时红军严重缺粮，国民党第二十一军军长兼四川省政府主席刘湘的部队又抢走了当地老百姓的许多粮食，一些不明就里的藏族群众对红军心怀敌意，经常放冷枪。红军部队粮食奇缺，不要说准备上路带的干粮，就连每天要吃的口粮都成问题，每个连队顶多只够吃一两天。红军只得用麦粒煮水，改每日两餐为每日一餐。红军总政治部采取紧急筹粮措施，下令全军严格禁止收割未成熟的麦子，要想方设法把躲进山林里的居民（他们因不明情况怕红军骚扰）找回来，用银圆买麦子，照价付钱；同时让部队捕捉牦牛，也照价付钱给藏族群众，务必使藏族群众了解共产党的政策。红军在此等了十来天，有些麦子成熟了，就割下来，先用火烤干，然后用手搓出麦粒。有些红军战士手都搓烂了。经过红军耐心地政治宣传，藏族群众也慢慢觉悟了，觉得红军是借粮，向他们公买公卖，不像刘湘军队那样抢劫他们的粮食。红军部队在危急关头，想方设法继续筹粮，规定每人一天必须筹够5个馒头的粮食上交部队，无一例外。部队每人要准备10天的干粮，以备行军前进。李伯钊和黄镇以及在懋功参加红军的藏族姑娘九香在一组，3个人每天要交出15个馒头。

在这次准备过草地的筹粮活动中，有一件事使李伯钊终生难忘。一

---

① 中共中央党史研究室第一研究部编：《巾帼红军忆长征》，中共党史出版社2016年版，第109—110页。

天，她和黄镇（1909—1989）等人在河边洗粮食时，捡到河边漂浮的不少麦粒，拿回去多做了几个馒头（超出每天上交的定量），没有交公。此事后来被人"告发"，管筹粮的人就找到李伯钊核实，李伯钊承认他们存了9个馒头。那个管粮的人郑重地说："既然是筹粮，就不能私分。""不管你们是怎样弄到的麦粒，既然做成了馍馍，你们就应该一律交公，不得私存。"李伯钊只好把他们小组存的那9个馒头交了出来，可心里不高兴，就坐在地铺上生闷气。这时，邓小平提着个小布袋走过来，坐在她的地铺上，慢慢从小口袋里拿出一个交公多余的馍馍，对李伯钊关切地说："你饿了吧，给你！"李伯钊说："我不要。你留着自己吃吧！"邓小平又急忙说："这是我送给你的，不要你还。"李伯钊接过馍馍，心里一酸，禁不住掉下眼泪。她心里想："小平同志对人真好，在困难的时候这么关心人，多么难能可贵啊！"①

草地一片荒凉，遍布沼泽，战士们负重行军，日晒雨淋，面对草地泥沼，真是"如临深渊""如履薄冰"。行军途中战士们有时唱歌或讲故事，他们高唱《打骑兵歌》和《三大纪律八项注意》。李伯钊第一次过草地，共用了5天时间完成行军任务。红军没有遭到敌人的袭击，因为他们根本没有料到红军敢走这条路。

第一次过草地之后，1935年9月9日，张国焘突然电令右路军政治委员陈昌浩率部南下，"彻底开展党内斗争"。毛泽东通过右路军参谋长叶剑英得知这一情况后，与周恩来、张闻天等人紧急磋商，为了贯彻北上方针，避免红军内部可能发生的冲突，决定连夜率红一、红三军（这两个军当时分别由红一方面军的第一军团、第三军团改称而来）和军委纵队先行北上。②其"约定的时间是凌晨两点分头行动"。为了行动绝对保密，杨尚昆高度警惕、严守纪律，当此行动前的最后关键时刻也没有把这一重要机密告诉前来看望他的夫人李伯钊，忍心使之留在了张国焘欲将使其南下的右路军。之后，毛泽东风趣地对杨尚昆说："尚昆，你是赔了夫人又折

---

① 中共中央党史研究室第一研究部编：《巾帼红军忆长征》，中共党史出版社2016年版，第110—113页。
② 中共中央党史和文献研究院：《中国共产党的一百年（新民主主义革命时期）》，中共党史出版社2022年版，第158页。

兵啊！"杨尚昆回忆道：

> 事情是这样的：那一天，总政治部的宣传队正要到前敌政治部去报到，队长刘志坚和李伯钊一起来看我，问我有什么事交代。这时，我们已经决定在当时行动。如果我把事情透露给他们，就怕泄漏了机密；如果让他们临时改变出发日期，又怕引起陈昌浩他们怀疑。万一他们得知中央的意图，把中央扣起来，不是坏了大事？想来想去，还是忍一忍心，什么都没说，让他们按时报到，到最后时刻再设法通知他们。宣传队离我们驻地大约10里，晚上10点，我派警卫员小张去通知他们。谁知阴差阳错，警卫员走错了路，等信送到时，陈昌浩已经发觉我们走了。伯钊和送信的警卫员连同宣传部人员在内，都被扣留，裹胁南下，还当作派去的奸细进行审查。所以说我损失了一个兵，又赔了夫人李伯钊。直到一年后四方面军再次和中央会合时，伯钊来回共过了三次草地，多受了不少跋涉之苦。①

1935年秋后，李伯钊被裹胁随红四方面军再次过草地南下。第二次过草地比第一次更加艰苦。原来在第一次过草地时，李伯钊被组织上派到红四方面军第四军去培训宣传队员，在此经历了十分惊险的一幕，并遭受了张国焘分裂主义的迫害。在李先念率红三十军攻打包座胜利后两天，李伯钊到了红四军，一天中午她接到杨尚昆派警卫员张秀夫送来的一封信，要她马上一起回总政治部。她不知有什么重要事情，立即和张秀夫动身去总政治部。路上遇到刘志坚带领20多个宣传队员慰劳红三十军回来，也是回总政治部。于是他们就同路而行。下午四五点钟，他们一行二三十人走到红军总政治部的驻地阿西时，发现穿旧灰色军装的红一方面军的人一个也看不见了，村子里全是穿黑色军装的红四方面军的人。李伯钊等人一进村，就被红四方面军一连多人包围起来，只听他们叫嚷着说什么中央"逃跑"了，一方面军北上了。李伯钊与刘志坚一行人全部被下令缴了枪，并被立即关押在一个藏民楼上。这突如其来的变化使李伯钊他们感到十分紧张，不知如何是好。最后他们决定向看守的人提出要见红军前敌总

---

① 《杨尚昆回忆录》，中央文献出版社2007年版，第1434—1435页。

政治部主任傅钟和副主任李卓然。次日下午，李伯钊和刘志坚被看守带去见到了傅钟和李卓然，要求回到原来部队。傅、李二位说，北上部队已经走了两天，不容易找到，沿途又有危险，还是留下吧。如果坚持要回原部队，这要请示陈昌浩总政委。李伯钊和刘志坚还是继续坚持要回原部队，当天晚上他们见到了陈昌浩。陈昌浩拍桌子大骂："中央北上逃跑了"，"中央没有开会，毛泽东就带着一方面军逃跑了"，"杨尚昆、叶剑英逃跑了"。李伯钊和刘志坚大吃一惊，面面相觑，十分不解。他俩仍然坚决要求回到原来的部队，陈昌浩无论如何不准。就这样，李伯钊与刘志坚等人只好被迫留在了红四方面军，跟着南下，二过草地。李伯钊依然坚强地挺了过来。

二过草地之后，行军至卓克基（今四川马尔康市境内）时，李伯钊和张秀夫被编入前敌司令部政治部油印科党支部过组织生活。不久，李伯钊竟被这个党支部以莫须有的罪名开除党籍。她实在想不通，怀着沉重的心情跟着部队走。一天，行军休息时，张秀夫流着眼泪十分难受地对李伯钊说："杨政委（指红三军团政委杨尚昆）派我来接你回去，没有回去成。你又受那么大的罪，他们推你，打你。想起来，我伤心啊！"李伯钊却反过来安慰他说："秀夫同志，你别难过，参加革命就难免要受折磨。"[1]这是多么豁达的胸襟！

第二次过草地后，1935年9月，李伯钊步行到川西绥靖县城，向川康省委书记周纯全提出，她要到红一方面军三十二军去见军长罗炳辉。因为红一方面军三军团政治部宣传队在北上时，有三个宣传队员本来要随军北上受阻，被留在了红四方面军，他们多次要求回到原来的部队工作，领导也批准了他们的要求。李伯钊换上军装，带着他们步行来到马尔康的松岗，在红三十二军驻地见到了罗炳辉军长。罗同意把那三位宣传队员编入三十二军政治部宣传队，李伯钊如释重负。她转身看罗军长，向他提出要去看朱德总司令的要求。罗军长向陈昌浩政委请示获准后，就让李伯钊立即到松岗红军总司令部去见朱德。她见到朱德，向他报告她是从绥靖来

---

[1] 李伯钊：《三过草地》，载中共中央党史研究室第一研究部编：《巾帼红军忆长征》，中共党史出版社2017年版，第364—367页。

的，在川康省委工作。面对红军的前途，李伯钊向朱德道出心中的疑虑，痛心地问朱总司令："我怎么办呢？"朱德沉吟片刻，严肃地说："他（指张国焘）打红旗，跟他走。他要打白旗，再说！"李伯钊听完朱总司令的话后，顿觉心明眼亮。她立即回到松岗红三十二军驻地，当晚一夜未眠，思绪万千，朱总司令的话深深地铸在她的脑海里，她发誓"要时时刻刻把朱总司令的亲切的教导铭刻在心坎上"[1]。这时，她还设法拿到了张国焘在松岗开会另立"中央"的会议记录。会宁会师后，她将记录交给了彭德怀同志，为党中央后来清算张国焘分裂主义错误作出了贡献。[2]

　　1936年夏天，李伯钊又随红二方面军第三次过了草地。1936年7月，红二、红六军团在甘孜与红四方面军胜利会师后，中央决定成立红二方面军。这时红二、红四方面军分三路纵队陆续北上，李伯钊率领一个红四方面军的文艺宣传队在川西与红二方面军相遇。李伯钊在1985年春对此作了十分详细而生动的回忆。她说："1936年夏天，我带着中央工农剧社一、二、三团外出执行任务后返回营地，途中走过一个浅水滩，猛抬头看见岸那边坐着、站着，还有半躺着七八位红军首长……这些首长穿着浅灰色的军服，全身披挂着子弹袋。警卫人员都挎着驳壳枪。"[3]她仔细打量发现，他们不是红四方面军的。于是她便悄悄走向河滩，一位中等身材的红军指挥员看见了她，高兴地叫起来："这不是李伯钊吗？"这时曾在上海浦东区委共事过的老领导关向应（红二方面军政委）也立即认出了李伯钊，同她热情握手。他笑着对大家说："我们在上海搞工人运动的时候她还是小姑娘哩！"李伯钊没想到能在这里见到红二方面军的首长，其中还有老熟人老领导，见面又是这样亲热，如在梦中，激动万分，忍不住掉下热泪。原来她是从王树声部队慰劳演出回来，还要赶回中央工农剧社去，随即道别回去了。第二天，红二方面军司令员贺龙和政委任弼时致信与张国焘、陈昌浩协商，让李伯钊带一个宣传队去红二方面军一同过草地，帮

---

[1] 中共中央党史研究室第一研究部编：《巾帼红军忆长征》，中共党史出版社2017年版，第383—385页。
[2] 《李伯钊文集》，解放军出版社1989年版，第775页。
[3] 中共中央党史研究室第一研究部编：《巾帼红军忆长征》，中共党史出版社2017年版，第367页。

助培训红二方面军政治部的宣传员,得到了张国焘、陈昌浩的同意。中央工农剧社政委易维钧拿着那封信告诉了李伯钊这件"喜事",李伯钊欣然接受了这项任务。

紧接着,她和易政委立即收拾行装,带着100多人的队伍赶到红二方面军政治部报到开展工作。红二方面军政治部主任甘泗淇(李伯钊在莫斯科中山大学留学时的同学)热情地接待他们,他对李伯钊说:"你一个女同志,几过草地,不容易呀!"他们被临时安排在一个喇嘛庙,贺龙、任弼时等在去开会的途中绕道专门来看望他们。李伯钊召集宣传队员列队迎候。贺龙策马前来,李伯钊上前立正行军礼,代表全体宣传队员说:"我们服从命令听指挥。"贺龙满意地说:"像样子,好个女红军。"任弼时对他们说:"欢迎同志们!有你们来做宣传鼓动工作,队伍的士气会更高……北上,行军作战的任务是很重的。你们要把你们的好歌好舞教给我们二方面军的同志,你们才能回四方面军去。不教会他们,我们不让你们走。"①

后来由红二方面军出面与张国焘协商,让李伯钊随红二方面军行动。贺龙、任弼时让李伯钊举办了一个文艺训练班,后来发展为"战斗剧社"。"贺龙同志亲自把战斗剧社交给李伯钊同志,请她将战斗剧社训练成一支'歌舞剧全面'的战斗组织。"②老红军陈靖在回忆长征中的宣传工作时说:"在草地这段征途中,文工团每天有三大任务——唱歌、跳舞、搞演出。这对我们二方面军的同志来说,就是要把刚从李伯钊团长那里学到的东西,马上为连队服务。"③

1936年10月,红军三大主力在会宁会师,李伯钊终于回到了党中央的怀抱,但她已衰弱到了极点,大病一场,险些丧命。

三过草地之后,李伯钊继续随红二方面军到达甘肃洮州。后来在彭

---

① 中共中央党史研究室第一研究部编:《巾帼红军忆长征》,中共党史出版社2017年版,第369—371页。
② 陈靖:《战斗剧社源远流长》,载中国人民解放军文艺史料编辑部编:《中国人民解放军文艺史料选编·红军时期(上册)》,解放军出版社1986年版,第301页。
③ 陈靖:《战斗剧社源远流长》,载中国人民解放军文艺史料编辑部编:《中国人民解放军文艺史料选编·红军时期(上册)》,解放军出版社1986年版,第279页。

1939年，杨尚昆和李伯钊在山西武乡留影（杨绍明　供图）

德怀的提示下，李伯钊设法拿到了一份张国焘在马尔康松岗开会"另立中央"的会议资料。会宁会议后，她将这份资料交给了彭德怀上报党中央。

到达陕北后，李伯钊被调回红军总政治部宣传部工作。这时杨尚昆正担任红军总政治部副主任。1937年4月，李伯钊在云阳镇（陕西泾阳县内）接受美国记者斯诺夫人威尔斯的采访。李伯钊热情地接待了威尔斯，为她写作《续西行漫记》提供了许多史料。威尔斯在采访记中写到，她曾向李伯钊打听过30多位敢于翻山越岭经历了长征的妇女的情况（指中央红军长征中的女红军），"头一个碰到的苏维埃妇女就是李伯钊……是一个漂亮、优雅的女人……"，"她很聪明，曾写过好几个剧本，在苏区颇有声望"。李伯钊向威尔斯详谈了自己的革命经历，其中包括三过草地的情形。她说："这是长征中所经过的最艰苦的地方。第一次横渡大草原的时候经过5天，第二次4天，第三次29天。"[①]

[①] ［美］尼姆·威尔斯：《续西行漫记》，陶宜、徐复译，解放军文艺出版社2002年版，第177页。

二、宣传斗士甘棠的曲折长征路

跟随中央红军长征的另一位川籍女红军名叫甘棠。甘棠（1910—1971），原名阚思颖，又名阚世英，出身于四川省南溪县城关镇的一个商人、开明士绅家庭。她的父亲在商号做账房先生，家境殷实。甘棠自幼勤奋好学，成绩优异，思维敏捷，性格开朗，直爽而又倔强。她从小受到哥哥刘鼎（原名阚思俊）的进步思想影响。1924年她考入叙府（今宜宾）女子中学读书，深受比她年长8岁的大哥刘鼎的革命思想影响。她对重男轻女、"三从四德"等封建思想十分反感，也坚决反对父母给她裹脚，更是反对父亲给她安排的包办婚姻。在学校中共地下党组织的帮助下，她积极追求进步、追求真理，加深了对黑暗的旧社会的认识，1926年加入中国共产主义青年团，同年加入中国共产党。

入党后，由中共重庆地方执行委员会书记杨闇公资助，甘棠进入重庆中法大学半工半读，做党的宣传工作。1927年3月31日，她积极参加了由中共重庆地方执行委员会组织领导的反对英美军舰炮击南京的群众爱国示威运动，遭到国民党军警的血腥镇压，此即重庆"三三一"惨案。在这次惨案中，甘棠与反动军警英勇搏斗，身受重伤，被同伴救治；后赴武汉，在她大哥的革命好友、中国早期共产主义者孙炳文家里住了一个多月。1927年夏，由党组织安排，她进入上海文治大学学习，次年调入由中共中央军事部部长周恩来领导的中央特科担任交通员。1931年4月，因中央特科负责人顾顺章被捕叛变，上海的中共中央机关被迫撤离，甘棠绕道香港进入江西苏区继续从事革命工作，担任地下党交通总站秘书。1933年，经党组织批准，她在瑞金党校（马克思共产主义学校）高级班学习8个月，结业后被调入中央局妇女部当秘书，由李维汉直接领导。1934年，她调到中央工作团，由董

甘棠（刘文山 供图）

必武、徐特立带队，到红军总卫生部、总供给部工作；中央工作团撤销后成立政治部，她又在该部任宣传科长。1934年10月15日，她作为红一方面军的"特殊连队"（中国工农红军中央纵队总卫生部干部休养连）的成员，参加长征，任总政治部宣传科科长。[①]

1935年2月10日，因中央红军一渡赤水入川受阻，转入云南扎西，中共中央在此召开了扎西会议。会议决定，对中央红军进行整编，抽调400多名红军指战员与川南地方党组织领导的游击队武装，组成"中国工农红军川南游击纵队"，转战于川、滇、黔三省边区，创建新的苏维埃根据地，以四川叙永、兴文、长宁、珙县、筠连等县为重点，展开游击战争，以牵制敌人、掩护红军主力北上。中央决定任命徐策为川南游击纵队政委（红三军团六师政委，后牺牲），王逸涛为司令员（后叛变），余泽鸿为宣传部部长（后牺牲），戴元怀为组织部部长（红八军团民运部部长，后牺牲），刘干臣为参谋长（后牺牲）。

为了加强党的领导，党中央还批准成立中共川南特委，并指定由徐策、余泽鸿、戴元怀、邹风平、王逸涛等5人组成中共川南特委，由徐策任书记，负责全面工作，余泽鸿任副书记兼宣传部部长。两位女红军甘棠和李桂红（1907—1997，1937年改名李桂英，江西寻乌人，曾任中共粤赣省委妇女部副部长）也奉命留下，编入川南游击纵队，甘棠任纵队政治部宣传队队长（后调任纵队司令部指导员兼政治部组织干事），李桂红任纵队司令部指导员。这两位女红军，"在机关工作，负责搞宣传和发动群众"[②]。

与此同时，中央军委在扎西驻地召开了从中央军委抽调的100多名干部大会。中革军委副主席周恩来亲自到会讲话，明确指出红军川南游击纵队的主要任务：一是打击、牵制敌人，配合主力红军作战；二是安置和保护好伤病员；三是建立革命根据地。不久，川南游击纵队与红军黔北游击队会合，组建红军川、滇、黔边区游击纵队，司令部成立党总支，甘棠担任党总支书记兼司令部秘书。李桂红任司令部的支部书记兼民政工作及没

[①] 甘延华：《甘棠：一位饱经风霜的长征女战士》，载王友平主编：《长征中的川籍女红军》，四川辞书出版社2016年版，第75页。
[②] 中共中央党史研究室第一研究部编：《巾帼红军忆长征》，中共党史出版社2017年版，第856页。

收委员会主任。这支游击纵队在五龙山编队时共有600多人，分为5个大队，还成立了侦察排。

甘棠在长征中离开中央红军后，在川南特委和游击纵队特委领导下，她与一同留下的女红军李桂红一道深入乡村，到群众中去做军运民运工作。她俩带领群众开展抗捐、抗债、抗租的斗争，打土豪、开粮仓，有效地发动群众。甘棠是四川人，熟悉川南一带的地方风俗，能说会写，还会唱歌跳舞，群众乐于听她的宣传鼓动。她与李桂红等人一起写宣传标语，在云南威信和川南地区，他们写很多宣传标语，经过广泛的宣传和深入的群众工作，有许多穷苦人民主动找来，积极要求参加红军游击队。1935年五一劳动节时，红军游击纵队在四川叙永落堡召开军民大会，颁布了特委制定的《川南工农劳苦群众目前斗争纲领》。甘棠随即在墙壁上用毛笔工工整整地全文书写了这个1500字纲领，围观群众赞不绝口，至今保存完整。

女红军李桂英（李桂红）
（罗智刚 供图）

川南游击纵队和主力红军分开后，开展了轰轰烈烈的战斗，同国民党军队进行多次作战，到处打游击，非常艰苦。这个纵队先后打到纳溪、筠连、珙县等地，特别是甘棠和李桂红这两位女红军的言行使当地老百姓十分感动。红军游击队第一次打到珙县洛表时，甘棠身着青衣、青帽、青绑腿，头戴五角红星帽，脚穿草鞋，言行举止，令人钦佩。一位老者当时为她吟诗赞道：

遥想当年花木兰，不爱闺帏爱剑戟。
更有今日女红军，粗衣草履为民急。[①]

---

① 四川省妇女联合会编著：《巴蜀巾帼壮歌——红四方面军女战士革命斗争实录》，四川人民出版社1993年版，第194页。

当川南红军游击纵队第二次进入洛表时，不少穷苦群众把积压在心底的对敌仇恨向红军倾诉。一位贫苦妇女陈金凤向甘棠和李桂红控告了"坐地虎"李腾骧（当地团总）、"母老虎"范良珍（其夫为县政府科长）在红军游击纵队前次走后对老百姓进行反攻倒算的罪行。这两位女红军立即向特委报告，经特委查实后立即将范良珍处决，李腾骧狼狈逃跑，群众拍手称快。

甘棠与李桂红在十分艰难的环境下并肩战斗，游击纵队红军深受群众拥护。甘棠回忆说："有的群众把他们家最好吃的都请我们吃，有的群众把娃娃抱来结干亲……游击队到的地方的群众关门闭户，偷偷地看清是红军才开门出来，最大的目标就是有没有两个女红军，有两个女红军就是真红军，从第一次'会剿'后，两个女红军就成为红军的标志了，就能找到群众……"[1]

1935年11月，李桂红怀孕即将分娩，行军困难，纵队党组织决定由甘棠护送她去余泽鸿的老家——长宁县梅硐区隐蔽生子，同时决定抽调纵队部分同志去建立中共梅硐区委、区乡农民协会、游击小组和妇女会，开展革命工作。她俩到达目的地后打扮成农妇，由中共梅硐区委安排在名叫"李树湾"的山上隐藏，后又住在附近坳田坡山顶上一个名叫"黄箩筐"的贫苦篾匠家里，并受到热情周到的照顾。[2]她们一住下就联络群众，宣传党的政策和红军英勇杀敌的革命事迹，引起敌人的警觉和搜查。这时已叛变投敌的原红军川南游击纵队司令员王逸涛得知梅硐隐藏着女红军，立即报告上司，并指挥敌特人员赶赴梅硐"缉拿"女红军甘棠和李桂红。[3]一天早晨，敌军突然对黄家进行搜查，两位女红军来不及转移，只好迅速藏入室内的红苕地窖中，立即把各自手枪里的子弹压上了膛，决心只要敌人揭开地窖盖，就开枪冲出，与敌人决一死战。幸好当时恰遇地震发生，敌人惊慌失措，败兴而逃。敌人在此前后搜捕了两个月，甘棠和李桂红在

---

[1] 中共中央党史研究室第一研究部：《巾帼红军忆长征》，中共党史出版社2017年版，第851页。
[2] 刘仕雄：《长征中两名女红军在川滇黔边区的传奇故事》，贵阳网党史频道，2017-04—05。
[3] 倪良端：《女红军李桂英革命一生不忘初心》，《中华魂》2018年第2期。

1960年代甘棠（左）与哥哥刘鼎（原名阚思俊）在北京合影
（刘文山　供图）

群众的保护下，机智勇敢地与敌人周旋，到处躲藏，吃尽苦头，但始终坚定革命的理想信念，坚持播撒革命的种子。

1936年11月26日，甘棠和李桂红在云南边境野腊溪与敌军战斗中不幸被捕。她俩被敌人关押在扎西，后又从扎西押解到云南昭通滇军旅部，又押送到重庆；在押解重庆途中甘棠被其父亲保释出去，李桂红则被关押在重庆，一直到第二次国共合作时于1938年释放政治犯时才获释。[1]由于遭受国民党川滇黔三省敌人的多次围剿，这支红军游击队由最初的几百人发展到1000多人，最后只剩下几十人，一直坚持到1937年初。

甘棠被保释出狱后，她父亲把她关在家中的一间小屋子里，不许她再参加政治活动。不久她破窗逃出，乘船东下，去重庆找到党组织；经四川党组织审查后，她到达延安工作，回到了党的怀抱继续从事革命活动。1938年中共川康特委成立后，她任特委妇委书记、特委执委。在此期间，甘棠同中共四川省工委书记、川康特委副书记邹风平结婚，后一同到了延安。新中国成立后，甘棠先后担任中共重庆市妇委会书记兼市政府委员、四川省高级人民法院副院长等职。

---

[1] 李桂红：《在川滇黔边区游击纵队的艰苦岁月》，载中国人民政治协商会议四川委员会文史资料和学习委员会编：《四川文史资料选辑》第48辑《红军长征在四川》。

第三章

随红四方面军进军川西与南下北上

1935年1月22日,红四方面军在广(元)昭(化)战役打响后收到中共中央政治局、中革军委的指示电,建议红四方面军应"集中红军全力向西线进攻","迅速集结部队完成进攻准备,于最近时期,实行向嘉陵江以西进攻"。[①]紧接着,川陕苏区的西北革命军事委员会在旺苍坝召开紧急会议讨论中央来电,会议决定按照中央来电精神,红四方面军集中主力西渡嘉陵江。

1935年3月28日,为了策应中央红军北上,红四方面军发起了强渡嘉陵江战役,从此实际上开始了长征。红四方面军中的妇女独立团、妇女工兵营和中共川陕省委妇女部及省委妇女学校等单位的大部分女红军,跟随中共川陕省委机关在苍溪渡过嘉陵江,开始长征。[②]随红四方面军参加长征的女红军,共有几千人,基本上是川籍女红军。

关于红四方面军中究竟有多少女红军参加长征,有多种说法(有约

---

① 中共中央党史研究室第一研究部编著:《红军长征史》,中共党史出版社2006年版,第150页。
② 中共中央党史研究室第一研究部编:《巾帼红军忆长征》,中共党史出版社2017年版,第440—441页。

2000人、3000多人、4000多人、5000多人、8000多人、1万多人等说法）①，长期争论不休。一般常说"参加长征的有2000多位女红军"②，这种说法肯定是不准确的，显然是说少了。因为仅红四方面军妇女独立团的两个团参加长征的人数就达2000多人，另外，还有"红四方面军妇女工兵营500余名，总政剧团及三个分团（营的建制）女战士及各军宣传队员近千名，总医院及各军医院女战士千余名，省委妇女学校学员近500名，其余为机关女干部、后勤女战士及少数红军家属"③。这几项人数加起来，远远超过两三千人。若不包括上述所列"其余"部分，红四方面军中的长征女战士总计至少也有5000名左右。长征时曾任红四方面军第三十军二六七团营部书记、红四方面军总医院院部书记的李国策（四川苍溪人）曾撰文道："红四方面军曾有5000多名女战士，她们大多是四川参加红军的未婚青年，天真活泼，吃苦耐劳，英勇顽强。这些女红军分别在总部各机关、医院、后勤系统。她们在长征中，身上负荷很大，应该说牺牲大，贡献也大。"④长征时任红四方面军新剧团团支部书记、第四军政治部宣传队指导员的四川通江籍女红军李玉南回忆说："从全国来看，红四方面军过嘉陵江……妇女在一万人以上，通江妇女要算最多。在红四方面军中，哪个部门没有妇女！……兵工厂、新剧团、被服厂、担架队、运输队、总医院、洗衣队、经济公社等部门妇女可能在一半以

---

① 四川省妇联妇运史资料组：《巾帼长征气如虹，血染沙场鬼亦雄——红四方面军有近2000名妇女参加长征》，《四川党史研究资料》1984年第3期；元江：《红四方面军女红军有多少？》，《四川党史资料》1986年第4期；邓宏烂等：《红四方面军女战士在长征中的作用和贡献初探》，《四川党史月刊》1988年第3期；四川省妇女联合会编著：《巴蜀巾帼壮歌——红四方面军女战士革命斗争实录》，四川人民出版社1993年版；何光表：《川陕苏区的妇女状况》，作家出版社2007年版；邵雍：《长征中的女红军》，《上海师范大学学报（哲学社会科学版）》2014年第4期；黄娴、程焕：《长征路上最美的花朵》，《人民日报》2019年7月14日第4版。

② 周蕾、隗艳：《长征红一方面军女红军编研座谈会在京召开》，《妇女研究论丛》，2015年第3期；李涛、纪莹：《女红军如何走过万水千山》，《晚晴》2016年第4期；水森：《参加长征的女红军究竟有多少》，《甘肃社会科学》1987年第5期等。

③ 四川省妇女联合会编著：《巴蜀巾帼壮歌——红四方面军女战士革命斗争实录》，四川人民出版社1993年版，第2页。

④ 《老红军李国策：我亲历长征的故事》，http://www.010zaixian.com/wenxue/gushihui/1904987.htm。

上。"①长征时在红四方面总供给部（后勤部）担任保管科长的杨文局回忆说："1935年开始长征时，后勤部规模比较大，有一两万人，女同志约有3000人。"②由此可见，随红四方面军参加长征的女战士，仅后勤部就有3000人左右。还有一个说法，"据史料记载，川陕苏区总医院加上分医院，军、师医院，省工农医院共有3000多名护理人员（护士），都参加了长征"，"她们绝大部分都是川北姑娘！"③

对于红四方面军中到底有多少女战士参加了长征，至今尚无定论，但肯定不只两三千人，至少有5000多人，8000多人的说法也是比较可信的。中华全国妇女联合会妇女运动历史研究室编写的《中国妇女运动史》就明确写道："1935年3月，红四方面军中有8000余名女战士随大部队西渡嘉陵江，踏上了长征之路。"④

红四方面军中川籍女红军的长征历程最为曲折艰难。川籍女红军的长征历程总体上是，从1935年3月底随红四方面军强渡嘉陵江开始长征，约5月中旬，红四方面军总部在江油县城附近召开师以上高级干部会议决定"西进方针"，即继续向西进军，接应并与中央红军会师。同年6月，红四方面军与中央红军（红一方面军）"懋功会师"后，开始共同北上，但张国焘违背党中央北上方针，顽固坚持南下，并于1935年9月中旬发布《大举南进政治保障计划》和南下命令，要求红军向南进攻，消灭川军残余，在广大地区内建立根据地。1936年2月红四方面军在张国焘南下建立川康边根据地的方针彻底失败后，又迅速西进，占领甘孜等地，同年7月同红二方面军"甘孜会师"后继续再次北上。1936年10月三大主力红军"会宁会师"后，又奉中共中央政治局、中革军委之命组成中国工农红军西路军，又有一支主要由川籍长征女红军战士组成的妇女抗日先锋团和在西路军中其他部队的女红军随西路军西征。至1937年3月，西征以失败而

---

① 李玉南：《要吃通江饭，妇女打前站》，《巾帼红军忆长征》，中共党史出版社2017年版，第535页。
② 中共中央党史研究室第一研究部编：《巾帼红军忆长征》，中共党史出版社2017年版，第645页。
③ 柳建辉主编：《川陕忠魂》，中共党史出版社2012年版，第194页。
④ 中华全国妇女联合会：《中国妇女运动史》，春秋出版社1989年版，第368页。

告结束。

红四方面军中，"跟随主力红军长征的数千名女战士，同男同志一样，参加军事行动，行军打仗，爬雪山过草地，搞运输；抬担架，护理伤病员，她们在雪山、草地留下了光辉足迹，有不少女战士献出了年轻而宝贵的生命"[①]。

在红四方面军曲折的长征历程中的每一个阶段、每一次重大战役战斗中，到底有多少川籍女红军随之行动，具体有哪些女兵部队参战，很难统计、查考，但女红军分布比较多、比较集中的红四方面军各部队是大体上可知的。以下主要就川籍女红军战士比较集中的妇女独立团、妇女工兵营及其他拥有较多女红军的部队单位如医院、剧团等川籍女红军的长征历程，分别予以简述。

一、英勇善战的妇女独立团

（一）参加嘉陵江战役

强渡嘉陵江战役，从1935年3月28日晚开始到4月21日结束，历时24天，歼敌几个团一万余人，攻克阆中、南部、剑阁、昭化、梓潼、青川、平武、彰明、北川等九座县城，打开了一个与中央红军会师的有利局面。红四方面军妇女独立团在此战役中发挥了重要作用。

1. 配合渡江作战

据女红军刘坚回忆，"1935年3月下旬，为了策应中央红军北上，红四方面军发起了强渡嘉陵江战役。妇女独立团、省委妇女部及妇女学校等单位的大部分女同志，跟随省委机关在苍溪渡过嘉陵江，踏上了艰难而漫

---

① 牟炳贞：《艰难坎坷的长征岁月》，载中共中央党史研究室第一研究部编：《巾帼红军忆长征》，中共党史出版社2017年版，第657页。

长的长征路途"①。一般认为，参加长征的妇女独立团总人数至少在2000人左右。妇女独立团在嘉陵江战役中，承担了转运伤员和物资这项光荣任务。

1935年3月，妇女独立团全团执行紧急运送伤病员任务，配合红军主力部队强渡嘉陵江西进。当时在通江王坪红四方面军总医院的女红军张庭福回忆说，"总医院撤离时，两个妇女独立团将总医院2000多名伤病员送到了旺苍庙儿湾，后来又到了广元一带"②。随部队转移时，她"转过头一看，能走的就跟着走，不能走的，听见红军要走了，'重彩号'们在地上爬呀爬，说什么也不愿意被留下"。

时任妇女独立团营长的尹清平回忆说，在嘉陵江战役中，她"奉命把庙儿湾红军总医院的1000多名伤病员转送到嘉陵江东岸"。她"带着全营女战士，抬着伤病员，从庙儿湾出发，翻过几座大山，把伤病员安全送到180多里外的永宁铺。任务完成后，又把贮存在旺苍的粮食、盐巴、棉布等军用物资运往嘉陵江东岸地区，准备渡过嘉陵江"③。

1935年4月初，敌人沿江防线被摧毁，红军控制了北起广元、南至南部400余里的嘉陵江西岸地区，强渡嘉陵江战役第一阶段遂告结束。驻嘉陵江东岸沿线的红军，乘三路主力红军渡江之后，也相

1977年，尹清平（中）、何长工（左）夫妇与女儿何光瑨（右）在青岛合影（何光瑨 供图）

---

① 中共中央党史研究室第一研究部编：《巾帼红军忆长征》，中共党史出版社2017年版，第440页。
② 中共中央党史研究室第一研究部编：《巾帼红军忆长征》，中共党史出版社2017年版，第344页。
③ 常天英：《女红军尹清平回黄洋的日子》，中国人民政治协商会议四川省旺苍县委员会编：《旺苍文史资料选辑》第22辑（内部版），第45页。

继迅速渡江。"驻旺苍坝的红四方面军后方机关和第三十一军军部、川陕省委党政机关，大批地方干部及绝大部分地方武装，以及先期转移到永宁铺、王家坝、元坝子、大石板等地的伤病员和红军总医院、省工农总医院，在第三十三军、4个独立师、妇女独立师第二团和地方武装的掩护下，担架队抬着伤病员，运输队驮运着军需物资，也源源不断地汇集到猫儿跳渡江。"①数万红军，历时三四个昼夜，浩浩荡荡地跨过嘉陵江，开始了艰苦卓绝的漫漫长征。

对此，时任红四方面军政治部副主任傅钟写道："在渡江与西进中，广大群众离开根据地，忍受一切牺牲，与红军同艰苦共生死……而尤以极其众多之妇女群众所表现出的革命热情，实令人永世不忘。"②

妇女独立团女战士李秀英回忆，在红四方面军强渡嘉陵江战役打响后，她与另一名女战士张银贞一起共抬一副担架护送伤病员。她俩抬着伤病员一起走过红军工兵在江上临时架起的竹扎便桥浮桥，摇摇晃晃，满身大汗，不断往返穿梭于浮桥东西两头，在夜间战斗了几个小时。她们在抬送一位大个子重伤员时，刚抬到浮桥中部，张银贞大姐突然倒下，担架的一头正好压在她的身上，原来她的一只脚踏穿了浮桥，脚腕卡在窟窿中，难以拔出。李秀英使尽全身力气帮她才把脚拔了出来，只见上面血迹斑斑，红肿难行，但她坚持继续抬担架，一声不吭，最终两人把伤员抬到了对岸，胜利完成了这次转运伤员的任务，受到首长的表扬。渡江以后，妇女独立团沿途紧随主力红军部队，背粮、运送武器弹药、转运伤员等。她们不仅参与作战，还要沿途向群众做宣传工作。

2. 配合红军主力攻打剑阁

红四方面军渡过嘉陵江以后，总部命令妇女独立团一团随中央纵队红三十军及红九军一部配合进击，攻打剑阁，于1935年3月31日攻占剑阁县城。红三十军八十八师立即向东北疾进，妇女独立团协同红三十军八十九师攻打剑门关。强渡嘉陵江和攻打剑门关是一个完整的作战方案。徐向前

---

① 中共旺苍县委党史研究室编著：《红军在旺苍》，吉林文史出版社2018年版，第354页。
② 傅钟：《红四方面军创建川陕边革命根据地及长征情况概述》，《巴山烽火——川陕革命根据地回忆录》，四川人民出版社1981年版，第21页。

总指挥决定从剑门关南面渡江，由南往北攻打剑门关。妇女独立团一团奉命随红三十军八十九师驻守剑阁城，阻击敌人援兵。女红军在攻打剑门关的战斗中，"为了避免被敌人发现是女兵，她们剪掉长发，用乌泥涂黑脸，与敌人激战两昼夜"，一举击溃了国民党军田颂尧一个旅的侵犯。①

这场战斗的亲历者，川籍女红军胡敏、张惠回忆说："渡江后，妇女一团配合红三十军和红九军攻剑阁。攻下后，其他部队继续追歼敌人，八十九师与妇女团奉命守城。"②原来红军大部队刚刚离开时，四川军阀田颂尧的一个旅就向剑阁城内的红军反扑。敌军到达时，根本不把这些女红军娃娃兵放在眼里，并没有马上发起攻击。敌军官兵大多是烟枪兵，他们都忙于去找地方过鸦片烟瘾去了。这时，红军妇女独立团利用敌人的麻痹大意，先是假装撤退。次日黄昏，当敌军正在闲散地吞云吐雾时，她们突然发起猛烈进攻，打得敌人猝不及防，溃不成军。妇女独立团大获全胜，以少胜多，击溃了田颂尧一个旅，并活捉旅长和他的小老婆，缴获不少战利品，随即更新了她们的武器装备，每人发给一支上三棱刺刀的三尺半汉阳造小马枪，并补充了五板子弹和三颗手榴弹，从而进一步增强了战斗力。③攻打剑门关的战斗异常激烈，妇女独立团一营一连竟把敌人的尸体堆起来做工事，以阻击敌人反扑。号称神枪手的副连长岳克充分施展了神枪的威力，十多个敌人倒在她的枪口下；她手下的一位班长还击毙了敌人一个团长，可惜这位班长在战斗中牺牲了。④

3. 参加江油之战

1935年4月初，攻克剑门关之后，红四方面军兵分两路，进入江油县境内的雁门、云集、青林口一带，并于4月7日前后至4月18日，与川军邓锡侯所部发生了一场以"围城打援"为主要特点的江油之战。4月10日，红军经一昼夜激战后占领中坝镇，同时向江油县城武都进攻，向武都形成合围之势，徐向前总指挥亲自部署和指挥了这场战斗。在这场战斗中，

---

① 顾秀莲主编：《20世纪中国妇女运动史》（上卷），中国妇女出版社2008年版，第360页。
② 胡敏、张惠：《长征路上的巴蜀娘子军》，《四川党史》1994年第2期。
③ 胡敏、张惠：《长征路上的巴蜀娘子军》，《四川党史》1994年第2期。
④ 《瞭望》编辑部编：《红军女英雄传（增补本）》，新华出版社1989年版，第141页。

红军以少胜多、以弱胜强，击败了装备精良、攻势强大的敌人。至4月18日，除江油县城及附近少数地方外，红军占领了江油境内的大部分地区。在江油中坝，妇女独立团战士每人得到了五尺布作被盖，还有一件衣服、一顶斗笠，参加了战斗。

在江油作战的妇女独立团中，有一位姓刘的女红军连长因患重病实在无法随军前进，被部队决定暂时留下，安排在江油二郎庙附近的青林口乡杨采发大娘家治疗。5月下旬的一个夜晚，因有人告密，敌人闯进杨家，杨大娘迅速隐藏好这位女红军，并与敌周旋，后被击倒在地。为了保护杨大娘，这位女红军从后门昂然挺身而出，大声说道："我就是红军连长！"她随即被反动团防队逮捕。在被押赴刑场途中，她一路走一路痛斥敌人，高呼革命口号，壮烈牺牲在"合益桥"前。新中国成立后，当地党和政府为了纪念这位女红军，决定将此桥改名为"红军桥"（现位于江油市二郎庙镇青林口），并在桥侧修建了红军烈士墓。[①]

该桥至今犹存，被四川省人民政府批准为四川省文物保护单位。如今这红军桥不仅是一座沟通两地的桥，更代表着红军英勇不屈、不怕牺牲的革命精神。2019年3月，为了纪念红四方面军发动江油之战84周年，江油文物保管所与江油电视台联手，决定把青林口女红军英勇事迹搬上荧幕，电视片

1958年伍兰英（前排左一）与红军老战友李玉兰（前排中）、侯正芳（前排右一）、吴朝祥（后排左一）、何曼秋（后排右）在北京合影

《青林碧血》剧组前往江油市二郎庙镇青林村采风，对剧本细节进行进一步核实，力求真实反映江油青林口女红军这一可歌可泣的故事。

---

① 中共江油县委党史研究室：《中国共产党江油历史（第一卷）》，中共党史出版社2011年版，第98页。

据妇女独立团连长伍兰英回忆，妇女独立团渡过嘉陵江后，在江油住了半个多月。她们"一面宣传党的政策，组织赤卫队，建立苏维埃政权，打土豪分田地；一面每天上江油后面那座大山上去打土匪，捉地主，缴获的枪支弹药装备我们自己，缴获的粮食和衣服分给穷苦农民"[1]。妇女独立团与老百姓的关系搞得很好。当地老百姓开始不让她们进妇女的屋子里，以为她们是男人，后来知道她们是女兵，当地妇女们又惊奇又羡慕，都欢迎她们去住，当女红军离别时她们还依依不舍。

（二）参加杂谷脑战斗

1935年4月，妇女独立团跟随红九军从江油向北川、茂州前进。到达茂州城内后进行整编，从妇女独立团中选出两个连，每个连140人左右，都是党团员，成立川陕妇女团员学校；其余人员分配到兵站、医院和后方机关工作。这个妇女团员学校，每天大部分时间上军事课，学射击、抢山头等，也上政治课。该校校长是刘桂兰。

1935年5月中旬，红四方面军总部进驻茂县，对妇女独立团进行整编，二团的女战士被编为两个连、一个营；一部分被分配到各部队医院，一部分在绵阳地区开展宣传、组织群众及筹军粮等地方工作。此时妇女独立团不再有一团、二团之分，仅有妇女独立团的建制，张琴秋担任团长。红一方面军与红四方面军在懋功会师后，从中央机关女红军中挑出王泉媛、危秀英、吴富莲等加入妇女独立团。[2]

同年5月初，红军主力从敌人守备薄弱的松潘、茂汶横渡岷江西进。除红三十、红三十一军固守茂汶阻击敌人外，其余部队相继转至松潘、杂谷脑（今理县）一带。6月11日，"红军妇女独立团为阻击川军，掩护八十八师红军主力部队撤退，奋力死守苦竹沟阵列地（今属江油市大康镇

---

[1] 李芝兰编著：《巾帼壮歌——川陕苏区女红军纪实》，大众文艺出版社2008年版，第126页。

[2] 贾晓明：《红军中的妇女独立团》，《人民政协报》2019年7月11日。

松花岭村），战斗甚为惨烈。"①

6月，威州战斗结束后，红四方面军又回到理番县（今理县），把各军、政府掉队的女同志加上原来妇女独立团的一部分人集中起来，共500多人，组成一个妇女营。妇女营下设5个连，由吴朝祥任营长兼政委，一连连长王学荣，二连连长王兰英，三连连长潘金荣，四连连长赵生德，五连连长张庭福。武器、弹药配发齐全。其领导关系，经组织决定，妇女营在哪个单位执行任务，就由哪个单位领导。后来，红四方面军第八十八师、总经理部与总医院都领导过妇女营。②这个妇女营从理番经甘溪、杂谷脑、卓克基、马尔康、大藏寺、卡儿古直到阿坝县查理寺，一路上主要负责运武器、弹药、给养、药品和抬伤员等。

1935年6月初，红四方面军到达理番县杂谷脑地区，妇女独立团和随省委机关行军的省妇女学校在此与敌人遭遇。

杂谷脑西北面高山上有一座喇嘛寺，被反动喇嘛霸占，他们倚仗有一部分武器，骑在人民头上为非作歹。这里是少数民族聚居区，国民党反动派制造了兄弟民族之间的种种隔阂，红军入川后，他们更与少数民族上层反动分子勾结起来，共同对抗红军。一天，少数民族反动武装突然向杂谷脑地区的红军袭来，妇女独立团首当其冲，中共川陕省委要求省妇女学校也立即准备迎击。

妇女团员学校共有三个连，300多人，当时有100多人外出运粮未归，剩下的只有200多人。而前来进攻的敌人却有三四百人，气势汹汹。中共川陕省委妇女部部长张琴秋和红三十三军军长王维舟立即召集妇女团员学校的全体同志开会，动员部署应战。王维舟发表讲话，他说："同志们，你们虽然是女同志，但都是党的好儿女，红军的好战士，我相信你们一定能够把喇嘛寺拿下，完成党交给你们的任务。"③接着张琴秋介绍敌

---

① 中共江油县委党史研究室：《中国共产党江油历史（第一卷）》，中共党史出版社2011年版，第93页。
② 李芝兰编著：《巾帼壮歌——川陕苏区女红军纪实》，大众文艺出版社2008年版，第42—43页。
③ 李芝兰编著：《巾帼壮歌——川陕苏区女红军纪实》，大众文艺出版社2008年版，第127页。

情说："敌人利用与我们谈判作掩护，在山上喇嘛寺中密集集结反动武装，今晨向我省委机关进攻，省委已派王维舟同志率领几十名同志进行抗击，但敌人以优势兵力居高临下分两路向我们进攻，来势很猛，故要妇女学校参加战斗，配合部队打击其中一翼敌人。"①她把情况和任务讲完后，随即问大家："你们哪一个女同志敢放枪？哪一个敢与敌人作战？"省妇女团员学校连长何连芝听完张琴秋的讲话后，心里非常激动，第一个站起来报名，要求参加战斗。两位首长作了具体的作战部署。根据战斗需要，组织上批准由30多名女同志组成一个战斗排，并指定由何连芝负责指挥。王维舟命令女战士们三个连，分别从敌人的正面和左、右两翼进攻。在妇女独立团里精挑了21位富有战斗经验的女战士，担任正面佯攻的任务，如宣汉籍女红军班长李素芳就是其中一个。妇女独立团一团二营二连副连长岳克带领全连的战士们扼守后山，让打进喇嘛寺的女红军清理战场，消灭顽敌。

何连芝接受任务后，沉着冷静指挥应战。她首先对妇女战斗排的作战准备作了一次认真检查，仔细考虑了作战计划，接着立即发出战斗命令。她率领妇女战斗排沿着一条小山沟隐蔽地向山上对敌行动，迅速前进，绕到敌后攻击；敌人突然遭到山上山下两股红军部队的两面夹击，纷纷崩溃。战斗从早晨一直打到下午3点左右才结束，妇女独立团无一伤亡，何连芝却在这次战斗中被打断了一只左手手指。她们进入寺中，发现天井里有一个人半个身子被埋在石灰坑里，已烧得全身肿起来快要死了。她们立即把他救起来，经查问那人原来是中共川陕省委机关的一个司务长，因单独外出运粮被敌人捉来的。女战士们还发现寺内有很多大米、白面、鱼翅、海参等。这些战利品，除省委机关和妇女团员学校运回少部分外，余下的随即解决了挂彩病号和部队的给养。她们满载而归，胜利地回到了驻地。②据当时在妇女独立团的两位女战士回忆，"在这里，妇女一团消

---

① 四川省妇女联合会编著：《巴蜀巾帼壮歌——红四方面军女战士革命斗争实录》，四川人民出版社1993年版，第212—214页。
② 中共万源市委党史研究室收集：《何连芝同志革命事迹》（1962年何连芝回忆录手稿），第76—82页。

灭了躲在一座喇嘛寺里负隅顽抗的敌人，受到总部的表扬"[1]。

智取杂谷脑喇嘛寺是红四方面军女战士在长征中参加的一次重要战斗，"是妇女团的第一仗，旗开得胜"[2]。当时参加这次战斗的妇女独立团营长吴朝祥这样评价道："在杂谷脑，妇女独立团在攻打喇嘛寺的战斗中，指挥员沉着果断，战士们机智勇敢，经过激烈的战斗，攻克了喇嘛寺，消灭了盘踞寺内的作恶多端的匪徒，替当地藏汉群众除了害，报了仇。同志们把缴获的粮食、酥油、盐巴、布匹等物，分给穷苦老百姓，深受群众欢迎，藏族同胞称赞我们是救苦救难的'女菩萨兵'。"[3]

1973年2月，何连芝与董必武在广州合影
（董绍壬　供图）

打下喇嘛寺后，妇女团员学校的妇女第一连接受运粮和后方警戒任务；第一连还留下一个排担任保卫川陕省委、银行等机关，看守保卫局，警戒两座桥的任务；连部和另外两个排运粮到前方去。她们每个人背七八十斤重的干粮和牛肉干，从杂谷脑到马尔康，每天步行七八十里，胜利完成了繁重的运粮任务。6月下旬，妇女一连又返回杂谷脑，掩护川陕省委、银行等机关向卓克基、马尔康、查理寺等地前进，前后共有300公里，道路崎岖，翻山越岭。经过七八天的长途行军，她们终于到达查理寺，又胜利完成了掩护川陕省委、银行等机关的任务。

---

[1] 胡敏、张惠：《长征路上的巴蜀娘子军》，《四川党史》1991年第2期。
[2] 赵兰：《妇女独立团生活片段》，载《巴山烽火——川陕革命根据地回忆录》，四川人民出版社1981年版，第204页。
[3] 中共中央党史研究室第一研究部编：《巾帼红军忆长征》，中共党史出版社2017年版，第285页。

（三）过雪山草地

1935年6月中旬，红四方面军与中央红军在懋功胜利会师。妇女独立团决定给中央红军战士们送布鞋当礼物。四川苍溪籍女红军王永忠所在的连队连续干了几天几夜，她一个人就做了100多双布鞋。

1935年6月26日至28日，中共中央在小金县的两河召开政治局扩大会议即"两河口会议"，讨论红一、红四方面会师后的战略问题，确定了两个方面军共同北上、在川陕甘创建革命根据地的战略方针。7月18日，党中央任命张国焘为红军总政治委员。21日，中革军委又决定以红四方面军总指挥部为红军前敌总指挥部，徐向前兼任总指挥。另将红一方面军的第一、第三、第五、第九军团依次改为第一、第三、第五、第三十二军；红四方面军的第四、第九、第三十、第三十一、第三十三军番号不变。[①]8月初，红军总部决定，红一、红四方面军混合编成左、右两路军北上。一些女红军所在的部队单位也有变动，如红一方面军的女战士吴富莲被调到红四方面军，担任妇女独立第一团政委，随张国焘率领的左路军行动。[②]这时，原在红一方面军中的康克清、李建华、周越华则调入红四方面军编入左路军，李伯钊后来因故留在了红四方面军，随左路军行动。

在卓克基及其以南地区的第五、第九、第三十一、第三十二、第三十三军为左路军，由红军总司令朱德、总政委张国焘率领经阿坝北进，红军总司令部随之行动；在毛儿盖地区的第一、第三、第四、第三十军为右路军，由前敌总指挥徐向前、政委陈昌浩率领经班佑北上，毛泽东、张闻天、周恩来等率中共中央机关和前敌指挥部随之行动。分别以毛儿盖、马塘和卓克基为中心集结后，红军便向班佑、巴西和阿坝等地进军。从8月13日起，红军兵分两路开始行动：左路军向阿坝，右路军向班佑。8月中下旬，红军右路军进入了纵横600里的大草地。经过极其艰难的一个多星期行军后，妇女独立团第一次随右路军走出了草地，到达班佑、巴西等

[①] 军事科学院军事历史研究部编著：《中国人民解放军战史》（第一卷），军事科学出版社1987年版，第270页。

[②] 江山：《女红军吴富莲吞针牺牲令人叹》，中红网，2014-01-29。

地，便在这里暂时停了下来，等待左路军前来会合。可是，张国焘却提出种种借口，不愿北上，并要右路军南下。

当时担任红四方面军总政治部宣传队团支部书记的四川苍溪籍女红军卢桂秀（1917—2017）、阆中籍女红军安秀英（1914—2011）等，跟随毛泽东所在的右路军率先走若尔盖过草地。①妇女独立团过草地时，周恩来安排她们走在前面。途中很多女战士走不动了，这时毛主席摇晃着捡到的一只死羊皮为她们鼓劲，对她们大声喊道："红军妹妹，赶快过草地，过了草地就可以打牙祭了。"②

9月9日，张国焘电令右路军政治委员陈昌浩率部南下，"彻底开展党内斗争"③。毛泽东获悉后，与张闻天、周恩来等人紧急磋商，为了贯彻北上方针，避免红军内部可能发生的冲突，决定连夜率红一、红三军和军委纵队先行北上。

后来，妇女独立团接上级通知不北上，要南下去打成都。10月5日，张国焘于卓木碉（今马尔康市白莎寨）开会决定成立第二中央，公然另立"中央"，登峰造极地分裂党和红军。于是，妇女独立团又奉命南返，10月中旬，再次经过草地往南行进。后来，她们才知道，这是张国焘在搞分裂。

时任红四方面军妇女独立团政治部主任华全双回忆说："由于张国焘分裂红军的错误，红四方面军二次过草地南下。部队所到之处，都留下了女战士们的足迹。"④

1935年10月底，妇女独立团随红军部队左路军南下再次过草地，后又向终年积雪的夹金山行进。女红军营长尹清平回忆，她带领全营"来到半山腰，根本就没有路，到处是白皑皑的积雪覆盖着，只有沿着前面的脚

---

① 汤华明：《武汉唯一健在的长征女红军昨天满100岁生日》，《武汉晚报》2017年1月6日。
② 王涛丰等：《女红军安秀英落入匪窝 借土匪内讧逃出深山》，《南方都市报》2006年8月17日。
③ 中共中央党史研究室：《中国共产党的一百年》（新民主主义革命时期），中共党史出版社2022年版，第158页。
④ 中共中央党史研究室第一编研部编：《巾帼红军忆长征》，中共党史出版社2017年版，第452页。

印走……走到半山腰山口时,刹那间雷电交加,天崩地裂,狂风的呼啸声刺耳,卷起雪块、冰块、石块没头没脑地砸将下来……一会儿,狂风过后,清点了一下,全营7个同志被狂风刮去,无影无踪,不少同志被冰块打伤"。途中,尹清平"看到有的同志实在走不动了,就一屁股坐在雪地上",她们就"赶紧扶她起来,可怎么扶她也站不起来了"[1]。

11月,妇女独立团战士们在宝兴县灵官镇和芦山县英勇顽强地配合主力红军第三十军击溃了刘文辉部的两个师及一个旅,取得了一些胜利。但是由于张国焘战略方针的根本错误,红军被迫在名山县百丈关地区进行了南下以来空前激烈的战斗,"与超过自己十几倍的敌人苦战七天七夜"[2],损失惨重。

川籍女红军华全双回忆说:"天(全)、芦(山)、名(山)、雅(安)战役中,妇女独立师配合主力部队在宝兴灵官镇和芦山县作战,接连取胜。我军十天连克宝兴、芦山,控制了川康边广大地区,造成了东下川西平原,直掠成都的态势。敌人急调八十余团兵力阻击红军。百丈一战,七天七夜,由于敌我兵力悬殊,我军伤亡近万人,妇女独立师损失也很大。"[3]

百丈关战役宣告张国焘南下方针的严重碰壁,也宣告了张国焘分裂主义的破产。百丈关战役之后,红四方面军部队由八万人锐减至四万人,再也无力实现横扫川西的战略目标,只好在天全、芦山、宝兴、丹巴一带与敌人对峙。"妇女独立师以第一团的一个营,随总部兵站部,为前方作战部队筹集粮食和过冬物资,其余部队投入赶制全军冬装的任务。""在运粮的路上,经常遇到武装匪徒截击抢粮,女战士们立刻放下粮食,端起枪,投入歼灭土匪的战斗。"[4]

1936年2月中下旬,红四方面军部队被迫陆续撤离天全、芦山、宝兴

---

[1] 常天英:《女红军尹清平回黄洋的日子》,中国人民政治协商会议四川省旺苍县委员会编:《旺苍文史资料选辑》第22辑(内部版),第48页。
[2] 傅钟:《征途集》,上海文艺出版社1993年版,第78页。
[3] 中共中央党史研究室第一研究部编:《巾帼红军忆长征》,中共党史出版社2017年版,第452页。
[4] 中共中央党史研究室第一研究部编:《巾帼红军忆长征》,中共党史出版社2017年版,第453页。

地区，经达维、懋功向西北转移。至此，张国焘南下方针遂告完全失败。红四方面军在南下失败后，西进至道孚、炉霍、甘孜一带，要翻越党岭山（海拔5000多米的大雪山）。红四方面军妇女独立团政治部主任华全双回忆说："总部抽调妇女独立师一部，随前卫部队清除冰雪，疏通道路。……尽管任务极为艰难，女战士们还是按时完成了开路任务。"[1]红军到天全、芦山时，组织上就叫罗屏带领一个精干的妇女支队支援红四军开路，共130人，队里只有一个姓肖的男同志。当时党岭山冰雪封着，妇女支队就从灵观寺进去，打鸟叫三遍就开始爬山，边爬山边修路。天气极坏，风雨交加，劈头盖脸打来，使人连站稳都困难。她们"就在这样的山坡上修路，每人一把铁锹、铁镐和一条绳子，把人吊起来，悬在半山坡上，铲掉地上的积雪，砍下树枝，把棚子搭起来，一直忙到天破晓，才埋锅做饭，溶化冰雪洗脚，许多人脚上打了泡……第二天一早又接着干，就这样一直修到山顶。往山下修就更困难了，有的得了病，既得背人，又得修路"[2]。

同年3月，在道孚、炉霍一带战斗中，妇女一团有几个女战士负重伤掉队，被敌人搜索队追击，卫生员背着重伤员。在一个班的掩护下，一边还击，一边撤退。敌人越来越多，伤员挣扎着要求舍身掩护同志们突围，可战士们无论如何也不能让自己的阶级姐妹落入敌手，全体同志誓共存亡。敌人很快从三面包围上来，把战士们逼到鲜水河畔。敌人一边逼近，一边号叫："抓活的！""缴械投降！"十几名女战士视死如归，顽强抗击，一直退至江边，战到弹尽力竭。等敌人快冲到面前时，班长把留下的最后一颗手榴弹投入敌群。全体女战士高呼"打倒国民党！""中国共产党万岁！"十多名女红军在枪弹的浓烟中，从容地跳进了白浪滔滔的河水中，为革命事业献出了她们的壮丽青春。[3]

---

[1] 中共中央党史研究室第一研究部编：《巾帼红军忆长征》，中共党史出版社2017年版，第453页。
[2] 中共旺苍县委党史研究室编著：《红军在旺苍》，吉林文史出版社2018年版，第410页。
[3] 《红四方面军妇女独立团概述》，《四川文史资料选辑》（1980年内部版）第21辑，第201页；四川省妇联达县地区办事处：《达县地区妇女运动史料选编（川陕革命根据地时期部分）》（内部资料），1982年印刷，第81页。

4月，部队到达炉霍，朱德主持召开了具有重要意义的炉霍会议。炉霍会议就朱德坚持红四方面军就地整编、训练、筹粮，策应红二、六军团北进的原定决策达成广泛共识。①"这期间，部队进行了整编。妇女独立师因南下转战减员，只剩下千余人。总部命令妇女独立师整编为妇女独立团。团长张琴秋，后为王泉媛，政治委员吴富莲，特派员曾广澜，参谋长彭玉和，政治部主任华全双。"②这时，红四方面军直辖妇女独立团。③

6月24日，红四方面军和红六军团，在甘孜县普玉隆村举行了十分隆重的"甘孜会师大会"。6月30日，任弼时、贺龙率领红二军团一路征战到达甘孜县城附近的绒坝岔，与红四方面军第三十军热烈会师。7月1日，朱德、张国焘、陈昌浩从炉霍出发，去甘孜，会见红二方面军的领导人贺龙、任弼时等。早在1936年5月25日，在中共中央为红四方面军和红二、红六军团迅速北进的战略方针致红军总部的电报中，便使用了"二、四方面军"的称谓。④

为了迎接红二方面军，红四方面军提前几个月就作了充分准备。时任红四方面军总部四局特派员的川籍女红军潘家珍回忆道："为了与红二方面军会师、北上抗日，1936年春，红四方面军在朱德总司令等率领下翻越了终年积雪的党岭，到达了藏族地区炉霍县。……一天，总部召开动员大会，朱总司令在会上做了报告。""朱总司令说：'红二方面军经过无数次战斗，粉碎了敌人的前堵后追，为了和我们会师，经历千辛万苦。请大家想一想，我们拿点什么东西来款待远道而来的亲人……'这时会场更加活跃，大家议论纷纷……朱总司令好像看透了我们的心思，他大声说：'我们除了买牛羊，做些糌粑、酥油送给红二方面军外，每个人还要织一件毛衣或毛裤、毛袜、毛手套送给红二方面军的同志，让他们吃得好、穿得好，早日恢复健康，共同消灭敌人！会场上响起热烈的掌声，在掌声中

---

① 周文林、刘玉：《长征时期朱德主持召开炉霍会议的伟大历史功绩》，中国共产党新闻网，2009年11月30日。
② 中共中央党史研究室第一研究部编：《巾帼红军忆长征》，中共党史出版社2017年版，第453页。
③ 《中国工农红军第四方面军战史》，解放军出版社1989年版，第352页。
④ 中共中央党史研究室第一研究部编著：《红军长征史》，中共党史出版社2006年版，第447页。

朱总司令又对女红军格外提出了要求:'你们女同志应该多织一样,特别是四川女同志都是劳动人民出身,在家背背箢儿背惯了嘛……'这话把大家都逗乐了。朱总司令号召我们迅速行动起来,坚决完成任务,会议在热烈的气氛中结束。会议结束后,当晚党小组长就召集全体女同志开会,研究如何完成任务。"①她们认真讨论决定了行动方案,立即付诸行动。经过两个月的"战斗",她们把羊毛变成了各种礼品,一切礼物准备好后上交组织。

7月2日,红二、红六军团齐集甘孜,当天天气晴朗,红日高挂,歌声、鼓声和口号声响彻山谷,红四方面军终于迎来了久久盼望的亲人。红二、四方面军胜利完成了会师的任务。7月5日,根据中革军委指示,红军第二、第六军团与红军第三十二军(原红一方面军第九军团改称)正式合并组成红军第二方面军。随后,红二、红四方面军共同北上。

女红军李朝春(王洪英 供图)

1936年7月中旬,妇女独立团随红二、红四方面军到达阿坝、毛儿盖一带。这是妇女独立团随红四方面军第三次过草地,这里已是红军几次经过之地,粮食极端缺乏,红军主要靠挖野菜充饥。"妇女独立团的同志们把分给自己的微乎其微的一点粮食拿出来给伤病员吃,自己吃野菜、树皮、皮带。面对这样的艰难困苦,没有一个人喊苦叫饿。"②走出草地之后,她们又随红军两大主力向甘南挺进。

红四方面军的部队终于走出了草地。党中央派红二方面军的同志在草地边上接应。曾任红四方面军妇女独立团排长的四川阆中籍女红军李朝

---

① 潘家珍:《炉霍迎接红二方面军》,《百年潮》2016年第5期。
② 中共中央党史研究室第一研究部编:《巾帼红军忆长征》,中共党史出版社2017年版,第454页。

春（1919—1999）"后来回忆道："红二方面军的同志在出草地的口子上，拿着衣服、粮食、草鞋来给我们。二十多天的草地生活，我们好多同志脸没洗、打着赤脚、穿着各色的衣服，一见到兄弟部队的同志，真是见到亲人了。"①

在长征途中，红军不仅要征服雪山草地，还要和敌人打仗。秦基伟回忆说："过草地时，（红四方面军）总部机关分为两个梯队，部供给那一摊子好大啊，有机关本部、医院、兵站、妇女独立团等，总共有几千人，编成一个梯队，我当梯队长。"②这个梯队中，除妇女独立团外，红四方面军总部机关和医院、兵站都有许多女战士。红军女战士们，除了洗衣做饭、护理伤员、搞宣传、组织群众武装、帮助群众建立人民政权外，也和男同志一样要冲锋陷阵，和反动军队作战。她们英勇顽强，宁死不屈，出现了许许多多可歌可泣的英雄事迹。

红四方面军第三次过草地时，曾任中共通江县委妇女部部长的李金莲（1909—1982），在一望无际的草地里，半夜分娩。当时妇女部的同志们在草原上围成一个圈，李金莲就在圈中生下一个男婴，一阵婴儿的啼哭声打破了黑夜的宁静。这个初生的婴儿面临着一个严酷的现实，饥寒交迫，部队还要行军打仗。母亲唯有野菜充饥，营养严重不足，没有乳汁，孩子怎么活呢？这位红军母亲的内心充满了焦虑。这时女红军何炽（原名何正友，四川南部人）尽量安慰她。中共大金省委妇女部部长吴朝祥找来一位小战士，帮她背着孩子行军，还把自己的坐骑骡子让给李金莲了三天，后来她又挂着棍子跟着队伍继续行军。每当涉水过河时，何炽就为她张罗首长的马，把她驮过河去。李金莲感动万分，她含着热泪对战友们说："我永远忘不了你们的帮助！"走出草地后，走到甘肃峨州时，红四方面军政治部副主任傅钟动员李金莲说："战争环境带小孩很不方便，送给老百姓吧。"③李金莲只好忍痛割爱把孩子送给了当地的老百姓。

---

① 张林、赖芳杰：《长征途中的故事：从童养媳到女红军 金堂县档案收到这份珍贵手稿》，封面新闻，2021年4月15日。
② 秦基伟：《秦基伟回忆录》，解放军出版社2007年版，第60页。
③ 四川省阿坝藏族羌族自治州妇女联合会编：《女红军在雪山草地》，四川民族出版社1990年版，第64页。

（四）参加腊子口战役

1936年7月27日，经中共中央批准成立了中共中央西北局，张国焘任书记，任弼时任副书记，朱德、贺龙等为委员，统一领导红二、红四方面军的北上行动。敌人企图部署西固—洮州、天水—兰州两道封锁线，阻止红军北上。根据红二、红四方面军走出草地后的敌我形势和中共中央1936年8月2日关于速出甘南、抢腊子口、攻占岷州的指示，中共中央西北局于8月初开会决定红二、红四方面军共同组织岷（州）洮（州）西（固）战役。8月5日，朱德总司令签发《岷洮西固战役计划》，将红二、红四方面军分为三个纵队，决定趁敌主力尚未集结之前，先机夺取岷州、洮州、西固地区，以利继续北进。

1936年8月5日，徐向前、陈昌浩率领第一纵队，由包座出发向甘南地区挺进。8月9日，红八十八师抢占腊子口。红八十八师吸取了中央红军前一年奇袭腊子口的经验，以尖刀连从陡峭的崖壁攀登上去，迂回至敌后，直捣敌人指挥所，配合正面佯攻部队一举攻占腊子口。妇女独立团在佯攻中担任后卫，投入激烈的战斗中。"妇女独立团第一、二营担任抢救伤病员和通信联络任务，第三营担任警戒任务。"①

当时，妇女独立团团长张琴秋向其所辖一营一连下达作战任务："腊子口是岷山山脉的一个隘口，是四川西北通向甘肃南部必经的要道。一年前，一方面军红四团曾在这里与甘肃军阀鲁大昌的三个团激战，一举夺下天险腊子口。现在，在你们的后面，有100多名藏族土司的骑兵，在木桥、山口及桥东山坡上，国民党大约布置了一个营的兵力。你连的任务，是掩护总卫生部的500余名伤病员安全通过腊子口。记住，伤病员一个也不能丢下，这是命令。"②

妇女团有力地配合了红军主力部队夺取胜利。勇敢泼辣、有"小辣椒"之称的妇女独立团二营二连副连长岳克（1918—2015，四川南江

---

① 中共中央党史研究室第一研究部编：《巾帼红军忆长征》，中共党史出版社2017年版，第454页。
② 《瞭望》编辑部编：《红军女英雄传（增补本）》，新华出版社1989年版，第139页。

抗美援朝时期岳克在丹东机场任指导员时的留影（薛莉华　供图）

人），在攻打腊子口时，带领所在连队担任了掩护500多名伤员的任务。在与前来攻击的敌人战斗时岳克挨了三刺刀，身负重伤，仍带领全连战士英勇阻击敌人，胜利完成了任务。①

红四方面军总医院的医务人员，如川籍女红军史群英护士等，也"冒着枪林弹雨，在红二方面军一门重机枪掩护下，一面奋力抢救伤员，一面迂回前进，终于穿过一片树林，来到河滩上"②。天亮时，部队一清点人数，史群英发现光他们总医院二所就少了十几名战士。

在腊子口战役中，一些受伤流落的红四方面军女战士如王淑英、莫金香、谭桃秀（均系四川人）等后来被迫在陇南安家落户。腊子口战役结束时，那些参战的红军伤病员们为了不拖累部队，决定离开部队自己走。临别时，部队"领导召集他们开了会，发了些钱，还给每人发了个小本，说等到革命胜利了，凭它走到哪里，哪里也会把他们当红军，都会好好照顾他们"③。于是，这一群男女伤病员离开了大队，结伴而行。可是路上他们又被敌人冲散了，有的还被抓走了，最终只有四处流落。莫金香在腊子口战役中掉队后，和另外两名负伤掉队的红军女战士（分别是排长和班长）相互搀扶着在崎岖的山路上追赶部队，半路上突然被一伙从树林里钻出来的匪徒截住，押送到头人家里。她们受尽了折磨、凌辱，后来那

---

① 四川省妇女联合会编：《妇女之路：新民主主义革命时期的四川妇女》，四川人民出版社2012年版，第53页。
② 中共中央党史研究室第一研究部编：《巾帼红军忆长征》，中共党史出版社2017年版，第583页。
③ 孙兆霞主编：《西征中的红军女战士》，甘肃人民出版社1993年版，第134页。

两名女战士惨遭杀害。头人看见莫金香年纪小，就把她关起来，强迫她干活。她企图逃跑，又被抓回毒打，被折磨得奄奄一息，最后被送给了一个长工。新中国成立后，莫金香"常说起当年同她一起参加红军的姐妹，为了革命的胜利不知牺牲了多少，和死去的战友们相比，她能活着看到革命成功已经不错了"①。

2011年韩明珍91周岁留影
（陈红 供图）

参加腊子口战役，是巴中籍女红军韩明珍终生难忘的事情之一。她回忆道："长征经过腊子口时，独立团（即妇女独立团）女兵和伤病员500多人被堵在峡谷之中，当时一个排的勇敢女兵和100多名敌军展开肉搏战，血战中有70多名女战士壮烈牺牲，好在伤病员全部过了腊子口。"②

突破腊子口后，红四方面军急驰旧洮州城。妇女独立团第二营配合红四军十师攻旧洮州城。妇女独立团二营突击队首先机智巧妙地攻破敌军城门，红军主力部队迅速入城，歼守敌一个营。攻克腊子口，为红军北上抗日打通了胜利前进的道路。之后，妇女独立团一部又跟随主力红军继续北上，配合红军第二纵队第四军第十师，经野狐桥、新堡向洮州（今临潭）进攻。8月20日，攻克洮州城，歼守敌鲁大昌新编十四师一个营，但随即遭到国民党新编第二军马步芳警备第一骑兵旅的猛烈反攻，激战一周才将敌人击退。1936年9月初，红四方面军抵达哈达铺。至此，红二、红四方面军基本完成了预定作战计划。

原妇女独立团的刘成清率领一个班12名红军女战士在邑州（四川大邑县）山上与田颂尧的一个支队作战。"她们以猛烈的火力网将敌人压缩在窄小的山沟里……英勇的红军女战士机警地利用每一棵树、每一堵墙、

---

① 孙兆霞主编：《西征中的红军女战士》，甘肃人民出版社1993年版，第133页。
② 张崇鱼：《红军故事1000例》，北京出版社2013年版，第358页。

每一块石头、每一个土堆作为掩体，向敌人射击。敌人先后发起的八次进攻都被压了下去。敌人伤亡不少，只好龟缩在一墩大石下，机枪喷吐着火舌，子弹像雨点似的朝刘成清班射击。女子班的五名同志英勇地牺牲了。"[1]刘成清为了掩护战友也在这场战斗中受了重伤。

据原红四方面军总指挥部参谋（后为红军总司令部参谋）、原成都军区副司令员陈明义回忆，妇女独立团在长征过雪山草地时还有1000多人，她们主要担任三项工作：一是担任医院卫生员和炊事员，护理伤病员并为他们做饭，行军时还要背锣锅；二是抬担架，伤病员行军走不动时要抬，劳动强度很大；三是看守兵站，组织运输队，一个连一个连的组织。[2]女红军战士每人背着几十斤重的粮食，从芦山经过灵关、宝兴、盐井、硗碛、翻越夹金山，行程几百里，到达达维镇，是一项非常艰巨的任务。妇女独立团在长征中还要打仗。在那一望无际的荒凉草地，没有吃的，红军们忍着饥饿，赤着脚，在没膝的泥水中艰难前行。当时只有16岁的四川达县籍女红军杨征鹏（1918—2019），实在走不动，把能丢的都丢了，唯独枪和救伤员要用的盆坚决不丢。

当时为了战争需要，妇女独立团的战士们都剃了光头。长征过草地时后方卫生部的女同志给妇女独立团的女战士做了一首打油诗：

杨征鹏（黎桦　供图）

---

[1]　曾志主编：《长征女战士》（第二卷），北方妇女儿童出版社1987年版，第307页。
[2]　四川省阿坝藏族羌族自治州妇女联合会编：《女红军在雪山草地》，四川民族出版社1990年版，第88页。

1951年四川南部籍女红军杜永莲（左）与战友合影
（王延川　供图）

妇女独立团真荣光，真荣光，头上是个秃光光；
浑身上下都是泥浆浆，身上背个戳火棒（注：指枪）。[1]

"会宁会师，结束了红四方面军一年零七个月的艰难曲折的长征。妇女独立团同全体红军一起，分享了这一伟大的胜利。"[2]这时，"跟随红四方面军西渡嘉陵江长征的8000余名女战士，尚有2000多人参加了这次大会师"[3]。

---

[1] 四川省阿坝藏族羌族自治州妇女联合会编：《女红军在雪山草地》，四川民族出版社1990年版，第72页。
[2] 中共中央党史研究室第一研究部编：《巾帼红军忆长征》，中共党史出版社2017年版，第454页。
[3] 四川省妇女联合会编著：《妇女之路：新民主主义革命时期的四川妇女》，四川人民出版社2012年版，第54页。

表8 参加了长征的红四方面军妇女独立团部分女战士统计表

姓名	籍贯	参军年份	生卒年代	在妇女独立团所任职务
华全双	巴中	1933	1920—1999	团政治部主任
翁 琳	巴中	1933	1920—1985	排长（长征期间曾任康克清的警卫员）
杨献珍	巴中	1933	1917—	妇女独立营（团）战士
李 林	巴中	1933	1917—1991	连长、指导员
胡秀英	巴中	1933	1918—1988	排长（在西征中历任西路军妇女抗日先锋团连指导员、副营长）
黎 萍	巴中	1933	1919—1999	战士
李清芝	巴中	1933	1913—1992	连长
杨 林	巴中	1933	1916—2011	战士，后调到后勤部剧团
李远清	巴中	1932	1912—1990	一营一连连长
李秀云	巴中	1933	1919—2002	战士
苟三春	巴中	1933	1917—	战士
王永忠	苍溪	1933	1910—2008	妇女独立营连长、指导员
左秀英	苍溪	1933	1918—2002	战士
谭秀英	苍溪	1933	1916—1984	班长（又任红西路妇女独立团班长）
陶淑良	苍溪	1933	1910—1937	二团副团长、一团团长
李三珍	苍溪	1933	1912—	连指导员（长征中因伤被留下，后安家定居于邛崃高何镇黄溪村）
冯秀珍	苍溪	1933	1922—	战士（参加了西路军西征）
伍兰英	苍溪	1932	1916—1982	一连二排排长
何子友	苍溪	1933	1913—2016	妇女独立团武艺总教官
曲 飞（原名罗坤）	苍溪	1934	1923—2004	一连二排排长（曾任康克清警卫员）
王秀英	旺苍	1933	1913—2002	班长
李桂芳	旺苍	1933	1913—2011	排长（参加了西路军西征）
侯发银	旺苍	1933	1920—	连长
尹清平	旺苍	1933	1916—1986	营长
韩 珍（原名何珍贤）	旺苍	1933	1922—1999	战士

续表

姓名	籍贯	参军年份	生卒年代	在妇女独立团所任职务
王志成	旺苍	1933	1913—2011	班长、排长
芍维芳（原名芍莲英）	阆中	1933	1924—	排长
安秀英	阆中	1933	1914—2011	战士（长征中受伤被捕，后流落小金县）
芍兴珍	阆中	1933	1912—2011	班长、排长、连长
李朝春	阆中	1933	1918—1999	班长、排长
吴明兰	阆中	1933	1912—1991	班长
廖正芳	阆中	1933	1915—2009	排长
彭少华	阆中	1933	1915—	战士
李文英	阆中	1933	1917—	战士（参加长征和西路军西征）
赵珠明（原名赵兰昌）	阆中	1933	1915—2002	三连第三中队队长
邓远征	阆中	1933	1919—	班长
陈发云	通江	1933	1912—2017	战士
潘家珍	通江	1933	1916—1975	二团一连连长
赵玉香	通江	1933	1917—	妇女独立团连长（参加了长征和西路军西征）
吴秀林	通江	1933	1921—	妇女独立团战士
向翠花	通江	1933	1921—	连长、副营长（参加了西路军西征）
吴朝祥	通江	1933	1918—1998	营长
岳 琴	通江	1935	1921—1991	宣传队员
刘照林	通江	1933	1912—1991	连长
李天秀	通江	1934	1914—2016	战士
王秀英	通江	1934	1918—1969	战士
王秀英	通江	1935	1920—	战士
李开英	通江	1933	1903—1937	妇女独立营排长

续表

姓名	籍贯	参军年份	生卒年代	在妇女独立团所任职务
李秀英	通江	1932	1914—1972	排长
叶 冰	通江	1934	1917—2009	第八连八班战士
王能香	通江	1933	1919—	一营一连二排排长（参加长征和西路军西征，后失散）
张庭福	通江	1933	1917—2010	妇女独立营排长（后参加长征和西路军西征）
金兆秀	通江	1933	1907—2011	排长、连长
赵桂兰	通江	1933	1917—1995	战士
唐树林	通江	1932	1918—2011	女扮男装参加红军，妇女独立团战士
陈再茹	万源	1933	1911—1969	战士
赵 兰	万源	1933	1908—2002	二营二连连长
余同英	万源	1933	1919—	班长
王 芸	万源	1933	1920—1999	战士
刘立清	万源	1933	1917—1989	连长
冯 甦	万源	1934	1921—2004	连长
张 云	万源	1934	1918—2015	班长
侯立珍	万源	1933	1923—2013	二营三连排长
岳 克	南江	1933	1920—2015	一团二营三连副连长
陈 明	南江	1933	1920—1986	排长
徐美莲	南江	1933	1918—1984	营长、代理团长
张克勤	南江	1932	1919—	连长（后任西路军抗日先锋团连长）
白金贵	南江	1933	1918—1998	排长、连长
方金莲	南江	1932	1919—1990	营长（参加了长征和西路军西征）
李 琳	南江	1933	1921—2019	战士
杜文凯	南江	1933	1920—2015	战士

续表

姓名	籍贯	参军年份	生卒年代	在妇女独立团所任职务
陈焕英（原名程焕英）	平昌	1933	1918—2008	排长
王文珍	平昌	1933	1921—	排长、连长
陈世英	平昌	1933	1916—	班长、排长
崔秀英（崔永珍）	平昌	1933	1916—	二营三连排长（参加了西路军西征）
杨征鹏（原名郑中英）	达县	1933	1919—2019	班长、排长
王文珍	达县	1933	1919—	一营一连排长、副连长
杜正英	达县	1933	1910—	战士（参加了西路军西征）
张怀碧	达县	1933	1916—	妇女独立团战士、后任妇女先锋团组织干事
刘天佑	巴州	1933	1916—2009	妇女独立团军事教员
胡秀英	巴州	1933	1917—	一营排长
张玉梅	巴州	1934	1922—	战士
苏 力	青川	1934	1927—2022	长征中曾任张琴秋的通讯员
张 惠	南部	1933	1919—	一营二连二排排长，长征中曾任张琴秋的警卫员
杜永莲	南部	1933	1918—2009	战士
刘成清	宣汉	1933	1918—	班长、排长、副连长
杨淑兰	宣汉	1933	1921—1976	排长
张子清	宣汉	1933	1914—1996	战士
徐秀英	邛崃	1933	1922—	战士

资料来源：曾志主编：《长征女战士》，北方妇女儿童出版社1987年版；中共中央党史研究室第一研究部编：《巾帼红军忆长征》，中共党史出版社2017年版；四川省妇女联合会编著：《巴蜀巾帼壮歌——红四方面军女战士革命斗争实录》，四川人民出版社1993年版；王友平主编：《长征中的川籍女红军》，四川辞书出版社2016年版等。

二、独特的妇女工兵营

妇女工兵营随红四方面军参加了艰苦卓绝的长征。1935年春，妇女工兵营在红四方面军强渡嘉陵江之前就日夜操劳，为红军长征作准备。原在妇女独立团的女红军李开英调到妇女工兵营二连任指导员。[1]当时妇女工兵营共约有四五百人。[2]渡过嘉陵江后，她们经阆中到剑阁，一路崇山峻岭、陡壁悬崖，然后到达江油、茂县、理番等地。长征时的妇女工兵营是一支独特的女兵部队，其主要任务并非是在战场上修路、架桥、挖战壕等工作，而主要是搞后勤工作，每个女兵都背着四五斤的物资开始长征。

到战事频繁时，妇女工兵营的主要任务就是搞运输。早在1934年，妇女工兵营就成立了运输连，有200来人，主要是运输粮食。长征途中，妇女工兵营随总供给部行军，一路上一边搞宣传，一边筹集粮食。因粮食紧缺，只有用在川陕苏区制造的银币、铜币向老百姓购买，如有布料，还要赶做衣服。如妇女工兵营营长林月琴回忆，她们到达江油、中坝一带休整时，还"一面筹粮，一面赶做军衣。"[3]"白天躲敌人飞机，晚上连夜行军，就这样艰难地前进"[4]。妇女工兵营渡过嘉陵江后，经旺苍到剑阁，来到"难于上青天"的蜀道，通过这段路时正赶上阴雨连绵，山路陡峭，十分难行。若遇敌机轰炸、扫射，就比雨天还更难走。曾任妇女工兵营排长、指导员的四川南江籍女红军郑光明记得，红军走到一个地名叫关口的地方，"敌人的飞机跟随追来，不停地轰炸，凡是有树林的地方都被炸了，红军走了几天才到北川"[5]。

当时，妇女工兵营的女运输连日夜转运枪支、炮弹，或向前方部队运送粮食，常常要翻山越岭。有时每个女战士要背四五支长枪，在蜿蜒起伏的山道上攀登；有时背着粮食，冒着枪林弹雨送到前线；有时长途行军，

---

[1] 张琼、石琳：《西路军女红军李开英》，中红网，2016-11-30。
[2] 曾志主编：《长征女战士》，北方妇女儿童出版社1986年版，第179页。
[3] 李芝兰编著：《巾帼壮歌——川陕苏区女红军纪实》，大众文艺出版社2008年版，第82页。
[4] 杨文局：《忆往昔峥嵘岁月稠》，载四川省妇女联合会编著：《巴蜀巾帼壮歌——红四方面军女战士革命斗争实录》，四川人民出版社1993年版，第231页。
[5] 四川省阿坝藏族羌族自治州妇女联合会编：《女红军在雪山草地》，四川民族出版社1990年版，第78页。

几天几夜吃不上一顿饱饭。不管怎样困难，她们始终充满乐观主义、坚定革命必胜信念。有一次，女运输连经过一片少数民族地区时，走了三天三夜没见一户人家，沿途只找到一些"毛大麦"（青稞）来充饥。她们只得连毛带皮地把这些煮不烂的"毛大麦"咽下去，大家还自编了几句顺口溜到处传唱："一把青稞半把面，没有开水凉水拌，黄花野菜加小蒜，和在饭里味道鲜。"①这个连队在执行运输任务时，她们常常饥寒交加，红肿的双肩像火烧一样疼痛，肿胀的双腿已经麻木得失去知觉，这时连里的共产党员就唱着歌走在队伍的前面。顿时，她们就哼着四川小调或说着顺口溜，说说笑笑，互相鼓励，几十里的山路转眼就被甩在后面了。

妇女工兵营政治委员兼女运输连连长王泽南回忆说："在长征的日子里，我们就是靠共产党员的骨干和模范带头作用，靠革命的英雄主义和乐观主义，战胜了千难万险，完成了上级下达的各项任务。"②

1935年夏，红军长征到阿坝时，妇女运输连又奉命同被服连合在一起，接受了纺毛制线的生产任务。妇女工兵营充当运输队时，"不仅要把给养送给各部队、各兵站，还要把缴获敌军的战利品运回总供给部，把损坏的武器送到后方修械所，有时还要帮后方搞生产，支援前线。因此，女战士往往比男战士更劳累、更辛苦！"③长征途中，她们的任务非常繁重，运输时每人要负重四五十斤，来回路程往往每天上百里。山区的路很难走，有时根本就没有路。有时夜里行军，为了不暴露目标，不能打火把。

到了西康，她们的困难就更大了，国民党反动派和当地一些反动分子勾结起来，对藏族群众进行反动宣传，故意挑拨藏族群众与红军的关系，使他们非常敌视红军，甚至把红军当成怪物。他们听说"共匪"来了，就打冷枪或从山上往下滚石头，加之妇女工兵营都是女战士，敌人就更加猖狂。有一次，在西康藏族地区，妇女工兵营二连沿着山路给兵站送武器。

---

① 王泽南：《妇女运输连》，载《艰苦的历程——中国工农红军第四方面军革命回忆录选辑》（上），人民出版社1985年版，第508—509页。
② 中共中央党史研究室第一研究部编：《巾帼红军忆长征》，中共党史出版社2017年版，第315—316页。
③ 中共中央党史研究室第一研究部编：《巾帼红军忆长征》，中共党史出版社2017年版，第489页。

这个连里最小的两个女战士王明文和赵淑敏，只有十五六岁，由于她俩在路上比赛看谁跑得快，翻过一座小山后，就和后面的大部队拉开了距离。等后面的连队翻过山来，早已不见她俩的踪影。大家估计她俩是被就地埋伏在山路边的土匪抓去了，战友们又气又恨，心如刀绞。后来她们原路返回时，发现了她俩的尸体。她俩的头被挂在树上，身体被剖腹后扔在路边，下肢用木桩钉在地上，惨不忍睹。女战友们流着眼泪，万分悲痛地把这两个小妹妹埋在了山上。最后，连长悲愤地说："我们要永远记住她们，永远怀念她们！敌人妄想吓倒我们红军女战士，这办不到！"当时这个连队的亲历者、女战士赖清林（1916—2011）后来回忆说："参加革命50多年了，这是最让我伤痛的一件事。"[1]

在过雪山草地前，妇女工兵营来到一个喇嘛寺，看见这里的羊毛很多，总供给部部长郑义斋就召集大家开会说："部队的战士还穿着单衣同敌人打仗，不久又要北上过雪山草地，我们必须尽快把这些羊毛做成羊毛衣，让战士们穿得暖暖和和打胜仗。"于是，妇女工兵营的女运输连又同被服连合在一起，共同接受了纺织羊毛衣服的生产任务。开始她们不大会做，生产水平低下。后来，一位木工师傅制造出手摇纺车，生产力大大提高，一天就可纺出四五十斤毛线，相当于原来100多人干的活。两个月内，她们终于把羊毛全部做成了羊毛衣服。后来有不少红军战士就是穿这样的羊毛衣服走过雪山草地的。

1935年6月，红一、四方面军在懋功会师以后，两大主力红军混合编成左、右两路军行动，妇女工兵营随左路军北上。这时，林月琴、王泽南调离妇女工兵营，由文化教员杨文局接任妇女工兵营营长。懋功会师后，张国焘搞分裂主义，反对党中央的北上决定，坚持南下，欺骗和强迫红四方面军干部战士南下。妇女工兵营又随部队南下，经天全、芦山等县。妇女运输连一直承担着运送粮食的任务。

一次，连长王泽南带领100多名战士背着粮食翻越平均海拔4000多米的党岭山。山上白雪皑皑，山高路滑，气候变幻无常。妇女运输连上山

---

[1] 中共中央党史研究室第一研究部编：《巾帼红军忆长征》，中共党史出版社2017年版，第489页。

时还风和日丽，可走到半山腰时，突然狂风大作，还有冰雹。女战士们头被砸起大包，脸被打肿，身上也青一块紫一块，但谁也没有丢掉粮食后退一步。她们没有人叫苦，大家咬紧牙关，背上粮食，沿着崎岖山路，一步一滑、三步一摔地翻过了这座被称作"鬼门关"的大雪山。①过党岭山后，妇女工兵营随红四方面军总部行动，经道孚、炉霍，向甘孜转移。

  在长征中，妇女工兵营里最辛苦的要数炊事班班长贾德福。她是全营中岁数最大的一位，有三十多岁，身材高大。她参加红军前是个寡妇，没有孩子，人称"贾老婆"。长征开始时，她自告奋勇背口大铁锅，绑个背架。飞机来时，她不是就地趴下，用铁锅来掩护自己，而是将锅放下，用身子趴在锅上去保护铁锅。有一次，供给部长郑义斋看见这种情景，感慨地对她说："贾老婆啊贾老婆，你真行！人家是顾头不顾腚，你可是顾锅不顾命！"她却回答说："全营几百号人，没有锅，咋个做饭？"她就这样一直奋不顾身地背着那口关系全营生计的大铁锅行军，两次翻雪山，三次过草地，一直背到陕北，背到河西走廊。

  1935年8月，红军第一次过草地时，到达阿坝，还有点粮食，可菜、油、盐却很少了。这时，妇女工兵营经茂县来到毛儿盖，再向北走40里就开始过纵横300余公里的松潘草地。据妇女工兵营二连的女战士赖清林回忆，过草地之前，她们每人发了一些青稞做成的干粮，数量极少，每人每天只能吃一两把，还发了从敌人那里缴来的皮底鞋。这次过草地，她的任务是背缝纫机和十斤干粮。出发前连长给大家讲了草地的情况，并作了动员。在党小组会上，她们四个党员都表了决心，"过草地时一定要争先锋，当模范，爬也要爬出草地，决不给妇女营丢脸。"②进入草地不久，在过一座独木桥时，一个叫吴志强的女战士由于太过紧张，重心不稳，掉下去立即被湍急的河水冲走了，就这样牺牲了。连长带着十分难过的心情鼓励大家："心里不要怕，脚下要走稳，眼睛不要往下看，路上那么多难关都闯过来了，还能叫这条小河把我们挡住！"她说完后自己先带头走过

---

① 中共中央党史研究室第一研究部编：《巾帼红军忆长征》，中共党史出版社2017年版，第496页。

② 中共中央党史研究室第一研究部编：《巾帼红军忆长征》，中共党史出版社2017年版，第489页。

去，大家一个个跟着走过去了。过草地时，赖清林背着机器，不小心陷入了深深的泥沼，不断往下沉，越陷越深，周围的三个女战友急忙卸下她背的机器，用手扒开她身边的烂泥，好不容易才帮她把腿从泥里拔了出来。可是却有一只皮鞋底掉在里面了，连长大声叫她尽量把鞋底找出来。她深知这只鞋底的宝贵，草地里吃的东西越来越少了，到时候把它一煮就能充饥。她想尽一切办法，终于把皮鞋底扒出来了。她们忍着寒冷和饥饿，经过七天七夜，终于走出了人迹罕至的茫茫草地。

1935年9月，红军第二次过草地时，粮食就越来越少了。当时"每人带的一点粮食都吃光了，马匹也吃得所剩无几，只能靠挖野菜、采蘑菇、煮牛皮充饥"[①]。妇女工兵营二连战士赖清林所在的连队，每人只分到一块一尺见方从敌人那里缴来的牛皮。另外一个班里其余的10人还一共才分到2斤青稞面，分给每个人只有2两。赖清林等四个党员把干粮全部分给有病和体弱的战友，自己则挖草根充饥，有时连草根也找不到。因为第一次过草地和这次走在前面的部队，早已把能吃的植物几乎全都吃光了。许多战士由于饥饿和伤病走不动，倒下就再也没有起来。第二次过草地时，这次和她们妇女工兵营走在一起的，"还有红四方面军的后方医院，全是女同志。她们既要背东西，还要抬伤员；还要为自己和伤员们找吃的。好多女护士抬着担架，走着走着就一下子倒下没气了。有的护士连累带饿没有力气站起来，就跪在地上给伤员喂水、打针、换药。"[②]

一次行军中，女工兵营到达水磨沟，意外地发现一座水磨。她们趁机去磨麦面，却突然遭遇几十个喇嘛骑马冲来袭击。营长林月琴立即机智地让号兵吹响军号，造成部队由远到近的假象，那些喇嘛们不知底细，吓得逃跑了。又经过七天七夜的艰难行军，妇女工兵营的战士们忍饥受寒，凭着坚强的革命意志和毅力，终于第二次走出了草地。赖清林所在那个班出发时10名战友，最后只剩下5人。

长征越到后来越是艰难，全营里许多女战士长眠在雪山草地。一个爱

---

① 中共中央党史研究室第一研究部编：《巾帼红军忆长征》，中共党史出版社2017年版，第49页。

② 中共中央党史研究室第一研究部编：《巾帼红军忆长征》，中共党史出版社2017年版，第491页。

说爱笑的女战士李中兰就牺牲在沼泽地里。爬雪山时，许多女战士包括营长林月琴在内都得了雪盲症，眼睛红肿，什么也看不见。行军时，大家只好一手拄棍、一手搭着前面战友的背篓，排成一路纵队，在漫天大雪中艰难地缓缓前行。

妇女工兵营从1934年到1936年，前后两年时间，两次翻越雪山，三次过草地，承担运输、纺织等各项工作，战胜了重重艰难险阻，胜利完成了组织上交给的各项任务。

1983年9月，王定国与定居在甘肃永昌县的部分西路军老战友合影，左起：龚少明、杨文局、王定国、曾大明、刘永福（均为四川人）（雷小莹、曾家文 供图）

长征途中，红四方面军妇女工兵营还发生了这么一件事。妇女工兵营快到甘孜时，在一个夜晚遭到张国焘的贴身交通队少数人闯入营地骚扰。林月琴下令："把他们轰出去！"女战士们奋起自卫，结果把这些家伙打跑了。然而，这却触犯了张国焘，他下令撤销了林月琴的营长职务，由原来曾在女工兵营担任过政治教员的杨文局接任营长，也将王泽南调离了女工兵营。对此，一位有"小钢炮"之称的女红军萧成英（后改名刘坚，四川通江人）专门去找张国焘，要求处理不守军纪的人。张国焘却说慢慢来。萧成英又向袁克服等领导同志反映，最后他们表示要整顿军纪，还要

教育女同志，作风要正派，要学会保护自己。①

四川通江籍女红军刘汉润（1917—2018）回忆说，在长征途中，她在红四方面军总供给部部长郑义斋领导下的妇女工兵营任连长，由于张国焘拒不执行党中央北上的命令，贻误了战机致使党中央原定的松潘战役计划因敌情变化不能实现，红军不得不改道经自然条件极其恶劣的草地北上。她随红军重返草地时，已是深秋，"穿的仍是单衣，吃的粮食也不多了"，面临着巨大的困难。红军一进入草地，最大的困难就是严重缺粮。刘汉润说："四方面军在雪山草地八个月，其中四个月没有粮食吃，四个月没有盐吃，多半吃的是野果、野葱、树根树皮、草根、皮带、马肚带，甚至到垃圾堆里去拣些藏民丢掉的破皮鞋充饥。有位四川籍战士不知从哪里弄来一小块盐巴，吃饭时给每一个人用舌尖舔一下就装起来，再吃饭时再拿出来让大家舔一次。"②

为了生存，她们连派了女战士王小荣等同志去找食物，主要是在附近山上找野果、野菜、野草等充饥。王小荣出去一天未归，最后大家在一条山谷找到她时，发现她躺在地上，再也听不到同志们的声音了。估计她是在打摘雪梨时从悬崖上掉下来牺牲的，头部被撞得稀烂，脸部被雨水冲刷得只留下一些雪白的斑点，身上、地上血迹斑斑还依稀可见。她们十分悲痛，用草和树枝把战友的尸体掩埋，又找了一些野花放在她的坟上。大家默默地对着墓地，悲痛地说："小荣同志，你安息吧，我们一定要化悲痛为力量，克服重重困难走出草地，实现你没有实现的理想，完成你未完成

---

① 四川省妇女联合会编著：《巴蜀巾帼壮歌——红四方面军女战士革命斗争实录》，四川人民出版社1993年版，第105页。
② 中共中央党史研究室第一研究部编：《巾帼红军忆长征》，中共党史出版社2017年版，第394—395页。

的任务。"①

1936年10月三大主力红军会宁会师后，妇女工兵营编入西路军，踏上了更为艰险的西征之路。这时，女工兵营只有两个连的建制，归西路军总部直接指挥，营长杨文局又兼任政委。

到达延安后，除编入西路军参加西征的红军女战士外，妇女工兵营的战士们，"有的进入了边区党校，有的分到其他部队，都投入抗日斗争的大潮流中，开始了新的革命征程"②。

三、救死扶伤的红军医院女战士

红军作战离不开医务人员，红四方面军各医院的女战士特别多。1932年12月底，红四方面军在通江泥溪场成立了西北革命军事委员会总医院（又称红四方面军总医院）。1933年2月，总医院迁往通江毛浴镇，同年12月迁至王坪，直属红四方面军总政治部，是一个军、政、医合一的机构。当时红四方面军总医院设有医生大队，下设若干个连，卫生队员多半是女孩。③总医院设有总务处，负责红四方面军的一切后勤工作，给各分医院（共7个）、军医院发放医药器械等。总务处下设卫生材料股、仓库、炊事排、贩卖部、洗衣队、被服厂、总工厂、采药队、担架队、运输队、生产队、自动营、招待所等。其中卫生材料股股长蒲先秀、炊事排排长彭克昌都是川籍女红军；洗衣队，共编为4个连，300余人，全是妇女；被服厂，系营的建制，分纺织、缝纫、扎鞋3个连，共240余人，全是女工。运输队也属营的建制，有男女队员。④另外，总医院分设中、西医院两部分。其中医务部下设有护士学校（红色卫生学校）、卫生大队、

---

① 中共中央党史研究室第一研究部编：《巾帼红军忆长征》，中共党史出版社2017年版，第390页。
② 中共中央党史研究室第一研究部编：《巾帼红军忆长征》，中共党史出版社2017年版，第492页。
③ 中共旺苍县委党史研究室：《红军在旺苍》，吉林文史出版社2018年版，第316页。
④ 中共通江县委党史研究室：《通江苏维埃志》，四川人民出版社2006年版，第443—445页。

看护营等。看护营下设三个连，其中妇女看护连就有两个。

川籍女红军杨文局回忆说："1935年开始长征时，红四方面军后勤部队规模比较大，有一两万人，女同志约有3000人。"[①]可见，红四方面军总医院和各军医院医务人员作为后勤部队随军长征，医院里的女红军人数相当多。曾一直随红四方面军总医院长征的四川平昌籍女红军钱桂英回忆说："总医院是个'女儿国'，从医生、护士、炊事员、运输员、勤务等等，几乎清一色的女兵。"[②]

长征开始后，王坪总医院撤离时，红四方面军两个妇女独立团将总医院2000多名伤病员转移到旺苍县庙儿湾，后来又转移到了广元一带。红四方面军总医院中的红色卫生学校也随总医院一起撤离旺苍庙儿湾，开始长征。随红四方面军总医院五分医院行军的红军女战士林江回忆说，长征路上，医院工作是十分艰苦的。由于敌人沿途围追堵截，天上飞机轰炸，部队几乎每天都要和敌人交锋，伤员不断增加，医务人员工作越来越困难。遇到敌人袭击时，医院全体人员要拿起枪和敌人作战；碰到敌人飞机扫射轰炸时，要掩护隐蔽伤员，有时她们干脆趴在伤员身上，挡住敌人的弹片，宁愿自己牺牲也不能让伤员二次负伤。行军途中，她们护士主要是抬担架，根据年龄大小和身体强弱，或两个人抬一副或四个人抬一副；宿营时，她们就抓紧时间洗衣服、绷带、纱布。

四川南江籍女红军严荣（原名严秀华，1917—2006）1933年参加红军，1934年由红三十军政治部宣传队调到王坪红四方面军总医院重彩号连当护士，从此和医疗事业结下不解之缘。在长征路上，她和其他护士一样背着食盐、纱布、土棉花等行军，她们不仅要负责给伤病员换药，还要抬着担架行军，常常遇险。一次，她忽然听得枪声大作，感觉敌人来了，便赶忙牵着一头驮着麝香、红花的牦牛在河边躲了三四个小时，因此掉队了。恰好这时她看见远远来了一匹马，马上的军人戴了顶有道杠的军帽，仔细一看是红二方面军的同志。于是她立即上前说明情况，然后这位同志

---

① 中共中央党史研究室第一研究部编：《巾帼红军忆长征》，中共党史出版社2017年版，第645页。
② 柳建辉主编：《川陕忠魂》，中共党史出版社2012年版，第12页。

把她送回了红四方面军。当跟随红军到达天全县时，严荣第一次进入红军卫生学校学习。长征中，严荣已经成为一名排长。1936年10月红军三大主力会宁会师后，严荣因已进入卫生学校学习，未编入西路军西征，而是北上到了延安。1939年春，严荣任新四军五师八团卫生队队长。1941年，她又调任新四军五师一支队任卫生队队长，次年又被分到湖北黄陂木兰山下的一军分区当卫生队队长，在此白手起家、因陋就简地组建了一支医疗卫生队伍。解放战争时期，她曾任陕西军区野战纵队卫生部部长。新中国成立后，老红军严荣曾先后担任北京天坛医院、海淀医院院长以及中国中医研究院西苑医院院长等职。[①]她晚年还强调西苑医院要抓好继承，只有继承好中医几千年的经验，才能发展，走向世界。

长征苦，最苦莫过于过草地。曾担任红四方面军总医院政治部主任张琴秋勤务员的任道光（1922—2007）回忆说，"长征中，比饥饿更危险的是'水草地'的危险"[②]。过草地，一次更比一次难。第一次过草地时，有的红军医院准备还比较充分，每人背上炒熟了的十斤大米。为了照护伤病员，医护人员还要背上用竹筒盛着的姜开水，和三个树皮做的火把。而再次过草地时，不但没有粮食，连野菜也很难找到。在草地上牺牲的同志，有饿死的，也有吃了有毒的野菜中毒死的。过雪山草地，红军饿死的很多。川籍女红军李琳（1921—2019）回忆说，她们随医院过草地总共走了10多天，如果再多走一天，她也出不

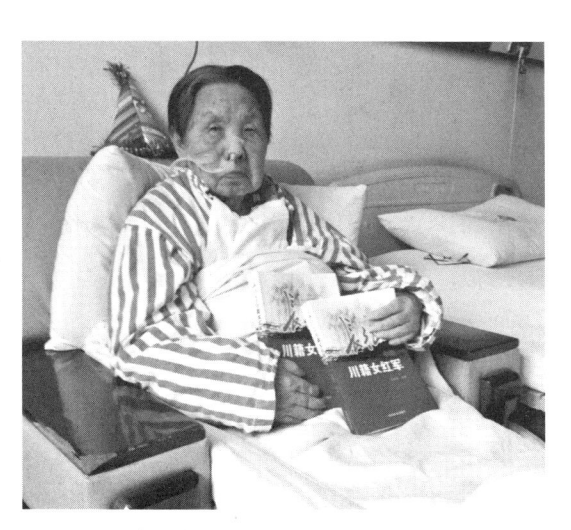

2017年李琳在成都医院留影（时军 供图）

---

① 四川省妇女联合会编著：《巴蜀巾帼壮歌——红四方面军女战士革命斗争实录》，四川人民出版社1993年版，第159—165页。
② 《苦娃你是谁？走进川陕革命根据地特别报道》，《华西都市报》2021年6月22日。

来了。①

红军过草地时，常遇敌机轰炸。红四方面军总医院护士李玉珍回忆说："记得第二次过草地的时候，比第一次时间短了些，每天只能走15里路。敌人的飞机经常追着打我们，有时敌机多得简直遮满了天。我们为了隐蔽，只好用树叶、烂草把衣服煮成黑色，我们的红旗也只好用黑布暂时包着行军。就那样，有时因为没有隐蔽好，暴露了目标，就遭到敌人飞机的轰炸，不少同志被炸死了。"②

四川万源籍女红军、红四方面军总供给部妇女工兵营战士赖清林回忆说，第二次过草地时，和她们走在一起的还有红四方面军的后方医院，全是女同志。"她们既要背东西，还要抬伤员，还要为自己和伤员们找吃的。好多女护士抬着担架，走着走着一下子没气了。"③

长征中红军女战士最怕掉队，每天都尽量赶路。女红军一旦掉队，就极其危险。四川宣汉籍女红军张艺（1914—1996）回忆说，在红军过金川时，"当时少数民族中有的人，受了坏人的影响，因此对红军的敌对情绪很严重，有的地方把女红军杀死后，割下乳房，或下身里打进木桩，或把衣服剥得精光吊捆在树上，真是惨不忍睹。但这些并没有吓倒红军女战士，相反更激起了我们对敌人的极端仇恨，更坚定了我们革命的信心。"④

张艺记得部队从毛儿盖进入草地后，她所在的排里有个女护士叫杨春英，因长期行军，脚磨破化脓，行走困难，在部队突然转移中不幸掉队，被反动土司骑兵抓住，备受凌辱，被脱光衣服捆绑毒打，后来她终于挣脱敌人的捆绑绳索回到部队，但因精神上受到很大刺激，随红军到达陕北后

---

① 时军：《李琳：走过雪山草地的报社老红军》，载王友平主编：《长征中的川籍女红军》，四川辞书出版社2016年版，第196页。
② 中共中央党史研究室第一研究部编：《巾帼红军忆长征》，中共党史出版社2017年版，第664页。
③ 赖清林：《长征中的红军妇女营》，《巾帼红军忆长征》，中共党史出版社2017年版，第491页。
④ 四川省阿坝藏族羌族自治州妇女联合会编：《女红军在雪山草地》，四川民族出版社1990年版，第89页。

不久就病逝了。①

1936年10月，张艺跟随红二方面军到达延安。新中国成立后，她调到西南军区卫生部工作，1956年转业到成都中医学院（今成都中医药大学）工作。

过草地时，红四方面军总医院五分院的林江（1918—2011，四川阆中人）等女战士看到红军总司令朱德和战士们一样泡在一尺多深的水里，手里拿根棍子艰难地前行，脚被水泡烂了，裂开血口，也不吭声。她们看了很心疼，于是她们这些红军姐妹们就商量着要给朱老总做双鞋。但是开始长征时为了轻装前进，能扔的东西都已经扔了，在这人烟荒芜之地到哪里去找一块布料呢？最后她们想了个办法，几个年纪小的女战士个子矮，部队发的裤子比较长，就各自把裤腿剪一截下来，再把马鞍上的毡垫取下来做鞋底，几天针线缝织，就做成了一双布鞋送给了朱总司令，朱德收到后非常高兴。②

张艺（许建民 供图）

1971年，林江（居中者）与儿子合影（后排左一张林 供图）

---

① 四川省妇女联合会编著：《巴蜀巾帼壮歌——红四方面军女战士革命斗争实录》，四川人民出版社1993年版，第442页。

② 四川省妇女联合会编著：《巴蜀巾帼壮歌——红四方面军女战士革命斗争实录》，四川人民出版社1993年版，第431页。

还有在长征途中参军后来又成为军医的女红军，如何曼秋等人。何曼秋（1919—2014），出生在四川江油一个比较富裕的商人家庭。她小时念过私塾，又考上了成都华英女中读了两年。她从小崇拜女中豪杰花木兰、穆桂英，性格倔强，渴求解放，渴望自由独立。1935年4月底，红军进入江油，何曼秋与好友李香玲一起在家乡江油中坝参加红军，成为红四方面军第三十一军政治部宣传队的一名队员。她是在参加了红四方面军三十一军的叔叔何子南的影响下，毅然离开了尚能维持温饱的家，参加红军。她与李香玲冒着枪林弹雨搞宣传。一天，她看见李香玲被敌人的流弹击中，突然倒在血泊之中，她急忙找来卫生员，马上包扎鲜血长流的伤口，并将李香玲送到部队医院。她目睹了卫生员救活战友的全过程，她感叹："从死神手中把她的生命又抢救回来，这是多么了不起的事业呀！"从此，她对医务工作者的崇敬心情油然而生，萌发了想成为一名红色军医的愿望。

江油之战以后，红三十一军奉命西进。这时，何曼秋因患疟疾被送进了红四方面军总医院。在住院期间，她看见伤病员们的苦痛，尤其是女病人，她感到奇怪，医院这么多女病号，为什么没有一个女医生？男医生给女伤病员看病，往往很不方便，从而影响了治疗。女病人也常常议论：

1955年，何曼秋（右）与丈夫张汝光将军合影（张翼 供图）

"怎么不培养一名女军医呢?"她想,当时红四方面军有妇女独立团,有妇女工兵营,还有医院、工厂、运输队、洗衣队等单位,这些单位女兵相当多,按理应该有女军医。她还看到她的好战友李香玲得了当时的不治之症——关节炎和肺结核,躺在床上痛苦地呻吟。于是她暗暗发誓:"不管有多难,我一定要学军医。"她住院期间就仔细观察医务人员如何查病房、如何询问病人和处理伤口等,后来就大胆地向医院提出愿意留下学医的愿望和理由。她的要求得到了满足。1935年5月,她被调到红四方面军总医院护士学校学习。红一、红四方面军会师后,同年8月,何曼秋以优异成绩又考入中央红军卫生学校第六期学习。1936年五一劳动节,她在炉霍参加了红军三所学校——红军大学、党校和卫校联合举办的运动会,在此与随中央红军参加过长征的原红军总卫生部医生张汝光相识相爱,后结为终身革命伴侣。

1936年8月,何曼秋于中央红军卫校毕业,被分配到总卫生部新成立的医务所工作,成为红军自己培养出来的一名正式女军医,随部队继续长征;后来到延安卫校(后更名为中国医科大学),1938年11月毕业后到总卫生部工作,奔赴抗日前线,随八路军一二〇师师长贺龙到晋西北战场;1979年,她任中国人民解放军军事科学院科技部部长,晚年与丈夫张汝光合著《红军卫生工作简史》,发表了《我成为红色军医的前后》等多篇回忆文章。[①]

表9 红四方面军各医院的部分川籍长征女红军统计表

姓名	籍贯	参军年份	生卒年代	长征时所在医院及职务
韩国均	通江	1933	1933	总医院炊事班班长,长征中失散于黑水县
徐荷莲	通江	1933	1922—2007	总医院护士
贾 晔	通江	1933	1918—1977	总医院护士长（1960年被授予少校军衔）
彭克昌	通江	1932	1913—2009	总医院洗衣队排长

---

① 四川省妇女联合会编著:《巴蜀巾帼壮歌——红四方面军女战士革命斗争实录》,四川人民出版社1993年版,第84—99页。

续表

姓名	籍贯	参军年份	生卒年代	长征时所在医院及职务
路子南	通江	1933	1914—	总部卫生所司药
何光明	通江	1933	1918—	总医院第三分院、总部卫生所护士
李光明	通江	1933	1921—2011	总医院野战医院中队长
杨琴（原名杨在田）	通江	1932	1922—1992	总医院护士
李玉珍	通江	1933	1920—	总医院第三所看护长
杨银本	通江	1933	1919—	总医院护士
吴秀英	通江	1933	1910—	总医院担架队护士
严诚	通江	1933	1915—1993	总医院新剧团班长
黄琳	通江	1933	1917—1987	总医院护士长，曾任张琴秋的勤务员
叶琳	通江	1933	1917—2012	野战医院护理员
向玉文	通江	1933	1918—2008	总医院卫生员、班长
王秀英	通江	1934	1918—	第三十军医院护士（后随西路军妇女先锋团参加西征）
胡桂香	通江	1933	1912—2011	总医院分院护士
朱世清	通江	1933	1917—2008	第九军野战医院看护连连长
杨磊	通江	1933	1920—2011	总医院护士（1955年被授予少校军衔）
陈秀香（又名陈学福）	通江	1933	1911—1989	第三十军医疗护卫队队长（后任西路军连指导员）
赵英	通江	1933	1920—2012	总医院卫生员（曾任吉林省四平联合化工厂党委书记）
彭克淑	通江	1933	1918—1999	总医院青年干事
李元发	通江	1933	1917—1992	总医院护士
阎文秀	通江	1933	1919—	总医院洗衣队班长、排长
林江	阆中	1933	1918—2011	总医院第五分院护士、团支部书记
王长德	阆中	1933	1916—1971	川陕省工农总医院第八连连长（1960年被授予上校军衔）
侯玉珍	阆中	1933	1916—	总医院护士班长（参加了西路军西征）
安明秀	阆中	1933	1919—1998	总医院看护
张萍	阆中	1933	1920—1996	总医院警卫一排排长

续表

姓名	籍贯	参军年份	生卒年代	长征时所在医院及职务
赵珠明	阆中	1933	1915—2002	后方医院病号连连长
赵惠兰	阆中	1933	1918—2002	总医院护士长、分院院长
赵碧轩	阆中	1933	1914—	总医院护理员
冯 辉	阆中	1933	1918—2008	原名冯贵英，总医院看护
权卫华	阆中	1933	1919—2002	野战医院连长（1961年被授予上校军衔）
彭少华	阆中	1933	1915—	第三十一军医院护士
王德银	阆中	1933	1913—2015	第三十一军野战医院护士
莱 玲	万源	1933	1920—2007	第九军二十五师医院护士
蒲 云	平昌	1933	1917—2015	总医院护士
程 桂	平昌	1933	1920—	总医院护士
王 克	平昌	1933	1921—2010	第三十一军医院护士
秦仪华	平昌	1933	1919—2009	总医院第五分院卫生员
蒲文清	巴中	1933	1918—2011	总医院第四分院护士、看护排长
陈玉莲	巴中	1932	1919—	总医院护士（参加了西路军西征）
孙 克（原名孙文莲）	巴中	1933	1922—2008	总医院护士
钱桂英	巴中	1933	1920—1995	总医院某分院卫生所司务长
胡 敏	巴中	1933	1922—2006	总医院护士
叶 林	巴中	1933	1919—2009	总医院卫生员
冯玉莲	巴中	1933	1915—	总医院第四分院三所护士（参加了西路军西征）
李 健（原名苟兴润）	巴中	1933	1919—1995	总医院洗衣大队大队长
马秀英	巴中	1933	1921—1995	第五军卫生部妇女排排长（参加了西路军西征）
杨国钦	巴中	1933	1916—1997	第九军医院看护
简道英	巴中	1933	1914—	第三十军护士（参加了西路军西征）
李玉兰	营山	1933	1920—2015	第九军医院看护

续表

姓名	籍贯	参军年份	生卒年代	长征时所在医院及职务
伍玉兰	营山	1933	1911—	总医院护士排长（随西路军西征时任红三十军总医院排长）
唐照国	营山	1933	1915—1989	总医院洗衣连连长
谭新华	宣汉	1933	1917—2014	第三十三军医院看护、班长、排长
王顺洪	宣汉	1933	1919—1999	总医院看护
张艺（原名张永英）	宣汉	1933	1914—1996	总医院护士、总医院第三分院护士排长
王海会	达县	1932	1917—	总医院护士、第二后方医院护士长
王海仕	达县	1933	1918—2014	总医院护士班长
贺林	达县	1933	1915—2008	总医院护士、妇女连长
李开芬	达县	1933	1917—1999	总医院万源分院看护队长
黄海云	梓潼	1935	1918—2019	总医院第七分院护士
邬家珍	旺苍	1933	1915—2007	第三十一军273团医疗队护士
史群英	旺苍	1933	1922—2014	总医院护士
朱庭寿	旺苍	1933	1915—1995	总医院第三分院卫生员
吴秀英	旺苍	1933	1913—1993	总医院卫生员、二分院护士
何建平	旺苍	1933	1921—2004	总医院卫生员
朱应明	旺苍	1933	1913—1997	总医院护理员、排长，第四军野战医院政治部干事
谢元珍	南江	1932	1915—2018	第三十一军护士班长
杜文凯	南江	1933	1920—2015	总医院护士
严荣	南江	1933	1917—2006	总医院重彩号连护士
周明	南江	1934	1913—2015	第三十一军医院护士
宋文贵	南江	1933	1912—2013	第三十军医院护理班长
吴桂莲	南江	1933	1919—	第三十军医院洗衣队战士
李琳	南江	1933	1921—2019	总医院看护
杨登富	南江	1933	1918—2003	总医院一分医院副排长
刘学芝	剑阁	9133	1915—1995	第三十一军医院班长、排长、连长
孟青	苍溪	1933	1918—2005	第三十一军医院护理班长

续表

姓名	籍贯	参军年份	生卒年代	长征时所在医院及职务
贾兰英	苍溪	1934	1922—	第三十军医院看护班长
杨秀莲	苍溪	1933	1906—1989	总医院护士、护士排长
贾克林	绵阳	1933	191—2016	总医院护士
何曼秋	江油	1935	1919—2014	总卫生部医务所医生、红二方面军第三十二军卫生部医生
岳希成	江油	1933	1917—1960	总医院护士
赵文秀	南部	1933	1914—	总医院护士（参加了西路军西征）
张炳洪	雅安	1934	1916—	总医院护士（参加了西路军西征）
王永兰	万源	1933	1917—	总医院护士（后任西路军总医院班长）
宋莲珍	广元	1933	1921—	红四方面军总医院护士（后任西路军总医院护士、班长）
马奎宣	开江	1933	1912—1998	第三十三军医院文书

资料来源：曾志主编：《长征女战士》，北方妇女儿童出版社1987年版；王友平主编：《长征中的川籍女红军》，四川辞书出版社2016年版；四川省妇女联合会编著：《巴蜀巾帼壮歌——红四方面军女战士革命斗争实录》，四川人民出版社1993年版；等。

2006年老红军王克（持笔者）在纪念红军长征胜利70周年时签名（崔利群 供图）

红军医院中的女战士在长征中发挥了特殊的重要作用，也付出了极大的牺牲。四川南江籍女红军谢元珍回忆说："长征中，当个后方医院的护士也不容易，天上飞机炸，前面敌人堵，后面敌人追，行军路上有一半的时间都在抬担架。没有药，就用黄纸蘸着盐水贴在伤员的伤口上。"①红四方面军总医院的巴中籍女战士孙克，在第三次过草地时给红军伤员包扎，突然发现伤员就是自己的哥哥。孙克回忆说："有一天，下来一批彩号，有一个彩号的一条腿被打断了，我给他包扎换药，听声音像我哥哥。包扎好后，我揭开被单一看，果真是我哥哥。哥哥鼓励我说：'我不行了，挂了这么重的彩。妹妹你要继续前进，跟着党北上。'说完哥哥就死了。我们用毯子把他裹着，埋进了草地。"②

1936年夏，红四方面军总医院第五分院卫生员秦仪华随部队从甘孜出发，第三次过草地。那时她刚15岁，所在班里大都是十多岁的女战士，唯有指导员比较成熟，也才20岁，像母亲般心细、手巧。红军过绥靖时，秦仪华因睡得太死而曾经掉队，一时无法找到部队。一个多月的时间里，为了生存，她不得不帮人上街背梨。一天，部队医院的一个战士偶然在街上发现了她，她提心吊胆地回到了部队医院。这个指导员不仅没有责备她，反而像久别的亲人一样把她紧紧搂在怀里。

原红四方面军总医院护士杨银本回忆，过草地时每个战士身上背着一袋麦子作口粮，还背着枪、子弹、两双草鞋和一条毯子，过草地只能晚上行军天亮之前（5点多钟）停止，躲进山洞、树林等地隐蔽，等第二天天黑再走。许多战友倒在稀泥潭里牺牲了。过了草地之

秦仪华（秦柳莎 供图）

---

① 《历经生死女红军三过草地》，《江南都市报》2006年5月24日。
② 蔡文金、韩望愈主编：《川陕根据地革命文化史料选编》，三秦出版社1996年版，第891—892页。

后,要过一条水深流急的河,她拽着马尾巴过了河,可是"前后有十多位女战士让河水吞没了"。经过腊子口时,遭遇马匪军队堵截,发生激战。之后她随军来到宁夏泾原地区,又遭受马鸿逵部士兵和国民党军第二十五骑兵师袭击。红军部队一部分被打散,很多人被俘,和她一起被俘的八九个女战士被关押在宁夏银川的马鸿逵所设监狱。她们在狱中,"不仅忍饥受冻,还忍受了不堪忍受的凌辱,过着非人的生活"[①]。

原红四方面军总医院卫生员叶林目睹了她所在的连队过草地时极为惨痛的一幕。她回忆说,他们连过草地时第一天共有120多人,走到一座山前,累极了的60多个人就住在山脚下休息,而另外60多个人接着上山;第二天早上,山下的60多人上山时发现昨天上山去的60多人全部牺牲了。原来是他们上去的当天晚上,山上下了冰雹,把山上那些人全部活活砸死了。叶林和幸存的战友们只有用帽子盖住牺牲了的战士们的脸,大家去搬一些石头堆拢,将战友们的遗体掩埋起来,用石头砌了一个小围子,然后悲伤地离开了。一路上,这种石头砌成的小围子有很多很多。[②]

长征途中,红四方面军总医院医务人员和另外两个女兵连,四次翻越党岭山,到道孚县运缴获的敌人的食盐,背回了上万斤食盐和大米,使红四方面军总医院所处的困境得到暂时改善。但他们也付出了巨大的代价,20多名红军战士包括几位女战士长眠在那高高的雪山顶上。[③]

四、出色的红军剧团、宣传队女战士

毛泽东非常重视红军的宣传工作,在《红军宣传工作问题》一文中

---

① 中共中央党史研究室第一研究部编:《巾帼红军忆长征》,中共党史出版社2017年版,第665—666页。
② 李芝兰编著:《巾帼壮歌——川陕苏区女红军纪实》,大众文艺出版社2008年版,第169页。
③ 四川省妇女联合会编著:《巴蜀巾帼壮歌——红四方面军妇女战士革命斗争实录》,四川人民出版社1993年版,第356页。

指出："红军的宣传工作，是红军第一个重大的工作。"[①]1933年，红三军团政委杨尚昆撰文写道："宣传鼓动工作，在党的整个工作中，占着极重要的位置，没有深入普遍的宣传，不能在广大群众中鼓舞起热烈兴奋的情绪，要切实动员群众，完成党所提出的任务是不可能的。"[②]红军文艺兵大多随红军剧团长征，发挥了重要作用。她们组织宣传队随军前进，每到一地就组织演讲，教唱歌曲，宣传革命宣传抗日。中共川陕省委宣传部部长刘瑞龙指出：红四方面军"和一方面军同样，它有自己的宣传队、剧团，有自己的创作和演出。开始，它的文艺团体带有业余性质，参加演出的有宣传队员，也有领导干部，又慢慢发展为专业性的文艺团体。记得1933年七八月份建立了地方剧团，1934年改为方面军的剧团，长征开始后，又进行了整训改编，成为红军部队中最为庞大的文艺团体"[③]。

1933年2月，随着中共川陕省委和川陕省苏维埃政府在通江的建立，为了广泛宣传党的方针政策，开展群众性文化教育活动，红四方面军总政治部把原有的十多个宣传队组织起来，成立"蓝衫剧团"，"蓝衫"有为穷人服务之意，"蓝衫剧团"又被群众称为"新剧团"。1933年4月，随着红四方面军反"三路围攻"战斗的胜利发展，在新解放区扩大红军时相继吸收了一批青年男女新战士，红四方面军总政治部蓝衫剧团发展到20多人，同年5月即发展到50多人。该剧团为军事编制，下设两个班——男班、女班。剧团成员中，多数是女孩子，年龄大都在十二三岁，最小的才七八岁，多是本地穷苦人家出身，有的是放牛娃，有的是童养媳，多数是文盲。

据四川阆中籍女红军刘文泉（1919—1990）回忆，1933年她参加红军后担任了阆南县苏维埃政府内务委员会主席；同年12月，在红军反"六路围攻"中，她与本县干部一起随军撤退到巴中，被派往川陕省委一个剧团工作。这个剧团那时被群众称为"新剧团"，以区别于演川剧的。

---

① 中国人民解放军文艺史料编辑部编：《中国人民解放军文艺史料选编》（红军时期上册），解放军出版社1986年版，第9页。
② 中国人民解放军文艺史料编辑部编：《中国人民解放军文艺史料选编》（红军时期上册），解放军出版社1986年版，第9页。
③ 中国人民解放军文艺史料编辑部编：《中国人民解放军文艺史料选编（红军时期上册）》，解放军出版社1986年版，第350页。

"团里男女各半，都是十几岁的青年，条件虽很简陋，但大家热情很高，成天跳舞、唱歌、演戏。除导演等少数人外，大家都是文盲。我们的功夫全在'背'字上，好在年轻，脑子灵，教上两三遍就背得滚瓜烂熟了。经常演出的节目有《八月桂花香》《打柴歌》《送郎当红军》《扩红谣》等。有时还演活报剧……群众很欢迎。有时也分散到乡镇搞宣传，主要是扩大红军。"①

红四方面军总政治部主任张琴秋和中共川陕省委宣传部部长刘瑞龙十分关心剧团战士们的成长，特别重视对他们的文化教育。张琴秋曾对新剧团战士们发表讲话，非常切合实际地强调说："你们是以文艺形式来宣传党的方针政策的队伍，完全不同于旧戏班子，不是为了糊口而蹦蹦跳跳；你们是党的宣传战士，有无产阶级的远大理想。可是你们的文化程度都很低，不能适应新形势的要求，演戏首先要能读台词；没有文化，台词的意思你就理解不深，又怎能表达出剧中人物的思想感情呢？所以，你们一定要努力学习文化，才能完成党交给你们的光荣任务。"②因此，新剧团制定了严格的学习制度，要求大家认真刻苦努力学习文化，使战士们的文化和演出水平很快大有提高。

1933年9月，蓝衫剧团与川陕省苏维埃政府社会教育科剧团合并为"川陕苏维埃工农剧团"，简称"工农剧团"，俗称"新剧团"，直属中共川陕省委宣传部领导，此时大约有专业人员六七十人。1934年9月，红四方面军新剧团与政治宣传队合并，扩编为四个分团，成立了话剧队、舞蹈队、音乐队等十几个队，人数达300多人，仍属川陕省委宣传部领导；仍按军事编制，一个分团相当于一个连，整个红四方面军新剧团相当于一个营的编制。这时，剧团成员中女战士占绝对优势。新剧团常赴各军驻地巡回演出，还去俘虏驻地演出，启发他们的阶级觉悟，效果很好。不少俘虏一边看，一边低头流泪，甚至有的俘虏还要求参加红军。

1935年2月中旬，红四方面军剧团随红三十军军部到达嘉陵江边。四

---

① 蔡文金、韩望愈主编：《川陕根据地革命文化史料选编》，三秦出版社1996年版，第898页。

② 中国人民解放军文艺史料编辑部编：《中国人民解放军文艺史料选编（红军时期下册）》，解放军出版社1986年版，第396页。

川阆中籍女红军孟瑜所在的剧团在江东的苍溪、阆中一带住下。江对岸就住着大量白匪军队,他们劫走了江上的船只,修筑碉堡,妄图阻挡红军渡江西进。不久,强渡嘉陵江的血战开始。此时,红四方面军总部交给剧团的任务是:"向白匪军开展政治攻势,动摇和瓦解敌人,配合我们的军事行动。"① 剧团里多数是川籍女红军,她们接到任务后,就开始向对岸的白军士兵作强有力的宣传,向他们喊话、唱歌,把党和红军的各项政策编成歌曲,唱给他们听;还动员许多白军士兵家属到江边喊话,将他们家乡打土豪、分田地,穷人翻身做主的情况,一一告诉白军士兵。几天之后,她们的宣传收到明显的效果,白军士兵不再朝她们放枪了;她们的宣传活动搞得更加活跃,"不仅喊话、唱歌,还演戏、跳舞给白军士兵看"。眼看红军的宣传已经打动了白军士兵的心,女红军们趁机喊道:"白军弟兄们,过来吧,不要替军阀地主卖命啦!红军是穷人的军队,你们也是穷苦人,天下穷人是一家,穷人不打穷人!"

经过红军反复宣传,白军士兵开始与女红军们"交上了朋友"。甚至白军士兵看她们隔江演戏时,还不住地喝彩:"好呵,幺妹子,再来一个吧!"如果遇到他们长官来查哨,他们就先用手电筒亮几下,暗示女红军们赶快隐蔽,然后才朝天上乱放枪。

四川阆中籍女红军孟瑜(1920—2009)生动地回忆说:"一天晚上,我们点着篝火在江边演戏,突然江上响起'哗啦哗啦'的水声,一个黑黑的东西从对岸游了过来。我们上前一看,原来是泅水来投诚的白军士兵。李队长紧紧握着他的手说:'欢迎!欢迎!'并把

孟瑜(左)与丈夫龙飞虎将军合影(龙铮 供图)

---

① 中共中央党史研究室第一研究部编:《巾帼红军忆长征》,中共党史出版社2017年版,第295页。

他带回营房，拿衣服给他穿，端出热饭热菜给他吃。他感动得流着泪说："你们太好了！弟兄们听你们唱歌、喊话，心里越来越明白，我们是被长官骗了，有的想到你们这边来，有的想丢下枪开小差。'我听了真高兴，暗想：'党的政策真是无价宝，比机枪大炮还顶事呢！'"[1]由此可见红军特别是川籍女红军在宣传工作中的作用和力量。

1935年春，红四方面军新剧团随军渡过嘉陵江开始长征。这新剧团有100多人，多半是女战士，下设几个组。其主要任务是运用各种形式宣传群众，武装群众。宣传队员都有一本宣传手册，油印的不多，大部分是手抄本。行军途中，每到宿营地，她们就到指战员中间，打快板，唱歌跳舞，鼓舞士气。参加了长征的新剧团女红军杨林（1917—2011）回忆说："我们剧团女兵多，又没有武器，就跟在主力部队的后面走。部队一般都夜行军。夜间山路崎岖难行，又不敢点火把，以防暴露目标，我们就在每人背上缝一块小白布，让后面的战士跟着前进。当时打仗行军非常紧张，在每次出发前要做好各种准备，如装好炒面或炒麦，扎好衣裤，女同志遇到特殊情况，必须在出发前处理好。在行军途中，饿了就抓一小把炒面充饥，渴了就趴在路边沟里喝口水或捧点雪塞进嘴里。当时只有一个念头，就是克服困难向前进，决不掉队。"[2]

在长征途中，新剧团在最紧要的地方设宣传鼓动棚，当部队经过时，大家就在这里又喊口号又唱歌，激励同志们前进。这原本是红一方面军首创，后传给了红四方面军。原红四方面军宣传部部长刘瑞龙回忆说："在过党岭山的时候，大雪纷飞，空气稀薄，队伍穿着单衣、顶着严寒滚滚而过，我们在山上设了鼓动棚，又唱歌，又喊口号，我和李伯钊同志还即兴合写了一首《雪山行》的朗诵诗，在风暴中向部队朗诵，给大家很大鼓舞。"[3]

1935年11月，在四川天全杨家湾成立了红四方面军"中央前进剧

---

① 中共中央党史研究室第一研究部编：《巾帼红军忆长征》，中共党史出版社2017年版，第296页。
② 彭俊礼主编：《通江女红军》，中国文史出版社2015年版，第79页。
③ 中国人民解放军文艺史料编辑部编：《中国人民解放军文艺史料选编（红军时期上册）》，解放军出版社1986年版，第356页。

社"，由李伯钊任社长，易维精任政委，下设三个分团，组织机构十分健全。该剧社在芦山进行了短期业务整训。李伯钊亲自授课，传授了她从中央苏区带来的节目和表演艺术方法，使那些土生土长的穷人子女大开了眼界，增长了见识。"由于这次整训，四方面军的文艺出现了长足的进展，而两个地区、两个方面军的文艺也得到了会合和交流……李伯钊……在红军文艺运动史上，她是一个贯穿于三支红军部队的重要人物，对我军文艺的发展作出了重大贡献。在四方面军前进剧社工作期间，李伯钊同志一面传授原有的节目，一面创作新的节目。方面军政治部下发的歌曲大多出自她的笔下。"[1]

在长征途中，四川营山籍女红军王定国（1913—2020）先后担任过红四方面军总部剧团班长、排长及中央剧社服装道具股长。剧团的同志大多是年轻女战士，最小的才十一二岁。如当时跟随这个剧团的四川万源籍红军女战士李登玉就只有十岁左右。王定国和剧团的战友们大多"身兼数职"：宣传员、工作员、运输队员、担架队员、战斗队员。在艰难困苦的革命战争年代，她们充满革命英雄主义和乐观主义精神，感染和鼓舞广大红军战士英勇斗争。新剧团文艺女兵们演奏的乐曲，全是当时的流传曲和民歌、民谣。而在演奏中又不受原曲的限制，利用旧瓶装新酒，作为红军进军中的一种兴奋剂。剧团女红军所用的文艺宣传形式多种多样，有音乐、美术、戏剧等。特别是唱歌，在长征中起到了很大的鼓动作用。她们没有固定的歌手，歌手就是全体指战员，歌词是用血写成的，全在战斗中产生、成长，放射着战斗的光芒，充满着劳苦大众、中国人民对敌人的无比仇恨，代表着对翻身解放的迫切要求和对革命事业的坚强意志。如《上前线去》："炮火连天响，战号频吹，决战在今朝。我们少年先锋队，英勇地武装上前线。用我们的刺刀枪炮和头颅热血，嘿！用我们的刺刀枪炮和头颅热血，坚决与敌决一死战！"[2]多么壮烈，鼓舞人心！戏剧在长征中也作用巨大。话剧《送郎当红军》，为扩红起了极大作用。又如《北上

---

[1] 中共中央党史研究室第一研究部编：《巾帼红军忆长征》，中共党史出版社2017年版，第716页。

[2] 中共中央党史研究室第一研究部编：《巾帼红军忆长征》，中共党史出版社2017年版，第711页。

抗日》《打到南京去》《活捉蒋介石》《打倒帝国主义》《誓死不当亡国奴》等剧目,红军每攻克一个城镇,都要组织演出,把文娱生活与长征斗争融为一体,为宣传党的政策、动员群众、鼓舞红军士气提供强大的精神动力。

抗日战争时期,张苏(左一)在河北持枪照(李馨 供图)

1936年6月中旬,红军翻越夹金山时,红四方面军政治部新剧团女战士、15岁的四川通江籍女红军张苏(1921—2007)在危险时刻救了曾广澜。当时,张苏用毛巾包着脸和战友们一起向山顶进发。越向上走,空气越稀薄,呼吸困难。雪山上风大雪大,雪团乱飞,打得人抬不起头来。到了山顶时,大家都感到头痛胸闷气短,恶心欲吐。这时,张苏看见走在前面的曾广澜步子越迈越小,口唇发紫,脸色很不好。她赶紧上前,一边大口喘气一边拉着曾广澜大姐往山口走去。曾广澜几次都差点坐下去,这就很危险。在大雪山上一旦坐下就很可能再也起不来。通江籍女红军路子南说,她在过党岭山时看到走在她后面的"一位女同志实在累了,便不由自主地瘫坐在地上。当后面的同志拉她时,她却永远留在了雪山上"①。这

---

① 中共中央党史研究室第一研究部编:《巾帼红军忆长征》,中共党史出版社2017年版,第707页。

时的张苏也感到浑身发软,她连忙招呼两位战友帮忙拉着曾大姐,自己却一头顶在曾大姐的后腰上,连顶带拉,在这最后的100多米的山路上,最终用力把曾广澜推过了山口。新剧团的战士们全部顺利地翻过了夹金山。下山时要容易一些,形式多样,或连滚带爬,或手拉着手走下去,张苏与曾广澜和战友们走一段溜一段,很快到了山底。前面过去的红军部队早已在此生起了许多篝火,新剧团的女战士们又在松林里唱起了欢快的歌。翻过夹金山,新剧团的战士们又走了几天,到达懋功,与红一方面军首次会师,还与红一方面军的剧团举行了联欢演出。演出刚完,在这里,张苏意外地见到了在红四方面军妇女独立团当上连长的亲姐姐——二姐张德知。她大声呼喊"二姐",高兴地流着热泪,一头扑进二姐的怀里。二姐告诉她,她们的三哥张德艮已在过雪山后牺牲了,两姐妹悲喜交加。临别之际,张苏看着二姐远去的身影,使劲地高喊:"二姐,我一定去妇女独立团找你!"可是她没想到,这竟是她们姐妹最后一次见面。后来她二姐参加了红军西路军西征,壮烈牺牲在祁连山上。[①]

在长征中,红四方面军工农剧社帮助红二方面军成功地创办了"战斗剧社"。红二方面军总指挥贺龙高度重视宣传工作。1936年7月甘孜会师,红四方面军工农剧社在为红二方面军举行的欢迎会上演出了十分精彩的歌舞节目,备受称赞。甘孜会师后的第三天,"贺龙总指挥、任弼时政委和甘泗淇主任亲自研究决定:二方面军的宣传队要加以扩大,马上从部队抽调几十个青少年,送到四方面军的工农剧社,请李伯钊同志帮助训练。"当时红四方面军的工农剧社,"恐怕是当时三个方面军中组织最大、人数最多(好几百人)的一支文艺队伍了"[②],下分一团、二团。贺龙亲自把战斗剧社交给李伯钊,请她将战斗剧社训练成一支"歌舞剧全面"的战斗组织。于是,由李伯钊率领的红四方面军工农剧社,从人力物力上给红二方面军宣传队以大力帮助,使之成为"歌舞剧全面"的文艺演出团体。"战斗剧社"总负责人为刘文泉(由红四方面军工农剧社派来的

---

① 李馨:《张苏:要是有下辈子,我还当红军》,载王友平主编:《长征中的川籍女红军》,四川辞书出版社2016年版,第259—262页。
② 中国人民解放军文艺史料编辑部编:《中国人民解放军文艺史料选编(红军时期上册)》,解放军出版社1986年版,第301页。

四川阆中籍女战士），政治指导员为罗洪标。下设三个分队，一分队管日常宣传，二分队管戏剧演出，三分队管音乐演奏。

原红二军团政治部宣传部部长金如柏（1909—1984）回忆说，甘孜会师后，"这时，正好遇上四方面军李伯钊同志率领的剧社，很正规，也有气势，分歌舞队和话剧队。贺龙同志看了非常喜爱，就邀请四方面军剧社来为我们演出。大家第一次看到像样的歌剧、小话剧，还有从苏联学来的《乌克兰舞》等，情绪非常高昂，长征途中的疲惫也被歌声送到九霄云外，就像草地上唤起了一阵三月的春风。贺龙同志看后心情激动，要求我们几个宣传队员去向人家学习，一边行军、一边学习文艺宣传。在李伯钊同志的倡议和帮助下，我们红二军团也成立了剧社，集中了40多个同志，由李伯钊同志帮助训练。"①

表10　参加长征的部分剧团（剧社）川籍女红军一览表

姓名	籍贯	参加红军时间	生卒年代	所在部队剧团及职务
李伯钊	重庆	1931	1911—1985	红四方面军中央前进剧社社长，剧团团长
王定国	营山	1933	1913—2020	红四方面军新剧团班长、排长，中央剧社服装道具股股长
赵明珍	达县	1933	1916—2005	和姐姐赵明英一起编入红四方面军总政治部新剧团，历任新剧团指导员、中央前进剧社第三团队长；赵明英任西路军前进剧团三团团长兼导演
魏开珍	达县	1933	1920—	红四方面军新剧团演员、西路军前进剧团演员
刘文泉	阆中	1933	1919—1990	红四方面军新剧团、中央前进剧社成员，红二方面军战斗剧社教员
张艺	宣汉	1933	1914—1996	红四方面军新剧团政治部战士，代理宣传队队长
张苏	通江	1933	1921—2007	红四方面军新剧团宣传员（1955年被授予中校军衔）

---

① 中国人民解放军文艺史料编辑部编：《中国人民解放军文艺史料选编（红军时期上册）》，解放军出版社1986年版，第311页。

续表

姓名	籍贯	参加红军时间	生卒年代	所在部队剧团及职务
杨林	通江	1933	1919—2011	红四方面军后勤部新剧团战士
蔡元祯	巴中	1933	1917—	红四方面军新剧团跳舞股股长，参加了长征和西路军西征
李玉南	通江	1932	1916—2010	红四方面军中央剧社团委书记、红四方面军政治部宣传队指导员
严诚	通江	1933	1915—1993	1935年长征途中调任红四方面军总医院新剧团班长
吴清香	通江	1933	1921—2008	长征中任前进剧团团员；后随西路军抗日妇女先锋团参加西征，任班长
岳兰芳	南江	1933	1915—1983	红九军剧团团员，参加了长征和西路军西征
程桂	平昌	1933	1921—1996	先后在红四方面军工农剧团、红九军新剧团工作
陈素娥	平昌	1933	1917—2005	红四方面军总政治部前进剧团演员，参加了长征和西路军西征
黎萍	巴中	1933	1919—1999	红四方面军总部烽火剧团宣传员
王克	巴中	1933	1921—2010	红四方面军新剧团团员
孟瑜	阆中	1933	1920—2009	红四方面军剧团团员
侯正芳	阆中	1933	1922—2016	红四方面军新剧团团员
程淑珍	巴中	1933	1921—1994	红四方面军政治部新剧团舞蹈股股长
文林	南江	1933	1918—2003	红四方面军剧团团员
何芝芳	巴中	1933	1923—	红四方面军前进剧团舞蹈股股长

资料来源：曾志主编：《长征女战士》，北方妇女儿童出版社1987年版；王友平主编：《长征中的川籍女红军》，四川辞书出版社2016年版；中共中央党史研究室第一研究部编：《巾帼红军忆长征》，中共党史出版社2017年版等。

红军政治部宣传队宣传员王超（1921—2007，四川巴中人）回忆："第一次过草地前，为庆祝两个方面军会师，我们宣传队还作了演出。那时我第一次看见毛主席和朱总司令……第一次过了草地，我们驻扎在阿坝，忽然来了命令，说要走回去，南下，让我们宣传队鼓动：扩大红军灭刘湘，打到成都吃大米。后来才知道，张国焘分裂红军要另立中央，张国焘让我们红四方面军吃足了苦头。"①

王定国回忆红四方面军总政治部剧团参战时说："百丈关战斗，当时敌人把路全部都堵住了，不让我们走，牺牲了很多人。剧团的人也参战，我们的枪很少，大家都背着乐器赶路，手里有扁担之类的棍棒。也不是空手打仗，用棍棍棒棒打。有时候敌人也不是正规军，是土豪的军队，他们也没有什么枪。"②在翻越雪山时，王定国冻掉了右脚的半截小脚趾，行军时全然不知，停下来休息时才发现。

红四方面军新剧团长征到达会宁时，彭德怀代表党中央来迎接红二、四方面军去陕北。接着，发生了一件有趣的事。有一天，新剧团女战士侯正芳随李伯钊去彭德怀那里办事，彭德怀见侯正芳剃着光头，穿一身不合体的军装，脸上黑黝黝的，以为她是个男兵，竟让她到警卫排的男兵宿舍去休息。当李伯钊向彭德怀介绍了侯正芳情况，说她是个女宣传员时，彭德怀恍然大悟，高兴地连连点头说："好样的，了不起，这么小的年纪，能爬雪山，过草地，还搞一路宣传鼓动工作，党和人民不会忘记你的。"③

四川通江籍女红军李鸿翔（1920—2021），就是随红四方面军第四军十二师

2020年女红军李鸿翔（右）与外孙女在成都合影
（王友平 摄）

---

① 中共中央组织部老干部局、解放日报社合编：《长征路上访红军采访实录》，百家出版社1996年版，第125页。
② 赵颐柳：《百岁女红军飒爽俏英姿——记中国红色文化研究院名誉院长王定国》，中红网，2015年3月18日。
③ 曾志主编：《长征女战士（一）》，北方妇女儿童出版社1986年版，第294页。

宣传队长征的。她回忆说，她跟随部队在川甘交界的崇山峻岭间攀缘。白天行军虽然难走，但敌人的飞机侦察频繁；夜间行军虽无敌机捣乱，但坡陡路滑，稍不留神就会滚下万丈深渊。"为了给藏族地区宣传党的政策，我们十二师宣传队走到哪里就在哪里演出。"①在跟随红四方面军准备第三次过草地时，李鸿翔被调到红军大学卫生科做看护伤员的工作。临行前她用牦牛皮做了两双皮草鞋，因为牛皮未经处理，穿着它一走进水草地，皮子就变软又湿又滑而且打卷，根本无法走路，只好打着赤脚走，但这两双鞋她没舍得丢，一直带在身边。没想到，还没走出草地，她的干粮已所剩无几，于是她就把那皮草鞋放在盒子里煮着吃了，坚持走出了草地。后来她感叹说："吃那个牛皮还救了我的命啊！"四川宣汉籍女红军王新兰也是随红四方面军政治部宣传队参加长征的。

五、随时转移的红军兵工厂与被服厂女兵

（一）红军兵工厂女兵的长征

1933年初，红四方面军在四川通江县城南苟家湾（今属通江县诺江镇）创办了一家兵工厂——通江兵工厂，由红四方面军总经理部部长郑义斋兼任厂长，很快粗具规模，有100多人。1934年3月反"六路围攻"时收紧阵地，通江兵工厂由苟家湾迁到苦草坝锣坪（现属通江县永安镇），规模曾发展到1000多人，各种机床100多台，装备先进，技术力量很强，对红军作战武器补充、机械维修起了重要作用。兵工厂也不乏女兵。女红军苟秀英（1920—2014，通江人）就曾在这个兵工厂一枪房（长征时改为三中队）工作。1935年春，红四方面军向西转移，她也随军长征。

苟秀英回忆说，当时他们从苦草坝起程经通江城、清江渡、巴中城

---

① 罗锦藻主编：《烽火年华——铁二局老红军录》，铁道部第二工程局革命回忆录征集委员会编印，1996年内部版，第81页。

等地一路到木门，过了木门生活就苦了，往后越来越苦，"尤其是过藏族地区生活更苦，患病的人多，敌人很残毒，抓到就杀，没活的。割鼻子、挖眼睛、宰手、砸脚，一切恶毒手段用尽。经过的地方，处处是同志的尸体"[①]。行军经过毛儿盖进入草地后，她所在的兵工厂三中队共有30多人，一天突然遭遇好几百敌人的袭击。他们这个中队30多支枪却只有5颗子弹，而且他们都是修枪的工人，没有上过火线。怎么能对付这样多的敌人！他们十分紧张，急中生智，把5颗子弹集中在几个枪法好的人手里，就近射击敌人，一下打死敌人头头。敌人群龙无首，立即乱套，他们趁机一齐冲出去，夺过敌人手中的刀枪，一阵猛砍猛杀，消灭了100多个敌人，其余纷纷逃窜了。红军兵工厂这个中队也牺牲惨重，30多人只剩下6人。这时苟秀英重病掉队，孤独艰难地走在茫茫无边的草地，不久在山下遇见一支自己的队伍，至少有10多人。其中一个高个子背一个十三四岁的女孩子，走近一看正是与她一起掉队的兵工厂女战士邓全斗。她们格外欣喜。原来邓全斗在上次战斗中受了重伤，被敌人砍了好几刀，砍掉了四颗牙齿，下嘴皮还正在流血，背着她的是一位排长。苟秀英回忆说："路上横七竖八到处是尸体，少数为自己的同志，多数是敌人的尸体"，"战士们这种英勇杀敌的精神，像一道彩虹悬挂在长征路上，即使时光流逝也永久不会消失"[②]。

在过草地时，苟秀英最难忘的是见到一个身材高大、对人特别关心的非凡人物。一次，她随部队过河不久，就看到一个下颚有颗痣，面黄肌瘦，就像大病之后尚未恢复健康的人，对人挺和蔼。这人看到苟秀英和邓全斗就问："小鬼，你们掉队了！"那时这些红军战士听到这两个字，心里就难过。苟秀英便说："没有。"想支吾过去，而那个身材高大的人却说："牙齿都打落了，恐怕是掉队的吧？"苟秀英立刻觉得这人"眼光好敏锐啊，千军万马纷至沓来，一下就看到了被打伤了下颚、掉了牙齿的邓全斗"，于是她俩老实承认自己是掉了队的。她俩还发现与他同路的都有

---

① 苟秀英：《在草地，我看到了亲人》，载中共中央党史研究室第一研究部编：《巾帼红军忆长征》，中共党史出版社2017年版，第376页。
② 中共中央党史研究室第一研究部编：《巾帼红军忆长征》，中共党史出版社2017年版，第379页。

马，只是未骑。那时随马行军的，至少要营长、团长以上干部。那个身材高大的人，特别关心地对她俩说："注意啊，山上就是敌人，再掉队就危险了。"说罢，他用手往一个山头一指。苟秀英朝着所指的山头看去，全是树木，不见人影，便说："绿森森的，除了荒山还是荒山，哪有什么呀！"接着，那个身材高大的人手中拿出一样东西，黑咕隆咚的，她俩从未见过。他幽默地说："不是我有什么了不起的地方，是它的本事大。"[1]苟秀英感到稀奇，就说："拿我看一下嘛！"只见他在上面拨动了几下，交给苟秀英对着这个东西看。这时，她才发现对面的山一下子到了眼前，远山上的人和物看得清清楚楚。敌人正藏在林子里吃饭，枪就放在树脚下，背在身上的子弹袋胀鼓鼓的。光凭肉眼看不见，有了这个东西就看得见了。原来这就是望远镜，这是苟秀英平生第一次见到并使用望远镜。过了好几天，苟秀英才得知那位给她望远镜的身材高大的人就是毛泽东，工农红军的统帅毛主席，她一时激动得热泪盈眶。

（二）红军被服厂女兵的长征

1932年底红四方面军入川解放通江后，在通江县的南岭上建立被服厂，分军工、民工两部分。民工调张荼清（湖北红安人）、何福祥（湖北红安人）、刘照林（四川通江人）三位女同志成立"缝衣组"与军工分开，这就是"女工厂"的前身。这3位女红军就是红四方面军入川后被服厂的创始人。最初女工与男工在一起，1933年初男工与女工分开。由于男、女工分开，红四方面军总供给部被服厂分为女工厂与男工厂两部。在被服女工厂（连），要进行军事训练，每天早上、中午要出操，示范军事动作。还要学文化，学政治、军事常识。后来成立了红四方面军总供给部被服厂女工连。被服女工厂（连）的主要任务是缝制军衣、帽、鞋、袜装备部队，有时还要往前方运送粮食弹药，往后方运送战利品。当时红四方面军各军、师级单位和总医院也都建有被服厂。红四方面军总医院被服厂

---

[1] 中共中央党史研究室第一研究部编：《巾帼红军忆长征》，中共党史出版社2017年版，第380—381页。

属连的编制,全是女工,也名为女工厂。被服厂的女兵和男兵一样,每天除了加工生产服装,就是练兵出操。

开始时,被服厂只有两台缝纫机,1933年10月红四方面军取得了历时10多天的宣(汉)达(县)战役的胜利,缴获了四川军阀刘存厚的军需工厂(被服厂、纺织厂等)的全部机器设备和大批军需物资(其中有制作被服的机器几十台),用以装备充实红军被服厂。这时,全厂男工女工达360多人,抽调赵正富(1911—1983,四川通江人)、张茶清等3人到巴中恩阳河组建被分厂。恩阳被服厂基本上是女工,人数发展到120多人,1934年6月并入通江红四方面军被服总厂。① 被服厂厂址屡次迁移。1934年12月,红四方面军被服厂迁驻旺苍坝龙潭巷街(今东河镇龙潭街,其旧址现为省级文物保护单位)。红四方面军在旺苍境内设立的被服厂有3个分厂,分别位于黄洋烂槽沟、庙儿湾梁家场和旺苍坝龙潭街。1935年春,被服厂随军西进,从通江出发,经巴中、南江、旺苍,渡嘉陵江,开始长征,再经梓潼、剑阁、中坝、江油、北川等地到阿坝。红四方面军供给部被服厂有众多女战士随红军主力长征,两次爬雪山,三次过草地,很多红军战士牺牲。1936年11月,红军三大主力会师后,又有一些红军随西路军供给部被服厂参加西征。

长征途中,被服厂的战士们往往走在大部队的后边,除了行军外,只要一停下,就不分昼夜地为部队赶做衣服、鞋子。因为部队行军还要打仗,所以被服厂的同志还要背上枪支、弹药和粮食等,随时给前方打仗的部队送去,返回时还要抬伤员到医院。被服厂女红军在长征中也有许多感人事迹。

女红军刘文治(1912—2020),1933年8月在通江县洪口镇瞒着父

赵正富(赵苏友 供图)

---

① 李芝兰编著:《巾帼壮歌——川陕苏区女红军纪实》,大众文艺出版社2008年版,第151—154页。

母参加红军,被分配到红四方面军总部被服厂工作。当时在洪口镇站在八仙桌上做"扩红"宣传的红军女战士就是唐成芝(时任红四方面军总部女子连排长)。后来她们俩一起参加了长征,参加了嘉陵江战役、剑门关战役、陕南战役,结下了生死相依的战友情谊。

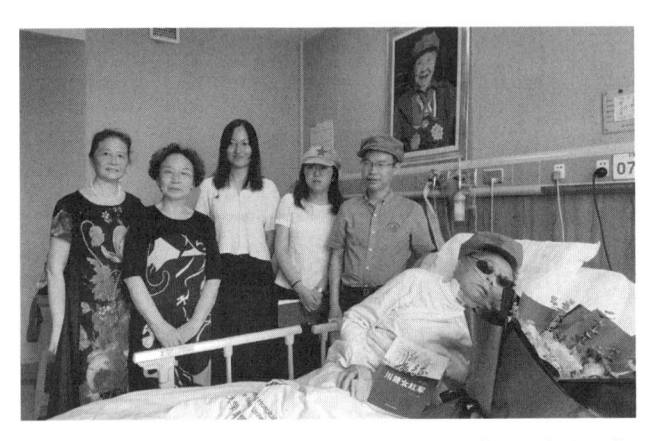

2020年7月,本书作者(后排右一)随《华西都市报》记者在重庆采访108岁女红军刘文治(刘增宪 供图)

在长征过草地前,有一天,刘文治走到一个山沟里,眼前突然出现一座白花花的盐山,她赶紧挖了一大坨盐背在背上。正是这坨食盐,在她们过草地的最后几天发挥了关键性的作用,救了刘文治带领的那个女兵排10多位女战士的命。①1936年8月,红四方面军总部过草地经过一个叫麦洼的地方宿营,唐成芝与比她年长一岁的刘文治意外重逢。临别时,刘文治给了唐成芝一块核桃大小的盐,唐成芝给了刘文治一把炒面。在当时的情形里,食盐和炒面都是十分紧缺的救命之物。此后这两位红军姐妹结成了生死之交。1989年6月,76岁的女红军唐成芝病逝时,刘文治致信唐成芝的子女深情地写道:"你们的妈妈去世了,我就是你们的妈妈,你们是红军的后代……我的儿女,都是你们的兄弟姐妹……你们……要共同当好红军的传人,把长征精神传承下去。"②

四川通江籍女红军张文(1919—2022),原名张泽熙,1933年2月和二哥张熙汉一起参加红军后就在红四方面军供给部被服厂工作,很快当上

---

① 黄乔、崔力:《刘文治:能参加红军,能接受任务就很满足了》,《重庆日报》2016年10月12日。
② 赵太国:《百岁女红军的长征情》,宝鸡网,2016年10月21日。

20世纪90年代，张文与红四方面军老战友合影。左起：张文、王新兰、何曼秋、王定国、向守志（原南京军区司令员）（洪炜 供图）

2018年8月，作者与老红军张文（左二）及其子女洪虎（左一）、洪炜（右一）在北京（洪炜 供图）

了女兵班长，1935年春随红四方面军长征。供给部被服厂的男女战士背着厂里的全部家当长征，情况紧急时一夜行军要走上百里。一次，红军部队在深谷中急行军，遭到一股国民党军散兵的伏击。敌人边放枪边狂叫："抓红军娘子呀！"女兵们手中没有武器，唯一的办法就是拼命地跑出敌人的射程。张文背着一只全班战士盛水的铁桶，跑得眼冒金花，子弹不断地射来，就像蚊子一样在她耳边乱飞。她终于摆脱了敌人，跟上了部队，到了宿营地，一下瘫倒在地上大口喘气。大家帮她卸下身上的水桶，张文抬头一看，发现铁皮水桶上面竟有五个子弹窟窿，正是这个水桶救了她的命！长征途中，她还生过几场大病，可是她坚强地挺了过来。她后来回忆说："当时脑子里想得不多，只想到不掉队才有活路。"① "开始时，我们被服厂女战士共有6个班、100多人，长征走到八里铺（今属甘肃庆阳市环县山城乡）时，只剩下两个班。许多老大哥、老大姐都倒在了长征的路上，多数人连名字都没有留下。"②

1936年10月红军会宁会师后，主要由原红四方面军长征将士组成的西路军，奉命西渡黄河西征作战，张文所在的女兵班编入妇女抗日先锋团。她们快到黄河边时，那个女兵班突然被调回红四方面军被服厂工作。同年12月"西安事变"发生后，张文又和女兵班一起由庆阳调到达云岩镇妇女学校学习，后来在延安见到了相隔两年的丈夫洪学智。

川籍女红军苏力和贯文翠都是随红四方面军第三十一军被服厂一起长征的。18岁的贯文翠在长征中是缝纫工。只有八九岁的苏力实在走不动了就拉着大姐姐的衣服，或被红军哥哥背在背上行军。苏力回忆说，看见成批战友倒在血泊中，"我没有恐惧，只有愤怒"。

红军战士走过雪山草地之后，进入甘肃境内时与敌人作战时也有不少人牺牲，其中不乏女战士。如在甘肃境内的渭水河边，四川阆中籍女红军权卫华（原名权克英，1919—2002）所在的红四方面军与敌人有一次遭遇战。敌人的炮火铺天盖地

贯文翠（1917—2000）
（李志勇　供图）

---

① 四川省妇女联合会编著：《巴蜀巾帼壮歌——红四方面军女战士革命斗争实录》，四川人民出版社1993年版，第171—173页。
② 张文：《我的红军之路》，解放军出版社2005年版，第56页。

地打向河心，红军在深夜强渡，时值深秋，水凉浪急，又无桥无船，红军战士们只有手牵手蹚水过河。只见一个大浪打来，几个红军女战士"哎呀"一声就被卷走了，谁也无法救她们。权卫华是拉着何长工的马尾巴才闯过激流的。①到达延安后，权卫华光荣地加入中国共产党，不久同八路军总政治部干部李基结婚。

李基将军与权卫华（左）夫妇合影（李京沙 供图）

红四方面军中参加长征的女红军除了上述川籍女红军比较集中的部队外，还有许多分散于其他各部队的川籍女红军，她们也都在长征中付出了巨大的牺牲。如红四军军部电台运输排的一个女兵班。1935年2月，12名女战士正式入编红四方面军第四军军部电台运输排女兵班，班长常玉勤，副班长梁金玉（四川通江人，1917—2018）。梁金玉回忆说，由于年龄小，和她同龄的11名女红军被劝留后方，不用参加长征，但是姐妹12个人坚决要跟随大部队一起走。长征开始时，"女子运输队"接到了指导员交付的一项任务：向后方运送通信器材。等到她们完成任务才知道，这是部队要把她们留在后方的一个"策略"，这时候她们已经与大部队分开两天了。她们立即"昼夜兼程追赶部队，腿划伤了、衣服刮破了，都全然不顾"②。最后，她们听到了军号声，终于赶上了红军队伍。长征中经过40多天的雪山草地生活，班长常玉勤等人牺牲，到达甘肃岷县时班上只剩下年纪最小的3个人了。③

浴血沙场声威震，征战能有几人还？长征结束时，川籍长征女红军到

---

① 四川省妇女联合会编著：《巴蜀巾帼壮歌——红四方面军女战士革命斗争实录》，四川人民出版社1993年版，第153页。
② 《百岁女红军梁金玉》，《新京报》2016年10月19日。
③ 中共中央党史研究室第一研究部编：《巾帼红军忆长征》，中共党史出版社2017年版，第532页。

底还有多少人幸存？

　　据有关统计，红四方面军女战士从西渡嘉陵江参加长征时的8000余人，经过一年零七个月艰苦卓绝的战斗征程，到甘肃会宁会师长征结束还有2000余人；后来从这2000余人中分出一千七八百人随红军西路军西征，损失极为惨重，最终到延安时只有近700人了。[1]川籍女红军刘坚回忆说："到达会宁时，红四方面军大约有女同志1000余人。据我了解，方面军女同志在长征中的减员，除了伤亡、病故和掉队迷失的外，在川西一带我们还留下了几百名妇女在当地照看伤病员。参加红军三大主力会师的这部分历经千辛万苦而保存下来的优秀妇女干部、战士，后来在西征军中被打散了。"[2]刘坚所说的大约1000余人，这与实际数字可能有差距，实际上她是说小了。会宁会师时，红四方面军中女战士实际上应在2000人以上（其中绝大部分是四川人），因为组建中国工农红军西路军时编有妇女抗日先锋团1300人，另有四五百人（包括前进剧团女兵）随之西征。女红军在西路军失败时，能够回到延安的是极少数。1937年，李坚真在延安对美国记者斯诺说："现在有600名妇女在延安接受正规化的军事训练，大部分是四川人。"[3]红军长征到达陕北延安后，不可能在一年时间内招收几百名四川籍女兵，而1937年3月西路军失败后回到延安的女红军又极少。据四川通江籍女红军苏诚回忆，1936年底，红军在陕西三原进行整编后，还有"500多名幸存的红四方面军女同志分到云岩镇妇女学校学习"[4]。

---

[1] 四川省妇女联合会编著：《巴蜀巾帼壮歌——红四方面军女战士革命斗争实录》，四川人民出版社1993年版，第7页。

[2] 刘坚：《征途漫忆话巾帼》，载中共中央党史研究室第一研究部编：《巾帼红军忆长征》，中共党史出版社2017年版，第447页。

[3] 李芝兰编著：《巾帼壮歌——川陕苏区女红军纪实》，大众文艺出版社2008年版，第303页。

[4] 四川省妇女联合会编著：《巴蜀巾帼壮歌——红四方面军女战士革命斗争实录》，四川人民出版社1993年版，第473页。

六、长征中失散的女红军

从1935年3月红四方面西渡嘉陵江长征开始，就有一些红军战士因伤病等情况而掉队失散，其中不乏女红军。后来红军长征到四川阿坝境内雪山草地的失散女红军更多。据有关部门统计，长征期间失散在雪山草地的女红军，在1978年中共十一届三中全会后幸存的大约还有100多人[1]；20世纪80年代已由民政部门查证核实的至少有90多位，当时年龄登记在60—85岁之间，绝大多数是因病因战斗受伤而失散的，她们绝大多数是四川人。

失散女红军也面临着许多危险，需保持高度警惕。如1935年理番（今理县）杂谷脑之战后，参加这次战斗的妇女独立团的李素芳等7位女战士因病留在杂谷脑上寨养病，当她们病稍好后就迫不及待地沿着安儿寨山沟去追赶部队，担任过班长的李素芳意识到，如果顺着山沟走去，万一遇到敌人怎么办？连个躲的地方都没有。于是走了不远她就提议大家跨过沟，往附近森林里走，以便隐蔽。可那6位女战士并不同意她的意见，坚持要顺着山沟走去。李素芳只好独自一人跳过山沟，进入森林。不久，就在顺沟的那条路上，那6位女红军突然遭到一伙敌人的袭击，全部牺牲。而李素芳因躲在森林里未被敌人发现。她目睹战友们的惨状，孤独一人待在森林里，心如刀绞，一直在那里过了整整七个昼夜，没敢离开森林一步。[2]

在长征中失散的红军中，"一些年轻女战士的遭遇，往往悲痛难述"[3]。比如，在20世纪80年代，定居于四川汶川县卧龙乡的张某某，1936年7月随红军右纵队由金川地区北上时，她所在的红军医院未能跟上主力部队行动，伤病员和护理人员绝大多数死于敌手。张某某虽然侥幸逃脱了这场劫难，但在她只身一人钻进山林、走小路的颠沛流离中，却数遇匪徒施暴，身体受到极大摧残。当她逃到汶川转经楼时，不仅食不果

---

[1] 四川省阿坝藏族羌族自治州妇女联合会编：《女红军在雪山草地》，四川民族出版社1990年版，第143页。

[2] 四川省阿坝藏族羌族自治州妇女联合会编：《女红军在雪山草地》，四川民族出版社1990年版，第120页。

[3] 朱成源主编：《长征在雪山草地》，四川民族出版社1986年版，第269—270页。

腹，而且衣不蔽体，甚至无以遮羞。红军女战士许某某等3人，1936年8月在草地掉队后，被一伙西北的武装马贩发现。这些丧尽天良的家伙当即将她们剥光衣服轮奸。在此后几十天中，这伙匪徒一直将她们绑押在马上随行，供其发泄兽性，后来又将她们卖给了其他商贩。女战士许某先后被转卖过五六次，受尽残酷蹂躏，毫无人身自由。最后，她在一个夜晚，趁着几个贩子酒醉之机，逃到松潘某地居住下来。又比如，一位出生于四川梓潼县的红四方面军供给部女战士蒲秀英因病和高秀英、高云先等女红军于1936年长征途中留在甘孜一带，后来被迫在此结婚安家，历尽坎坷，蒲秀英最终定居在四川乐至县佛星镇金玉村。由于种种原因，在历经51年的漫长等待之后，1987年她才最终被确认为失散老红军。[①]

表11　长征中失散的部分川籍女红军统计表

姓名	籍贯	参军年代	失散年代	失散原因
王思秀	通江	1933	1935	因病失散，次年返乡
严秀英	通江	1932	1935	
周振祥（原名周怀女）	通江	1933	1936	因伤失散，后定居甘肃岷县
吴秀兰	通江	1934	1935	因病失散
韩国均	通江	1932	1935	因伤失散
李秀珍	通江	1935	1935	因病失散
李永珍	通江	1935	1935	因病失散，定居四川茂县
陈罗氏	通江	1933	1935	因病失散
吴秀珍	通江	1932	1935	在战斗中失散
张素英	通江	1933	1935	
米秀莲	通江	1933	1935	因病失散
陈德明	通江	1933	1935	
杨素华	通江	1933	1936	因病失散于汶川三江口，后定居成都崇州市
刘可英	通江	1933	1935	在战斗中失散
银花	通江	1934	1935	在战斗中失散
岳秀和	通江	1933	1936	因伤失散
邓金莲	通江	1933	1935	因伤失散

---

① 杜先福：《一个失散女红军的风雨人生》，《龙门阵》2006年第11期。

续表

姓名	籍贯	参军年代	失散年代	失散原因
林桂珍	通江	1933	1936	在战斗中失散,后定居甘肃临夏县河西乡大庄村
李玉珍	通江	1933	1936	因病失散,后定居于宁夏银川
何云秀	南江	1933	1935	因伤失散
李文华	南江	1933	1936	因病失散,流落到甘肃武山县龙泉乡刘家坪村(现洛门镇李堡村)
陈恩玉	南江	1933	1936	在战斗中失散于甘肃武山县洛门镇石堡村
许明桂	南江	1933	1935	
曾学珍	南江	1935	1935	因病失散
李桂英	南江	1934	1935	因病失散
张秀清	巴中	1932	1935	
陈玉清	巴中	1933	1936	因伤失散,流落灌县三江乡,后定居崇庆县(今成都崇州市)街子乡
黄玉书	巴中	1933	1935	在战斗中失散
张秀英	巴中	1933	1935	因伤失散
何青兰	巴中	1933	1935	因伤失散
岳秀英	巴中	1933	1936	因伤失散于四川宝兴县灵关镇
孙培香	巴中	1933	1935	因病失散
王怀珍	巴中	1933	1935	因病失散
朱秀英	巴中	1933	1935	因病失散
刘秀英	巴中	1933	1935	
周秀英	巴中	1933	1935	因伤失散
高秀英	巴中	1932	1936	因伤失散于腊子口,后流落定居于甘肃迭部县达拉乡茨日那村
张正秀	巴中	1932	1936	在腊子口战斗中被俘,后定居罗江县蟠龙乡
王树华	平昌	1933	1935	因病失散
蒲素珍	平昌	1933	1935	在战斗中失散,定居黑水芦花
贾元兴	阆中	1933	1935	
刘桂英	阆中	1933	1936	因伤失散于甘肃迭部县洛大乡
安秀英	阆中	1934	1935	因伤失散,定居小金县
牟桂兰	仪陇	1933	1935	因病失散
王秀珍	仪陇	1933	1935	
冯文秀	江油	1935	1935	因病失散
李素芳	宣汉	1934	1935	因病失散,曾任妇女独立团班长

续表

姓名	籍贯	参军年代	失散年代	失散原因
齐 曼 （原名向金兰）	宣汉	1933	1935	在战斗中失散
万光秀	宣汉	1935	1936	在战斗中失散
王世珍	宣汉	1933	1935	在战斗中失散
傅秀珍	万县	1932	1935	因病失散
王生珍	平武	1935	1935	
何丁香	平武	1933	1935	因病失散
刘素清	平武	1935	1935	因病失散
傅桂氏	平武	1935	1935	在战斗中失散
王凤仙	巴县	1934	1935	在战斗中失散
陈莲英	万源	1934	1935	因病失散
谢玉清	万源	1933	1935	因战伤失散，2015年在都江堰逝世，享年103岁
王学文	达县	1933	1935	
罗家华	达县	1933	1936	因病失散
杨秀珍	达县	1933	1935	因伤失散
李自珍	达县	1933	1936	在战斗中受伤失散，曾任排长，流落资阳定居
波 洛 （原名何中正）	城口	1934	1936	因病失散
李清玉	安县	1935	1935	
张桂芳	广元	1933	1935	因战伤失散
刘秀英	广元	1933	1936	因伤失散于甘肃迭部县旺藏乡亚日卡村
吴桂英	广元	1934	1935	因病失散
张秀英	剑阁	1935	1935	因作战受伤失散
汪桂香	苍溪	1935	1935	在战斗中失散，定居汶川县
苟文秀	苍溪			在战斗中失散
王文书	苍溪	1933	1935	因伤失散，定居懋功
陶秀英	苍溪	1935	1936	在战斗中失散于甘南，后定居四川九寨沟
泽仁卓玛 （原名张丽桂）	四川	1933	1935	年仅8岁随母亲一起长征，母亲牺牲，后随侦察人员去松潘时不慎走失于若尔盖县
郭秀英	苍溪	1934	1936	在战斗中失散

续表

姓名	籍贯	参军年代	失散年代	失散原因
蔡文英	苍溪	1933	1936	因病失散
杨树珍	旺苍	1933	1935	因病失散
邓秀英	通江	1934	1935	母亲和弟弟邓玉乾一起在追赶部队的长征途中被土匪逮住
汪桂贞	会理	1935	1935	因伤失散
牟桂英	天全	1935	1936	因病失散
张金玉	天全	1935	1936	因病失散
刘素华	小金	1935	1936	
王全英	金川	1935	1936	因战伤失散，先在汶川三江乡安家，后定居都江堰
仲姆初	金川	1935	1936	在战斗中失散（藏族）
阿坚	金川	1936	1936	因母亲病重留下（藏族）
毛太珍	金川	1935	1936	
金行兰（原名代弟）	金川	1935	1936	在战斗中失散
龙凤英	金川	1935	1936	因病失散
龙正英	金川	1935	1936	在战斗中失散，定居金川
龙秀英	金川	1935	1936	在战斗中失散
阿根	金川	1935	1936	因病失散（藏族）
杨秀英（原名阿初）	金川	1935	1936	在炉霍失散（藏族）
阿木初	松潘	1935	1936	因病失散

资料来源：四川省阿坝藏族羌族自治州妇女联合会编：《女红军在雪山草地》，四川民族出版社1990年版；汤华明：《千里征战人未还——长征，散落的红星》，武汉出版社2018年版；《阿坝县志》，民族出版社1993年版。

1983年，据四川阿坝州党史部门调查统计，1935年随红军长征流散于此还健在的女红军至少有9人，全是四川人。①

在20世纪90年代，还有两位在长征途中因伤病留下而与红军大部队

---

① 李芝兰编著：《巾帼壮歌——川陕苏区女红军纪实》，大众出版社2008年版，第176页。

失去联系最后定居在四川崇州市的女红军战士。一位名叫杨素华，1921年出生在通江县俞家河乡，自幼父母双亡，1933年腊月参加红军，1936年七八月间因病与红军大部队失去联系，后在汶川县三江口结婚生子，最后定居于崇州市元通镇通顺村三组。1996年，75岁的老红军杨素华在接受采访时还清晰地唱起了当年红军歌："红军三大任务——打倒帝国主义，铲除封建势力，实行土地革命……"[1]另一位名叫陈玉清，1913年出生在巴中县花丛区柳林乡（今酒店乡）八门坎的一个贫苦农家，自幼丧父，后被迫当了童养媳，1933年10月参加红军，后编入妇女独立团。1936年夏，她随红四方面军长征途经绥靖（今金川县）时，因双脚生疮住院而与红军主力部队失去联系。她和七八个女红军战士一道翻山越岭，经过两个多月的艰苦跋涉，最终走到了汶川县水磨沟，有的在此留下安了家，有的又到了灌县（今都江堰市）的龙安、三江等地安家立业。陈玉清流落到三江后与一剃头匠结婚，最终移居崇庆县（今崇州市）街子乡，20世纪80年代被认定为失散老红军，得到政府给予的定期生活补贴。[2]

都江堰市还居住着一位在长征中失散的百岁女红军王全英，她于1921年出生于四川省金川县，1935年参加红军，随红四方面军参加长征。1936年3月初，王全英随红军部队来到丹巴县，遭遇国民党二十四军的围攻，在激烈的战斗中她与大部队失散，后来流落到汶

2023年5月，两位同年同月出生的百岁老红军王全英（右）与黄晨湘合影（肖宇　供图）

---

[1]　中共成都市委党史研究室：《中共成都地方历史资料选编》，2004年内部版，第147页。
[2]　中共成都市委党史研究室：《中共成都地方历史资料选编》，2004年内部版，第150—152页。

川县三江乡，与当地照壁村的刘富光结婚，现定居在都江堰市龙潭湾汶川干休所。2022年5月，101岁的老红军王全英在都江堰市家中接受了中央广播电视总台大型电视专题片《长征之歌》摄制组的采访。她虽然不识字，却能吐字清晰、内容无误地唱出一些革命老歌，还能独自行走，还能做针线活。

此外，还有许多在长征途中牺牲或失踪的女红军，甚至没有留下姓名。

在长征中失散流落于四川阿坝的通江籍女红军邓秀英50多年后这样回忆道："回想起我的一家，随红军出征8人，解放后回来的仅3人。我们母子当了16年奴隶，尤其是弟弟从小就在战争中颠沛流离，受到不堪忍受的折磨……我的一家在第二次革命战争中付出了高昂的代价，但又想到还有多少热血青年为争取中国人民的解放、民族的独立，聚集在中国共产党和共产党领导的工农红军的旗帜下，赴汤蹈火，献出了宝贵的青春和生命，我们这些幸存者已是不幸之中的万幸了。"[1]

---

[1] 张北平主编：《新场乡志》，云南大学出版社1990年版，第386页。

第四章

血战河西走廊

著名历史学家陈铁健先生指出:"西路军血战河西,乃红军长征的尾声,应该以浓墨重彩之笔,书写其悲壮历程和全军将士浴血奋战的英雄气概,而不能也无法被排除在红军长征史外。庶几如此,才能告慰21800名西征将士,告慰其中的1800名西路军女战士;红军长征史方称首尾相连的全史,真实准确的信史。"[①]《秦基伟回忆录》一书中也把"打通国际路线""苦战临泽"两节共11页内容写入该书第四章"浴血长征路"之中[②],可见秦基伟将军也认为西路军西征作战也应该算作他的"长征路"经历内容的一部分。1936年入伍随红军部队迎接西路军归来的一位陕西籍老红军就说他"赶上了长征的尾声"[③]。中国工农红军西路军西征血战河西走廊,实际上是两万多红军将士的又一次长征,是红军三大主力长征胜利会师后的局部长征,是"红军长征的尾声",是长征实际上的继续。因此记述川籍长征女红军的战斗历程,就不能不谈到她们所参

---

① 陈铁健:《长征英雄看巾帼》,《中华读书报》2017年3月8日。
② 秦基伟:《秦基伟回忆录》,解放军出版社2007年版,第63—73页。
③ 孙利华:《"我赶上了长征的尾声"——访老红军何生财》,《洛阳日报》2016年10月15日。

加的西路军西征。

一、西路军妇女抗日先锋团的成立

三大主力红军会师后,1936年10月下旬至11月7日,为了执行中共中央的"宁夏战役计划""打通国际路线",取得苏联援助,未经休整的红四方面军第五军、红九军、红三十军及骑兵师、特务团、教导团、妇女独立团等部共21800余人,奉中革军委命令,先后在靖远西渡黄河,开始了出征西北、转战河西走廊的异常艰苦的战斗历程。11月11日,中共中央和中革军委致电徐向前、陈昌浩等,正式批准组成西路军及其领导机构。西路军军政委员会主席陈昌浩,副主席徐向前,统一管理军事、政治与党务。[1]西路军与西北军阀马步芳、马步青部3万多"正规军"及近10万"民团"进行血战。与此同时,组建了西路军妇女抗日先锋团(简称"妇女先锋团"),直属西路军总部领导。这支部队是在红四方面军妇女独立团的基础上组建的正规武装部队,而"四方面军妇女独立团很多女同志被编入了西路军妇女先锋团"[2],因此在当时习惯上有时也被称为"妇女独立团"。该团下设3个营、9个连,共有1300多人,团长王泉媛,政治委员吴富莲。妇女先锋团副团长曾广澜回忆说:

2006年10月,王泉媛在江西省泰和县留影(叶开敏 摄)

曾广澜晚年留影(王文红 供图)

---

[1] 秦生:《红西路军史》,中国社会科学出版社2011年版,第342页。
[2] 阿坝藏族羌族自治州妇女联合会编:《女红军在雪山草地》,四川民族出版社1990年版,第90页。

"西路军时才成立为妇女抗日先锋团,随西路军前进。其人员实际上只有1300名妇女,是在行军途中组织的,团长叫王泉媛,政委吴富莲,我是团的党特派员,当时其中由鄂豫皖一位姓徐同志担任连长,其他同志均为四川人。"① 这个团几乎全部都曾随红四方面军参加过长征。

表12 妇女抗日先锋团领导成员情况一览表

姓名	职务	籍贯	生卒年代	备注
王泉媛	团长	江西吉安	1913—2009	1930年3月参加革命,1934年加入中国共产党。后被编入红四方面军,参加了长征;1936年10月被任命为由女战士组成的红军西路军妇女抗日先锋团团长,参加西征;西路军失利后被俘。新中国成立后,先后当过生产队队长、妇联主任、敬老院院长、江西省政协委员。
吴富莲	政委	福建上杭	1912—1937	1929年参加革命,1930年加入中国共产党。1934年任粤赣省委妇女部部长,同年10月随中央红军参加长征。1935年6月调任红四方面军妇女先锋团政委;同年10月红军三大主力会师后,参加西征,任妇女抗日先锋团政委;1937年3月,妇女先锋团与敌血战三昼夜,完成掩护主力突围,后被俘,坚贞不屈,在武威监狱牺牲。
曾广澜	副团长、党特派员	江西吉安	1903—1969	中国无产阶级革命家、军事家蔡申熙的夫人。1926年加入中国共产党,1930年12月任红四方面军第十师政治保卫局预审科长。1933年3月任四川省通江县妇女独立营政治委员,不久任巴中市委书记。1934年1月当选为中华苏维埃中央执行委员。1940年被捕,1946年获释。1950年重新加入中国共产党,后任江西省人民检察署吉安专区检察分署副检察长、吉安地区中级人民法院副院长等职。
彭玉茹	参谋长	四川通江	1918—	1932年参加红军,1935年随红四方面军参加长征,1936年参加西路军西征。

---

① 李芝兰编著:《巾帼壮歌——川陕苏区女红军纪实》,大众文艺出版社2008年版,第22页。

续表

姓名	职务	籍贯	生卒年代	备注
华全双	政治处主任	四川巴中	1920—1999	1933年参加红军，同年加入中国共产党。曾任中共川陕省委妇女部巡视员。在随西路军西征中被俘，后逃出虎口，参加抗日战争和解放战争。新中国成立后，先后任国营六一八厂干部科科长、国务院第五机械工业部保卫处副处长等职。
李开芬	秘书	四川达县	1917—1999	1933年参加红军，历任宣传队长、医院看护队长，1934年加入中国工农红军，1935年参加长征，随后参加了抗日战争和解放战争。新中国成立后，历任华北军区司令部政治部直属政治处主任、第四机械工业部政治部副主任、北京军区后勤部副政委。
赵应兰	宣传干事			
张怀碧	组织干事	四川达县	1916—	1930年参加革命，1933年参加红军，1935年参加长征。长征中曾任红四方面军总部家属连连长，妇女独立团一营三连指导员。在西征中战败流落，定居甘肃武威乡下十几年。新中国成立后，曾任中共武威县委招待所副所长。
马金莲	一营营长	四川	1916—	1933年参加红军，1935年随红四方面军参加长征。1936年11月随西路军西征。1937年5月失散，落户甘肃临夏县莫泥沟乡姬家村。
胡秀英	一营副营长	四川巴中	1917—	1933年参加红军，1934年加入中国共产党，1935年随红四方面军参加长征，1936年11月随西路军西征。1937年战败被俘，押往西宁南门外"万人坑"活埋未死。后流落，落户青海贵南县拉乙亥乡。
何福祥	二营营长	湖北红安	1911—2001	11岁当童养媳。1927年加入共青团，1932年参加红军，调任红四方面军总供给部，历任妇女工兵营排长、连长等职。1934年加入中国共产党，参加了长征和西征。会宁会师后调任西路军妇女抗日先锋团二营营长。在西征中被俘后几次逃跑、流落，新中国成立后积极参加除匪、反霸等党的各项工作，1957年在甘肃酒泉新生被服厂当缝纫工，1985年12月恢复党籍，把30多年来辛辛苦苦积攒起来的200多元党费交给党组织，后在兰州干休所安度晚年。
李桂英	三营营长	四川巴中	1917—	西路军抗日妇女先锋团三营营长。

资料来源：曾志主编：《长征女战士》，北方妇女儿童出版社1987年版；中共中央党史研究室第一研究部编：中共中央党史研究室第一研究部编：《巾帼红军忆长征》，中共党史出版社2017年版等。

参加西路军西征的女红军不仅仅在妇女抗日先锋团，还分布在西路军总部总政文工团（又称西路军前进剧团）、总医院、总供给部（被服厂、兵工厂）以及各军军部、卫生部、供给部等单位。这时只有两个连共300多人的妇女工兵营也编入了西路军，归西路军总部指挥，杨文局任营长兼政委。①西路军前进剧团共有100余人。②因此，当时参加西路军西征的女红军总数有1800多人，与西路军总兵力的零头数目相当。③这1800多名随西路军西征的女红军，全部是经历了长征的女战士。她们从此经历了比长征更为艰险悲壮的历程。

二、随西路军西征的悲壮历程

在西征途中，妇女先锋团随西路军主力部队行进，参加了许多恶战。据妇女先锋团秘书李开芬回忆，"妇女团（妇女先锋团简称）一般是跟总部行动，除了西路军总部机关外，教导团、少先团、妇女团这3个团行动基本在一块。西渡黄河后，战斗频繁……妇女团的主要任务是：搞运输，修工事，担任警卫，做群众工作。"④后来妇女团也直接参战。妇女先锋团副团长曾广澜回忆说："记得我们团多随总指挥部及9军、5军行军，过黄河打马禄时，我团参加了配合战斗，并获得30多匹骆驼，对保护伤员和运输工作起了很大作用。"⑤

1936年11月9日，为实现《平（番）大（靖）古（浪）凉（州）战役

---

① 四川省妇女联合会编著：《巴蜀巾帼壮歌——红四方面军女战士革命斗争实录》，四川人民出版社1993年版，第32—33页。
② 刘鉴、熙春：《铁窗丹心照日月 英雄碧血洒西海——中国工农红军西路军前进剧团文艺战士蒙难青海斗争事迹纪实》，祝方太主编：《青海文化史料第2辑》，《青海文化史料》编辑部1995年，第1—33页。
③ 李芝兰编著：《巾帼壮歌——川陕苏区女红军纪实》，大众文艺出版社2008年版，第303页。
④ 孙兆霞主编：《西征中的红军女战士》，甘肃人民出版社1993年版，第151页。
⑤ 李芝兰编著：《巾帼壮歌——川陕苏区女红军纪实》，大众文艺出版社2008年版，第22页。

计划》，西路军按指定位置完成集结，当夜兵分三路向河西走廊挺进。11月14日，红九军攻占古浪县城；11月16日至18日，红九军在古浪苦战三天，共毙伤敌人2000余人，但自身伤亡2400人左右（超过1/3）；18日红九军被迫撤出古浪。在古浪县土门堡的一场战斗中，妇女先锋团与红九军一起参战，她们都是步兵，战斗开始时，两军对阵还不分上下，后来"冲上来的敌人全是骑兵，打光了子弹的妇女先锋团的战士，只能端起步枪用刺刀与敌人的骑兵硬拼，伤亡很大。危急时刻，幸好并肩作战的部队及时赶来，救了妇女先锋团的一些女战士"[1]。但担任掩护的妇女力三营一连战士全部壮烈牺牲。

此后，马步芳利用红军兵力分散的弱点，立即集中兵力向甘肃永昌地区寻找红军决战。12月初，马家军向永昌以西水磨关迂回，企图切断红军在永昌和山丹之间的联系，被红军击退。接着，敌人又以骑兵共约5个旅的兵力，在7个民团的配合下猛攻永昌。敌人以10多个团的"正规部队"和大批"民团"，与红军在永昌等地展开激战。

1936年11月，在永昌县城，红三十军一部和西路军总部直属队——骑兵师、教导团、特务团和妇女抗日先锋团守城抗击，英勇作战，多次打退敌人的进攻，并击落敌人飞机一架，至12月初敌人被迫撤退。参加这次战斗的女红军刘汉润回忆说："在永昌，供给部的主要任务是搞后勤。马匪每天出动飞机轰炸，我们就把房子两头挖个洞，一头出，一头进，躲避飞机。在这里，我们打死了许多敌人，也牺牲了不少战友。"[2]11月25日，西路军政治部前进剧团近百名演员，在永昌县东寨镇下三坝村郭家下磨庄与敌人激战，剧团团长周汝功、政委易维精、教导员廖赤健（女）等多人壮烈牺牲。[3]剩余人员中有女战士王定国、党秀英、黄光英、赵全贞、苟兴才、孙桂英、何德珍、陈素娥、何芝芳等人被俘，被马匪押送到凉州城关押，后来又被押送到青海交给马步芳处置。这支1933年1月在川陕革命根据地通江县成立的剧团全军覆没，其中大部分是川籍女红军。

---

① 汤华明：《落成县支旗村的女红军张文贵》，每日甘肃网，2017年7月16日。
② 孙兆霞主编：《西征中的红军女战士》，甘肃人民出版社1993年版，第123页。
③ 秦生：《红西路军史》，中国社会科学出版社2011年版，第347页。

11月下旬，在永昌西北的山丹县，红三十军的骑兵同马家军在县城东头作战。妇女先锋团除配合他们作战外，还负责组织成立苏维埃政府、搞宣传、修工事、抬伤员，并站岗放哨。她们还打开了马匪的银行，缴获了不少银圆。11月21日，红三十军攻占山丹县城，后由红五军接防，红五军和妇女先锋团又与数倍于己的敌军鏖战数日，重创敌军，但自己也付出了惨重代价。在山丹保卫战中，"妇女先锋团亦遭到很大损失，许多女战士英勇牺牲"[①]。

1936年12月30日，红军西路军转战临泽，到1937年3月撤出临泽，浴血奋战70余日，先后经历了苦战临泽城、鏖战倪家营、突围南柳沟和决战梨园口等战斗，6000多名将士壮烈牺牲。

1936年12月下旬，红军从永昌、山丹出发，总指挥部命令不足千人的妇女团化整为零，分散到各军行动：王泉媛、彭玉茹率一营随总指挥部行动，华全双率二营随九军行动，曾广澜、吴富莲率三营随五军行动。[②]

（一）高台战役

1937年元旦，红军一举攻克高台，守敌1400余人全部投降。但在1月12日，敌军马步芳、马步青部又派数倍于红军的重兵两万余人，由总指挥、甘南警备第二骑兵旅旅长马元海率领，向红军扑来，以一部分兵力钳制倪家营子地区的西路军主力，余部集中围困高台，向高台发起猛攻。集结高台的红五军团在董振堂军团长的指挥下，浴血奋战，随之行动的部分妇女抗日先锋团及炊事兵等后勤人员，全部上到城头作战。为了节约弹药，女战士们就用瓦罐装石灰、泥沙和石头、砖块，向爬上城墙缺口的敌人砸去。夜里，女战士用袋子装满泥土，填补城墙缺口，再浇上水，次日结成冰，和原来的城墙一样坚固。但终被敌人攻破，当敌人攻入城内，红军女战士勇猛顽强地与敌人进行白刃搏斗。刺刀、大刀卷缺了，她们就用

---

① 秦生：《红西路军史》，中国社会科学出版社2011年版，第138页。
② 《妇女独立团在临泽》，临泽公务网，http://www.gslz.gov.cn/lzgk/lzjs/201004/t20100402_38681.html。

石头砸，甚至同敌人扭打在一起，用拳击、牙咬，直到最后扭住敌人滚下城墙同归于尽。而在此危急时刻，原来被红军收编的"民团"突然叛变了，打开城门让敌人冲了进来；红军同敌人在城内展开了一场更加激烈残酷的搏斗。匪徒疯狂地追捕女红军战士，妇女先锋团指战员英勇奋战，有的拉响手榴弹与敌人同归于尽，有的宁死不屈撞墙牺牲。红军坚持了十几个日夜，终因寡不敌众、弹尽粮绝，1月24日晨高台沦陷。除极少数幸存者外，包括军长董振堂、政治部主任杨克明等人在内的3000余人，全部壮烈牺牲。参加这场战斗的女战士也无一生还。在这场战斗中，四川通江籍女红军、红三十三军供给部指导员杨素珍（1913—1937）带领女战士们登上城墙，与战士并肩作战，在与敌人拼杀中她全身多处受伤，最后抱住向她冲来的一个敌人滚下城墙，壮烈牺牲。[1]

（二）血战临泽

高台失守，敌人便掉头转攻临泽。原来在1937年1月中旬，在高台鏖战时西路军总部直属队、机关和担任掩护的红五军一部，紧随红五军主力赶到高台东南的临泽城——抚彝。妇女先锋团随西路军苦战临泽。当时驻守临泽城的主要是西路军总部直属队，"城内除了仅有的一个警卫连外，剩下的便是一个妇女独立团（即妇女抗日先锋团——引者注）和机关干部、勤杂人员"[2]。1月21日，马家军以5个团的兵力围攻临泽县城，城内红军除了一个警卫连外，只有红军供给部、卫生部的机关干部和勤杂人员，大部分是女同志，战斗力很弱。在危急关头，红军西路军总供给部部长郑义斋命令富有战斗经验的总部四局科长秦基伟担任守城前线指挥。当时敌人力量数倍于红军，红军处境十分困难。秦基伟把城内男女红军战士组织起来，把几百名妇女抗日先锋团的女战士同警卫连等其他人员统一按需编为班、排、连投入战斗，"男同志负责守城，女同志负责送饭、救伤员和运送弹药"。秦基伟回忆说："当时，驻守临泽的主要是总部直属部

---

[1] 彭俊礼主编：《通江女红军》，中国文史出版社2015年版，第44页。
[2] 秦基伟：《秦基伟回忆录》，解放军出版社2007年版，第67页。

队……在战斗最残酷的时刻，女同志还多了个任务：捡石头——没弹药了，我们就用石头砸。"见到女红军，敌人指挥官叫嚣："弟兄们冲啊，城里都是女红军，冲进临泽城，一人一个老婆！"①红军女战士怒不可遏，奋不顾身地和男战士们一起英勇打击敌人。

临泽战役第三天，敌人从几个方向同时向红军发起更疯狂的进攻。当晚，红军大部队从敌阵的薄弱点突围，撤离了苦战几日的临泽城。可是刚走出两里多，突然遭到敌人的伏击。在郑义斋、秦基伟的率领下，妇女先锋团和全体指战员，拼尽全力向敌群猛烈砍杀，终于杀出一条血路，冲出了重围。次日天明，他们到达总部指挥所倪家营子与红三十军会合。在临泽战斗中，女红军除了作战，还要负责给部队弄伙食。四川通江籍女红军刘汉润（1917—2018）回忆说："在临泽，战斗十分激烈。由于条件恶劣，部队的供给很差，常常没有吃的。供给部的女兵就负责找吃的。我们用手把找来的谷子从穗上搓下来，把从远处背来的冰化成水，给大伙熬成粥喝。我们撤离临泽时又碰上了一群马匪，就赶紧隐蔽到一座桥下，只听他们在上面喊：'弟兄们，冲！前面都是些女共匪，冲上去每人分一个老婆。'我们等马匪过去后，一口气跑到沙河，那时正值正月天，滴水成冰，我们哈出的气凝成冰渣渣，粘在嘴边和下巴上，就像长了白胡子。"②在沙河，她们才与红军大部队会合了。

红军坚守临泽城，与马家军血战半个多月。几百名红军女战士表现出无比英勇顽强的战斗精神。秦基伟回忆道："整个临泽城，在枪炮声和喊杀声中战栗。我亲眼看见……还有一个女同志，头上缠着绷带，双手擎着一块大石头，追打攀城之敌，其状英勇至极。一个马家军军官在三十米外向她瞄准，被我看见了，横起机枪一个点射，这个马匪军官当场毙命。"③参加这次作战的四川阆中籍女红军李文英回忆说："情况日益艰险，女子独立团的同志们都把齐耳的短发剪光，准备同敌人血战到底……

---

① 秦基伟：《秦基伟回忆录》，解放军出版社2007年版，第68页。
② 孙兆霞主编：《西征中的红军女战士》，甘肃人民出版社1993年版，第123页。
③ 秦基伟：《秦基伟回忆录》，解放军出版社2007年版，第69页。

我们用石头打退了敌人一次次进攻。"①为了节约子弹,红军很少开枪了,主要用大刀和石头对付敌人,红军警卫连的战士掀翻众多敌人攻城的云梯,这时"妇女独立团的同志手中的石头随之铺天盖地倾泻而下,敌人后来的几次冲锋,差不多全是这样打退的"②。当时郑义斋的夫人、从长征中走过来的川籍女红军战士、时任西路军供给部保管科科长的杨文局也在城内。

杨文局回忆说:"临泽突围战是我们后勤人员所经历的一场罕见的恶仗。1937年1月21日,敌人以五个团的兵力围攻临泽县城,城内红军,除了一个警卫连之外,只有我们供给部、卫生部的机关干部和勤杂人员,大部分是女同志,战斗力很弱。在危急关头,义斋委托富有战斗经验的秦基伟同志担任守城前线指挥。把城内的机关干部、医护人员、修械工人、炊事员统统组织起来,按战斗需要统一编成班、排、连。男同志负责守城,女同志负责送饭、救伤员和运送弹药。……苦战了三天三夜,我们终于在主力部队的策应下,冲出了敌人重围。"③

郑义斋烈士画像与遗孀杨文局留影(郑盟海　雷小莹　供图)

对于临泽之战,参加这场战斗的女战士马玉莲(四川南江人,曾任西路军总部妇女抗日先锋团二营一连指导员兼政治干事)回忆道:马家军

---

① 中共中央党史研究室第一研究部编:《巾帼红军忆长征》(下册),中共党史出版社2017年版,第863页。
② 秦基伟:《秦基伟回忆录》,解放军出版社2007年版,第69页。
③ 杨文局:《好管家郑义斋同志》,载《艰苦的历程——中国工农红军第四方面军革命回忆录选辑》(下),人民出版社1984年版,第331页。

重兵把西路军总部团团围在临泽县城里,"为了保卫(西路军)总部指挥部,我们妇女团配合总部下属的政治部、供给部、文工团等单位的同志同敌人展开了激烈的战斗。马匪用钢炮疯狂地轰炸城墙,城墙被轰开了口子,我们就赶快垒起来;再轰开,再垒起。就这样,我们同敌人浴血奋战了七天七夜。敌人得知守城的主要是妇女团,就疯狂地叫嚷:'攻下城,每人发个共产婆。'平地作战消耗很大,我连一排长、共产党员杨秀珍就是在这次战斗中光荣牺牲了。眼看再坚持下去对我们很不利,上级命令我们连夜撤退。深夜两点,我们趁敌不备,从抚彝城南门口撤了出来……一清点人数,妇女团只剩下400多人。"[1]妇女团随西路军总部撤到倪家营。这时红五军全军覆没,红九军、三十军的部队也所剩无几。在这里,红军又和敌人交战了20多天,最后不得不撤离倪家营子到威狄堡,再到梨园口。

在梨园口,红军又遭到马匪约3个团的兵力包围,与敌军激战。西路军妇女先锋团团长王泉媛率领全团打掩护,为了迷惑敌人,她命令全团官兵全部剪掉长发,一律女扮男装,并改用红三十军二八六团番号。她率领不足1000人的队伍,进入梨园口阵地。与敌人激战一个多小时,子弹打光了,手榴弹也几乎打光,连石头也几乎扔完,500多名女战士壮烈牺牲。当敌人马家军发现担任阻击任务的红军全是女兵时,便跳下战马,要活捉她们。眼看敌人一步步逼近,王泉媛命令战士们迅速往山上撤退,自己则带领一小部分人作最后的阻击。她率领的妇女先锋团完成了阻击任务,但付出了惨重的牺牲,最后全团仅剩下不足300人。王泉媛不幸被俘,备受折磨,最终于1939年3月与另一名红军女战士王秀英逃出虎口,来到兰州,找到八路军办事处。[2]在梨园口战斗中,红军三个团的人打得只剩下一个团左右,随之参战的妇女团二营一连连长吴国秀也不幸中弹牺牲。[3]

在梨园口战役失败后被俘的女红军战士,惨遭马匪军蹂躏。1983年7

---

[1] 孙兆霞主编:《西征中的红军女战士》,甘肃人民出版社1993年版,第137页。
[2] 《军嫂》杂志社编著:《跟着信仰走——我们家的长征故事》,人民出版社2016年版,第267—268页。
[3] 孙兆霞主编:《西征中的红军女战士》,甘肃人民出版社1993年版,第138页。

月,一位原西路军妇女先锋团连长无比悲愤地回忆道:"梨园口战斗打响后,由于我军人少,弹药少,缺吃少穿,加上长途征战的劳累,被大量马匪军和民团包围,展开了肉搏战。……马匪军的步兵、骑兵……把我们被俘的女红军押进一个土围子。祁连山口的气候非常寒冷,风又大,可马匪军硬是扒光了我们一百多个女红军的衣服和鞋袜,连十四五岁的小女孩也不放过。当天晚上,马匪军的胡子兵又兽性大发,一个匪徒抱上一个扒光了衣服的女战士,像野兽一样进行奸污……我亲身受辱,亲眼看见,一辈子也不能忘!我控诉……"[①]

(三)倪家营子突围

从临泽突围后,红军部队又被逼到了祁连山山麓的倪家营子(今甘肃临泽县倪家营乡),1937年元月3日,陈昌浩、徐向前、红三十军政委李先念等率西路军总部和红三十军指战员进住倪家营子,在此又同敌人展开激战。倪家营子位于临泽东南方沿山地带,分上、下营子,是个较大的自然村,东西宽约3—4里,南边毗邻祁连山脉。敌人在此先后投入了7万多人的围攻兵力。红军以寡敌众,血战了40天。对倪家营子之战的情景,1984年,时任北京军区后勤部副政委的原西路军妇女先锋团秘书李开芬曾生动详细地回忆道:

妇女先锋团在倪家营子被分散,8个营分到各军,总部留了一个营,团领导干部也留在总部。后随总部行动的这个营叫独立营,营长是何福祥。倪家营子的战斗最艰苦,敌人出动了数倍于我的兵力,拉开了十里长的战线,包围了我们,战斗打得很激烈,数不清进行了多少次白刃战。更困难的是没粮吃,没水喝……我们为了找水,挖井牺牲了好几个战友。实在没办法,我们就去冰河挖冰,河对面就是马匪,每次去挖冰都冒着生命危险……没粮食吃,把带壳的小米和荞麦放在锅里炒一下,一人分一把,连壳嚼着吃。没有水,这一把带壳小米真难咽下去。我们都知道,战斗是

[①] 董汉河:《西路军战俘纪实》,宁夏人民出版社1992年版,第56—57页。

残酷的，而我们在河西的战斗，其艰难是无法形容的，没有后方，没有弹药、粮食补充，在气温零下二三十摄氏度的寒冬，大家都还穿着单薄的衣衫。我们妇先团（妇女先锋团的简称——引者注）的战士每人背一个小铁锅，一到驻地，我们就去捡破铜烂铁，回来自己制作土手榴弹和子弹。此外，警戒任务也主要靠妇先团，挖战壕、砍树枝修工事，哪里需要，我们妇先团的战士就上哪里。上前方抬伤员，伤员多我们就一人背一个，仗打得激烈时，打白刃仗分不清敌我，只要是伤员就往回抬，有时把敌人的伤兵也抬回来，等抬下来才发现是敌人，又给丢下。"①

  战斗极为残酷、悲壮。时任西路军总部四局局长的秦基伟回忆道："就在我们返回倪家营子的第二天，马家军又对倪家营子发起围攻。连续7个昼夜，方圆十里的黄沙地带马蹄声碎，尘土飞扬。马家军的骑兵部队高举马刀，像潮水一样，一浪接过一浪袭向红军阵地。可以说，我们是用最后一口气同敌人作战。除了意志和拼死的决心，别的几乎是一无所有。"②在倪家营子，一天晚上，妇女先锋团团长王泉媛、政委吴富莲把李开芬带到西路军总部领了30副担架到三十军八十八师的战场抢救伤员。最后，王泉媛带领着妇女先锋团那战地抢救队30个小组中"剩下的八九十个女战士，端着刺刀、大刀拼着最后的一点力气向敌人扑了过去"。李开芬回忆道："太阳出来了，战斗终于结束了。只见荒凉的戈壁滩上，尸横遍野，死一般的寂静！四五百个不可一世，欲与我红军战士比高低的马匪兵终于成了八十八师英雄们的刀下之鬼！我们女战士和八十八师的英雄们一样，每个人都是满身血污、伤痕，每个人都瞪着充血的眼睛，握着弯曲、卷刃的刺刀、大刀，抬着残破的担架，胜利地回到营地。"③1937年3月12日，西路军撤入梨园口，与敌人3个骑兵旅及步兵两三个团激战。结果"红九军损失2个团，妇女独立团2营全部阵亡"。"至此，西路军全军已不足3000人"。④12日夜，西路军余部据中央军委

---

① 孙兆霞主编：《西征中的红军女战士》，甘肃人民出版社1993年版，第152页。
② 秦基伟：《秦基伟回忆录》，解放军出版社2007年版，第72页。
③ 孙兆霞主编：《西征中的红军女战士》，甘肃人民出版社1993年版，第159页。
④ 《临泽县志》，甘肃人民出版社2001年版，第436页。

电示，撤入祁连山中。

（四）石窝山战斗

1937年3月14日，九死一生幸存下来的西路军结集到祁连山脉的石窝山头，山下躺着一片片与马家军英勇搏斗而牺牲的红军战士，山上是身穿凝满血污衣衫的红军战士。妇女抗日先锋团遭敌重兵包围，除牺牲者外，大部分被俘。当晚，红军师以上的高级干部在此召开重要军事会议，史称"石窝会议"，研究下一步的行动方案。会议决定将西路军余部这1000多人立即组成左、右两个支队，分散突围。会后西路军总部决定让苏风负责把山上的300多名女战士组织起来，番号仍叫"妇女独立团"（即妇女先锋团），由苏风（即陶万荣）任团长，赵明英任副团长。[1]其主要任务是："带领全体女同志想办法突出敌人的包围圈，然后就地打游击，等待援军。"[2]此时，红军大部队已经撤离石窝山，她们必须当夜撤走。她们选择了后山一条陡峭的险路，在一片漆黑的夜幕之下，开始有不少战士滚下山崖。后来，苏风营长急中生智，命令大家都解下绑腿连在一起，拴在悬崖边的树上，然后大家一个接一个地顺着带子往下溜，迅速溜下这道悬崖。之后她们又爬过一座又高又滑的陡峭山崖。有些受伤和体弱的战士，半路上不知何时就掉队或摔进了山谷。天亮时，她们终于撤到一个比较安全之地，团长清点人数，只剩下不到200人了。她们付出了惨重的牺牲。

1937年1月24日到3月11日，西路军与马家军在河西走廊血战40多天，杀得尸横遍野，血流成河。妇女工兵营仅剩下的100多人全部投入战斗。她们枪不够用，就有大刀和石头与敌人搏斗，甚至用嘴咬，以血肉之躯打退了敌人的多次进攻。连长张茶清在高台战斗中受伤被俘，许多女战士伤亡或被俘。妇女工兵营余下的人随西路军总部行进祁连山，马家军穷追不舍，并封锁了山口。西路军总部决定组织红军主力突围，总部妇女工

---

[1] 苏风：《我离开青海的经过》，载中共中央党史研究室第一研究部编：《巾帼红军忆长征》，中共党史出版社2017年版，第898页。
[2] 中共中央党史研究室第一研究部编：《巾帼红军忆长征》，中共党史出版社2017年版，第607页。

兵营就地疏散隐蔽。这时营长杨文局已怀有身孕。突围前夜，她的丈夫、西路军总供给部部长郑义斋满怀悲壮地对她说："最后考验我们的时候到了。我们随时都准备牺牲。如果我冲不出去牺牲了，你也要想办法冲出去，活下去。生下的孩子不管是男是女，都要拉扯成人，让他继承革命事业。"不幸的是，第二天，郑义斋就壮烈牺牲。几天之后，在祁连山的一个山洞里，杨文局和三个一起疏散的红军女战士也不幸被俘。西路军部队到达石窝后，由于伤亡太大，总部决定把分散在西路军各军、各医院、总供给部的女战士全部编入妇女独立团。至此，妇女工兵营结束了她的光辉悲壮历程。①

不久，杨文局在狱中生下一个男孩（取名郑盟海），带着孩子蹲监狱，表现得很坚强。一年后，她带着孩子逃出了监狱，流落到河西走廊一带，又历尽艰辛11年，终于迎来了解放，并于1950年重新加入中国共产党。后来，红四方面军老战士、原解放军艺术学院院长魏传统将军亲笔为她题诗一首，高度赞扬西路军老战友杨文局（曾用名杨文菊）大无畏的革命英雄主义气概：

生离死别寻常事，阅尽沧桑费寻思。

幸存依然多壮志，告慰九泉先烈知。

（五）妇女先锋团的最后一仗——康隆寺之战

1937年3月中旬，遍体鳞伤已经不足3000人的西路军，退到祁连山的康隆寺，被数十倍于己的敌人国民党马家军围困在康隆寺一带。康隆寺，位于甘肃省张掖县（今张掖市）境内，地处河西走廊中段祁连山北麓，海拔高达3000米。这时正是寒流滚滚，白雪茫茫，狂风呼啸。此时此地，西路军总指挥部直属机关和妇女先锋团，协同红三十军拼死奋战。供给部

---

① 四川省妇女联合会编著：《巴蜀巾帼壮歌——红四方面军女战士革命斗争实录》，四川人民出版社1993年版，第20—34页。

的郑义斋把女兵们组织起来保护部队的一批黄金和银圆,这是西路军的全部家当。这批黄金和银圆是红四方面军在四川达县攻打国民党刘存厚部队时缴获的。

  红军突破敌人的包围,撤到一个小山上,立足未稳,又遭到敌人骑兵的猛扑包围。妇女先锋团奉命接替主力部队阵地,不惜一切代价顶住敌人,掩护总指挥部和主力红军突围。当时,"妇女先锋团还有1000多名同志,年龄最大的不过二十一二岁,最小的只有十三四岁"[1]。妇女先锋团政治处主任华全双,才17岁。接受任务后,她们几个主要领导干部立即召开紧急会议,决定作战部署,三个营分头接替西路军二六八团的阵地。为了迷惑敌人,她们改用二六八团番号,命令全团同志都剪掉头发,女扮男装。她们采取夜袭战,黄昏进入阵地。当时,战士们身上还穿着过草地前发的单衣,脚上穿着草鞋,饥寒交迫,个个却情绪高涨,斗志昂扬。她们与敌人激战一夜,第二天黎明,敌人又向华全双与营长姜菊昆带领的二营阵地发起进攻。由于昨晚的肉搏战,敌人已经发现她们全是女兵,气焰更加嚣张,来势更加凶猛,一面冲,一面叫骂:"他妈的,受共产党骗了,山上全是女的,根本不是红军的主力。"[2]有的还喊叫着:"快往上冲呀!谁捉住女共党,就赏给谁做老婆啊!"女红军们愤怒地向潮水般涌来的敌人扫射,实在寡不敌众,且战且退。华全双那个营终于撤到一个山顶时,全营连伤员只剩下100多人,干粮吃完了,子弹打完了,就连山上能拾起的石头也几乎用光了。她们从黎明打到夜晚,华全双提着一把大刀,顺着工事摸到前沿阵地指挥作战。

  经过与敌人几天的浴血奋战,妇女先锋团最终胜利完成了掩护西路军总部和主力红军转移的任务,但自己伤亡惨重。妇女先锋团只剩下300多人,牺牲的战士中有一位十分优秀的红军女指挥员姜菊昆,两位女机枪手

---

[1] 中共中央党史研究室第一研究部编:《巾帼红军忆长征》,中共党史出版社2017年版,第868页。
[2] 中共中央党史研究室第一研究部编:《巾帼红军忆长征》,中共党史出版社2017年版,第873页。

李明、黄青仙，还有刘国英、陈桂平、赵素贞等女战士。①

　　康隆寺战斗后，华全双率领妇女先锋团第二营撤到一座山后，与团长王泉媛、政委吴富莲率领的第一、三营会合。她们虽然突破了敌人小的包围，但仍面临着四周敌人里三层外三层的大包围。她们决定只有进一步火速突围，和主力会合才能保存妇女先锋团这300多人。接着，她们选择了敌人兵力比较薄弱的地方，一举突破敌人的包围。可是敌人是骑兵，穷追不舍。她们白天战斗，晚上突围，与敌人在祁连山中周旋了好几天，与自己的主力又失去了联系。4月上旬，她们被敌人死死地包围在一个山头——牦牛山上。此山巍峨挺拔，三面绝壁陡峭，峰巅常年积雪，寒气逼人。刚刚突出重围，却又被困在这个小山头上，这时她们已精疲力尽，弹尽粮绝，许多重伤员被冻死、饿死，不少人也病倒了。于是，妇女先锋团召开了排以上干部会议，决定把年岁小的战士护送下山，让其自寻生路。会后，政委含泪宣布团里的决定，话音未落，小战士们早已泣不成声。她们痛哭流涕地恳求说："我们都是跟着红军长大的，党就是我们的亲爹娘，红军就是我们的家，我们宁死也不离开妇女先锋团！"团里的几个干部也都哭了，只好把那些小战士留下。深夜，她们终于突出了敌人的又一次包围。但不久，她们又遭遇好几十个敌人冲上山来，与他们杀成一团。而山上全是红军伤病员，手无寸铁。华全双转身大声疾呼："同志们，姐妹们！敌人已冲上来了，我们红军战士宁可粉身碎骨，也不能投降敌人啊！坚决不投降，绝不背叛党和红军！死也不能受敌人侮辱、糟蹋！"

　　她们决不愿意被俘受辱。眼看着敌人气势汹汹地不断逼近，她们退到悬崖绝壁处，弹尽粮绝，情况万分紧急。华全双等红军女战士手挽着手，高唱《国际歌》，准备从后山悬崖纵身跳下。正在这时，敌人的炮弹打来，巨大的气浪把她们掀下悬崖。其他战友牺牲，华全双所幸被挂在下面的树枝上，身负重伤，昏迷了过去，后来被战友搜寻获救。②在牦牛山跳崖的红军女战士的英勇壮举，毫不逊色于后来的"狼牙山五壮士"。

---

① 中共中央党史研究室第一研究部编：《巾帼红军忆长征》，中共党史出版社2017年版，第873—877页。
② 中共中央党史研究室第一研究部编：《巾帼红军忆长征》，中共党史出版社2017年版，第901页。

此后，华全双与战友们又在祁连山活动了两个月。不久，他们被敌人搜山时发现，被敌人韩起功旅关押，继而被交给韩起功旅的一个营长关押，后又被送到这个营长的老家青海省互助县控制起来。当时，华全双一心想到自己是一个共产党员，受党培养教育多年，一定要跟党革命到底，决心要逃出魔掌，只要还有一口气，她就一定要想办法找到自己的部队。1937年8月的一天夜晚，她偷偷地逃出来了，几经辗转，最后在甘肃兰州找到了八路军办事处，1939年2月才由兰州返回延安，回到革命大家庭，回到了党的怀抱。

据李开芬回忆，"康隆寺血战后，西路军损失惨重。总部召开了干部大会，成立了左右支队分头行动"。她和王泉媛、曾广澜等人在一起行动，连续行军十几天，她们躲藏在一个山洞里一躺下就睡着了，结果被马匪搜捕，1937年4月押到凉州（今甘肃武威市）监狱关押起来，当时"关在凉州监狱的女战士还有100多人"[1]，在那里她见到了同被关押的女战士何福祥、王子俊、沈秀英、杨文局等。随后，李开芬和沈秀英一起逃出监狱，经兰州到达延安。

（六）西路军西征失败后女红军的遭遇

随着西路军西征的失败，其中的女红军战士除战场上牺牲的以外大部分被俘。而被俘的女红军战士，更是惨遭凌辱和屠杀，有的被枪杀，有的被活埋。如1937年1月，甘肃张掖的国民党马家军旅长韩起功就将分散到各连的被俘女红军和孩子一起活埋了一批。只有极少数的人活埋未死最终爬出了死人坑。如原妇女独立团二营一连指导员（四川南江籍）、女红军马玉莲（1916—1997）就是在张掖被活埋时万幸逃生的。

马玉莲（邢满堂 供图）

---

[1] 孙兆霞主编：《西征中的红军女战士》，甘肃人民出版社1993年版，第153页。

马玉莲（1916—1997），四川南江人，1933年参加中国工农红军，同年加入中国共产党，1935年春随红四方面军长征，1936年冬随西路军西征。她回忆说，康隆寺战斗后，她所在的妇女团伤亡惨重，她与两位女战士郑兰英、年明秀先是跑到山上一个煤窑里躲起来，后来下山到了张掖黑河附近，被马匪抓到了张掖城，关到一个回族人的店里。她清楚地记得"大约是在1937年1月的一天晚上，马匪把我们30多个同志赶到东校场准备活埋。夜很黑，我们脚前是一个一人多深的大坑，刽子手用大刀在我们身上连砍带推，后面的人就草草地把我们埋掉了。过了一会儿，我头脑清醒了，我意识到自己还没死。听了听外面的刽子手早已走了，我们几个没断气的人推开压在我们身上的尸体，爬出了死人坑。"[1]马玉莲爬出死人坑后，拖着满是伤痕的双腿，与另外两位死里逃生的女战士郑兰英、年明秀一路讨饭，设法找党，还要躲避敌人的抓捕。她们实在没办法，只好靠拾野菜、拔野葱、挖大黄维持生活。

不久，郑兰英被马匪抓去，年明秀失踪。这时，走投无路的马玉莲由牧民劝说与张掖县碱滩草湖一位名叫邢桐年的牧羊人结婚安家。但她还是遭到马匪的不断搜捕，最终她一家三口逃走，她的婆婆却被马匪活活打死。她"就这样煎熬了13年才盼到了解放"。20世纪90年代初，马玉莲在接受甘肃省张掖地区妇联采访时感叹道："回忆几十年前的悲壮经历，我深切怀念牺牲的阶级姐妹。"[2]

妇女先锋团副营长胡秀英（四川巴中人）在康隆寺一带，因弹尽粮绝，和100多名女战友在敌人搜山时被俘，被关押在张掖城内一座土房子里，遭尽敌人的蹂躏，三天三夜水米未沾。她们被轮番审问拷打，折磨得皮开肉绽，却没有一个出卖同志暴露秘密的。在被关押的第四天夜里，敌人把百余名奄奄一息的红军女俘捆绑着联结在一起押往城外荒郊。月光下闪现着数百名刽子手们的刀光剑影，也回荡着女俘们的口号声："红军战士不怕死，怕死不当红军！"被五花大绑推搡到一个黑洞洞的大坑边的胡秀英昂首挺胸环视坑边的战友们，怒视匪首大声地呼喊："来吧，今天让

---

[1] 孙兆霞主编：《西征中的红军女战士》，甘肃人民出版社1993年版，第139页。
[2] 孙兆霞主编：《西征中的红军女战士》，甘肃人民出版社1993年版，第140页。

你们这帮禽兽见识见识不怕死的红军女英雄。"①

据一位四川通江籍参加西路军西征被俘关押在武威的女红军张继兰回忆，驻扎在武威的两个营的敌人，对数百名红军女俘进行了惨无人道的兽性蹂躏。"女俘们有的被糟蹋得精神失常，有的被折磨得裸体死去，有的不忍侮辱饮恨自缢。敌人的残酷暴戾征服不了女俘，又实行分化、瓦解、凌辱的手段，进行摧残。"②

妇女独立团在随后的牛毛山战斗中全军覆没，团长陶万荣和妇女独立团仅存的10余人一起被俘。至此，红四方面军妇女独立团的番号不复存在。③西路军西进的战略行动以失败而告终。西路军付出了巨大的牺牲，"据统计，牺牲在战场上的有7000余人；被俘的有9200余人，其中5600余人被敌残害；流落在甘肃、青海、宁夏（包括被俘后逃跑出来的部分）或历尽艰辛回到鄂豫皖和四川老家的有4000余人；经党中央、兰州和西安八路军办事处，以及当地群众营救（包括进抵新疆部分）回到陕甘宁边区的有4700余人"④。其中被俘的红军"女战士的遭遇尤其悲惨，大部分被奸污后或遭残杀或转配他人或流落异乡，受尽人间苦难"⑤。

陶万荣回忆说，她们被俘后，被押解下山，"沿途所见，整个是一幅血腥屠杀的凄惨景象"⑥。西征的亲历者黄良成也这样回忆道："从被俘走到这里的一天路程上，沿途所见，真是一幅血腥屠杀的凄惨图景：树上吊着尸体，树下捆着被奸污后杀害的女同志，还有躺在地上被砍死的、被枪击的尸体，到处血迹斑斑，连路都被染红了。面对敌人的罪恶屠杀，我们的心中怒火燃烧，愤恨万分……"⑦

---

① 周广振、周桂英：《浩气壮河湟——西路红军在青老战士》，青海省民政厅优抚处、西宁市民政局编印1981年内部版，第95页。
② 周广振、周桂：《浩气壮河湟——西路红军在青老战士》，青海省民政厅编印1981年内部版，第112页。
③ 孙兆霞主编：《西征中的红军女战士》，甘肃人民出版社1993年版，第57页。
④ 秦生：《红西路军史》，中国社会科学出版社2011年版，第236页。
⑤ 陈铁健：《宜将直笔写西征》，《绿竹水南集》，兰州大学出版社2003年版，第51页。
⑥ 陶万荣：《我的革命生涯》，载孙兆霞主编：《西征中的红军女战士》，甘肃人民出版社1993年版，第58页。
⑦ 黄良成：《忆长征》，春风文艺出版社1979年版，第179页。

后来，陶万荣等女红军们被敌人押解到西宁，在牢房里陶万荣还发现了两三名已被关押的妇女团的战友。由于马步芳有令，俘房的红军中不是四川籍的要一律杀掉，因为马匪认为参加红军的除四川人外，都是老红军，心都红透了，只可杀不可留。当时陶万荣在战友们的掩护下谎称自己是四川籍，暂时蒙混过关。后来敌人又把她们押往西宁。"马匪把被俘的红军女战士，或是发配给匪军官做老婆，或是送往羊毛厂、医院做苦工，唯一好一点的去处是'新剧团'。"这个新剧团本是红军的，西路军过黄河不久，1936年底，西路军前进剧团（新剧团）的大部分人被马匪俘房了。当国民党军阀马步芳得知有30位红军女俘房原来是西路军前进剧团的演员和编导时，也如法炮制，组织起了一个"新剧团"。编导、演员仍是西路军前进剧团的原班人马，只是由他的参谋长赵仰天来领导；赵从红军女俘中挑选出党文秀、黄光秀、孙桂英、赵全贞、陈素娥5人负责管理。[①]于是西路军新剧团被马匪收编。

随西路军西征的前进剧团共有干部战士八九十人，隶属西路军政治部领导，团长周汝功，政治委员易维精，指导员廖赤健。前进剧团成员多数是女战士。这个剧团既是宣传队、工作队，又是战斗队，白天做宣传工作，晚上担负警戒任务，工作异常紧张。剧团虽然有几十人，但战斗力很弱。除团长、政委、指导员每人有一支手枪，七八名保卫人员有步枪外，其余大多数人是十七八岁的女孩子，没有什么武器。1936年12月5日，前进剧团奉命到永昌城东二十里铺的红九军驻地慰问演出。剧团全团成员和红九军派来的几名保卫人员一起，从永昌县城出发，徒步前进，当晚到达距县城约10公里处的目的地郭家下磨屯庄时，红九军军部已经转移，剧团突然遭到敌人骑兵包围。在激烈的战斗中，剧团团长、政委、指导员及导演等十多名干部、战士，相继牺牲，剩下的五六十人终因寡不敌众，全部被俘。至此，西路军前进剧团全团覆灭，但牵制了敌人，掩护了红九军军部的转移。

马匪军规定，凡是抓到新剧团的人都一律遣回剧团。马匪军还下令，对新剧团的人不许随意去抓和抢，并给予一定的人身自由。但新剧团的战

---

① 孙兆霞主编：《西征中的红军女战士》，甘肃人民出版社1993年版，第80页。

士大部分都意志坚定,"身在曹营心在汉",也趁机掩护了不少革命同志。由于陶万荣过去曾在新剧团工作过,在同志们的帮助下,她便在敌人收编的新剧团隐藏了起来。后来,张琴秋、吴仲廉等女红军被捕后也陆续被搭救进了条件好点的新剧团。被俘的西路红军女战士王定国、孙桂英、党文秀、朱时华、陶万荣等被分派到敌人的"新剧团"后,她们利用一切机会与敌巧妙周旋斗争,尽可能演一些有进步内容的节目。

王定国等人最后被押到张掖,获得地下党组织营救,于1937年下半年从张掖回到兰州八路军办事处,成为办事处工作人员,回到党的怀抱。[①]

参加了长征和西路军西征的四川宣汉籍女红军牟炳贞（1921—2020）回忆说："西路军最艰苦,为什么？爬雪山过草地,来来回回好几次,也没西路军西征辛苦。"[②]

被俘女红军遭到马家军的百般折磨和凌辱。许多人被马匪兵糟蹋甚至轮奸。如红军在梨园口战役失败后,马家军将被俘的100多名女红军战士押到一个土围子里,扒光衣服进行强奸,就连十四五岁的女孩子也不放过。1937年3月,有280多名女红军在康隆寺战斗中被俘,在武威关押了5个月,被马家军的两个营盘的匪兵轮班奸污,"每天夜里一班一个,有的人被折磨致死,有的不愿意受辱而自杀"[③]。被俘女红军被马家军糟蹋后,稍有姿色的,就被马家军的一些高级军官霸占。一般的则被分配给马家军的下级军官做妻妾、使女,甚至被当作物品随意赏赐、转送。她们像牲口一样地被赶到一起,任由马匪挑选。马步青一次就将200多名被俘女红军赏给了他的部下。

这些被迫做马匪妻妾、使女的女红军战士命运十分凄惨,如被迫给马步青当小老婆的女红军苟兴才、何德珍和给马步青秘书做使女的3名女红

[①] 中共中央党史研究室第一研究部编：《巾帼红军忆长征》,中共党史出版社2017年版,第859—861页。
[②] 新华社解放军分社：《烽火硝烟中的红军护士——记老红军牟炳贞》,新华网,2020年2月21日。
[③] 李芝兰编著：《巾帼壮歌——川陕苏区女红军纪实》,大众文艺出版社2008年版,第310—311页。

2015年，老红军女战士在北京合影，左起：牟炳贞、王定国、刘汉润
（王家源　供图）

军都被折磨致死。国民党马家军对红军西路军犯下了滔天罪行。西路军妇女先锋团的女战士被俘后，遭受的苦难最为深重。"有的被转卖多次，有的被迫自杀，有的惨遭杀害，有的四处飘零。为了生存，为了今后能够回到红军队伍中，许多女红军都选择了先服从、再逃跑的权宜之计。女子工兵营的连指导员刘汉润当时想的是，'先把这条命保出来，我将来再革命嘛'。"[1]

刘汉润（1917—2018），四川通江人，1933年参加红军，1935年春随红四方面军参加长征，三过雪山、两过草地，1936年11月随西路军西渡黄河西征时火线入党，被俘后逃出，流落到景泰县寺滩乡。新中国成立后，她曾任乡妇联主任，并调入景泰县妇联工作。她回忆说："1937年初，马家军向高台县城发动进攻，我的大部分战友在这场血战中牺牲了。后来，在临泽一战、梨园口战斗中妇女团又牺牲400余人。但是，在掩护总部向石窝山转移时，仍然勇敢地完成了阻击任务，我们靠的就是党的坚强领导和铁的纪律。"[2]

据西路军被俘女红军阎秀文回忆，她们被俘女战士"惨遭马匪军奸

---

[1] 王慧芳：《马步芳军对中国西路女红军犯下的滔天罪行》，华裔网www.huayi.com，2015年5月1日。

[2] 《刘汉润：一位红军女战士的绝对忠诚》，每日甘肃网，2016年10月13日。

污凌辱，押送西宁路上，鞭打刀砍不计其数"[1]。她们五六十人被送到羊毛厂做苦工撕羊毛，撕不好就要挨鞭打，那些年龄较大一点的女战士随时都被工头拉出去奸污。而她们每天却只能吃两碗豆面糊糊。马家军对被俘女红军的残忍，女红军牟炳贞的回忆更是令人触目惊心："一把把你抓起来，裤子脱掉，把树削得尖尖的……就这么死掉。"[2]川籍女红军陈荼秀回忆说："我们在祁连山中被俘。路上，好多女的被强奸死了。"[3]

被俘的女红军战士中只有极少数最终逃出了敌人的魔掌，回到党的怀抱。如李开芬被俘后，和100多名女红军关押在河西走廊东端的凉州监狱（今甘肃武威），坚贞不屈，受尽折磨，最终设法逃出虎口。李开芬经过努力，终于感动了监狱里的一个传令兵。在此之前，监狱外的同志也早已设法把八路军驻兰州办事处的地址转告了李开芬。1937年9月一个漆黑的夜晚，在那位传令兵的帮助下，李开芬带着和自己关在一起的同伴沈秀英，逃出了监狱，昼夜兼程，走了几天，终于到了兰州。她们受到八路军驻兰州办事处的党中央代表谢觉哉、"兰办"主任彭加仑、秘书长朱良才、工作人员王定国的热情接待。谢觉哉感慨地说："一个女孩子，不仅自己逃出来，还带回来一个小战士，争取了一个马步青的人参加革命，真不容易呀！真是个坚强的革命女战士！"第二天，路过于此准备去莫斯科的贺子珍听说此事后，特地来看李开芬，并将她拉到身边仔细打量，发自内心地

1937年李开芬（左）与朱良才结婚照
（朱新春 供图）

---

[1] 《西路军幸存者口述：马家军如何凌辱红军女战士》，凤凰网，2010年8月31日。
[2] 王慧芳：《马步芳军对中国西路女红军犯下的滔天罪行》，华裔网www.huayi.com，2015年5月1日。
[3] 冯亚光：《西路军·生死档案》，陕西人民出版社2009年版，第252页。

称赞道:"年纪不大,能从敌人的虎口里逃出来,真不简单!"[1]后来,李开芬和同样参加了长征和西路军西征的朱良才结为革命伴侣。

1933年春诞生于巴山蜀水,主要由四川人组成的西路军妇女抗日先锋团(原红四方面军妇女独立团),是中国工农红军队伍中规模最大的女子部队。"在长达4年的岁月中,这支队伍在与敌作战、发动群众、建党建政、战勤支援等各个方面发挥了独特而又重要的作用,为中国革命的胜利做出了重要的贡献,建立了卓著的功勋。特别是西征河西走廊的战斗中,她们在恶劣的自然环境和严酷的战争中,表现出的意志坚定、不畏艰险、英勇战斗、敢于牺牲的崇高精神,是中华民族妇女时代精神的集中体现,谱写了中国工农红军史和中国妇女解放史上光彩夺目的篇章。"[2]对此,徐向前元帅在回忆录中高度赞扬道:妇女独立团"在川陕时期、长征途中以及西路军的艰苦岁月里,顽强战斗,英勇不屈,在中国妇女运动的历史上,树立了一面光辉旗帜。""我们的妇女独立团,就是在与总部失去联系的情况下,遭敌重兵包围而全部损失的。她们临危不惧,血战到底,表现了中国妇女的巾帼英雄气概。红四方面军妇女独立团的光辉业绩,将永彪史册。"[3]

三、西路军中失散的女红军

西路军在西征过程中,因战斗中受伤或生病掉队或被敌人冲散等情况所致,有大量失散的指战员,其中有不少是女红军战士,基本上是四川人。女红军在西路军失败后,回到延安的只是极少数。据1983年民政部统计,流落在甘肃、青海、宁夏三省区的西路军红军战士有1100余人,其中女战士近400人。[4]蒋超在《红西路军女战士》(复旦大学博士后研究工作报告,2021年)中认为,西路军"女战士流落的数量远远超过400

---

[1] 《瞭望》编辑部编:《红军女英雄》,新华出版社1989年版,第130—131页。
[2] 秦生:《红西路军史》,中国社会科学出版社2011年版,第209页。
[3] 徐向前:《历史的回顾》,人民出版社2016年版,第159、322页。
[4] 孙兆霞主编:《西征中的红军女战士》,甘肃人民出版社1993年版,第20页。

人"。据麻琨、安永香主编《中国工农红军西路军将士名录》（2018年内部版）统计，在其所收录的445人（含非西路军红军将士162人）中，留下姓名的西路红军女战士共有930余名（仅占全部参加西路军西征女战士的一半左右），其中90%以上的人流落在甘肃、青海、宁夏一带。其原来所在红军部队主要是西路军妇女先锋团、妇女独立团（1937年3月重新组建）、妇女工兵营、总政治部、总供给部、总医院、总卫生部、各军卫生部、各军宣传队、各军医院、前进剧团、后勤部、警卫连、妇女工作队、担架队、骑兵师等。后来，她们这些失散的女红军除极少数几位在省、县级单位（如王秀贞、张秀芳在甘肃省人民医院，赵玉香在甘南合作粮站，李秀英在兰州市汽制配厂，李桂珍在西宁市胜利号市建筑公司）工作外，绝大部分都在最基层的乡（公社）镇村里以务农为生。[1]据甘肃省妇联1984年的调查统计，散落在甘肃民间的女红军还有231人，其中多数为原西路军女战士；散落在青海民间的女红军，还有136人，全部是原西路军女战士。两者共计360余人，这是西路军西征失败47年后的尚存失散女红军统计人数。[2]而这40多年间还有一些离世者。因此，可以推算出新中国成立时，全国幸存的失散西路军女战士应该要超过这个数字。

很多被打散流落的红军战士躲藏在民间，因怕露出南方口音被杀害而不敢说话，只好长期装哑巴。如曾任西路军妇女抗日先锋团连指导员的四川通江籍女红军吴兰英（1916—1989）在祁连山被打散后装哑巴12年，新中国成立后才重新开口说话。

在失散的西路军女红军中，年龄最小的才11岁。这位女红军原名霍守云（1926—1962），四川巴中人，1937年在临泽倪家营战斗中被打散后，被当地一位姓唐的国民党民团分团长收留，改名唐桂香，长大后与其外甥王玉其结婚，定居于甘肃张掖市龙渠乡白城子。[3]

之所以有成百上千的流落失散西路军战士在甘肃、青海、宁夏一带而

---

[1] 孙兆霞主编：《西征中的红军女战士》，甘肃人民出版社1993年版，第171—187页。
[2] 李芝兰编著：《巾帼壮歌——川陕苏区女红军纪实》，大众文艺出版社2008年版，第300页。
[3] 周治陶、徐京州主编：《我家的红军故事》，2021年湖北红军精神研究专业委员会、武汉赢城集团有限公司联合出版，第272—275页。

没有"归队"（其中有数百女红军），这与当时党的一项有关对待西路军失散或被俘人员的政策规定有关。即使身为原妇女先锋团团长的王泉媛被俘后也没逃脱不被党收留这样的命运。1939年3月，王泉媛在西路军战败被俘三年之后历经折磨逃出敌人的魔掌来到兰州，好不容易找到了共产党在国民党统治区的办事处"国民革命军第十八集团军驻甘肃办事处"。她万分激动地走进了办事处，向一位年轻的八路军战士讲述了她这两三年来的坎坷经历和不幸遭遇，要求尽快归队，回到党的怀抱。可是负责接待她的年轻同志听完她的讲述后却告诉了她这样一条有关对待西路军失散或被俘人员的规定："一年归来收留；两年归来审查；三年归来不留。"然后给了她五块银圆，把她送出了门外。这位曾像男子汉般刚强的红军女团长拿着沉甸甸的五块银圆，禁不住流下了委屈的眼泪。最后她擦去腮边的泪珠，无可奈何而沉痛地说："这里不了解我，不收留我，我不怨你们。我只求你们向党组织转达一句话，就说我王泉媛永远是党的人！"①

西路军失散女红军郑秀英

新中国成立后，最初只有少数失散西路军战士的红军身份得到确认并享受政府政策待遇，如四川苍溪籍长征女红军郑秀英（1917—1958），1936年随西路军西征，在战斗中负伤后流落甘肃兰州，1951年被确认其红军身份，享受政府发给伤残生活补助金。又如四川通江籍长征女红军刘万寿（1914—2000），1930年加入中国共产党，但1933年参加中国工农红军，随西路军西征失败后，流落甘肃古浪县石坡村定居，新中国成立后不久被确认为失散红军，1954年恢复党籍，1958年担任古浪县裴家营公社党支部书记，同年被中共张掖地委授予"对敌斗争中英勇不屈、生产战线

---

① 董汉河：《西路军女战士蒙难记》，解放军文艺出版社1989年版，第48页。

上著有丰功伟绩的红军战士"称号。

但由于种种历史原因,许多西路军失散女红军的问题长期没有得到妥善解决。1983年9月,原西路军失败后被俘获救的女红军王定国,和曾任八路军驻甘肃办事处处长、参加过西路军营救工作的伍修权一道,自费前往河西走廊寻找当年曾和她一起出生入死幸存下来的战友。在兰州、西宁、银川、宁夏和河西走廊,当年西路军幸存的女红军见到原西路军的老战友王定国时,都十分激动,有的抱头痛哭,特别是那些被活埋未死的女同志,与王定国见面后抽泣得全身颤抖,哭得一句话也说不出来。几位原来与王定国熟悉的女战友,重逢后一步也不肯离开,一会儿痛叙昔日伤心事,一会儿又高唱当年战斗歌。[1]尽管解放几十年了,她们绝大多数都还生活得十分艰难。当时在兰州南关的一个街道办事处下属的纸盒厂里,王定国见到了当年西路军文工团最漂亮的女战士、原红九军军长孙玉清烈士的夫人陈素娥。这位饱经风霜、生活贫困、目光呆滞、面黄肌瘦的70多岁的老红军好几分钟才反应过来,她忽然放声大哭,用地道的四川话说道:"王定国,你怎么才来呀?我等得好苦呀!"王定国后来在回忆录中写道:"为了营救这些战友,当时的八路军办事处曾向社会发出过100多张纸条,上面写着八路军办事处的地址和'请你们到八路军办事处找王定国'。然而她没有能够赶上。"[2]这次经过近两个月、行程两千里的寻找,王定国先后找到了陈素娥、姚芝珍、何芝芳等数十位西路军老战士,其中绝大多数是参加过长征的川籍女红军。

在了解了这些失散在西北地区西路军战士的生活现状之后,王定国返回北京即向有关组织部门写了书面报告,大力呼吁党和政府为他们正名并尽量解决他们的生活困难。报告中写道:"据统计,甘、青、宁三省(区)的原西路军同志,目前尚存一千一百余人,其中甘肃八百余人,青海二百余人,宁夏一百余人。他们多数是四川人……大都是1931年至1933年参加红军的……当时他们有人才十二三岁,最小的才九岁。不少

---

[1] 董汉河:《西路军女战士蒙难记》,解放军文艺出版社1989年版,第7页。
[2] 谢亚旭:《王定国:夕阳未必逊晨曦》,载王友平主编:《长征中的川籍女红军》,四川辞书出版社2016年版,第30页。

人是从敌人的屠刀下及活埋的万人坑中逃出的。他们中有很多是女同志,遭遇更惨,不是被迫劳动,就是被逼沦为敌人妻妾,有的被转卖掉改嫁多次,受尽凌辱。""新中国成立以来,他们中绝大多数人仍在农、牧区和工矿、街道靠体力劳动谋生,只有极少数被分配过工作,不仅在生活上一直十分贫困,更在政治上长期受到歧视,历次政治运动尤其是十年动乱中,几乎无一幸免地被作为'叛徒''逃兵''变节分子'和'张国焘的走狗',遭受残酷迫害,有的同志被摧残致伤致死……据了解,这批同志从战争年代到新中国成立以后,绝大多数都坚持了革命立场,保持了红军本色,对党的事业作出过一定贡献,有的曾经立有战功,战斗中临危不惧,失败后顽强不屈。新中国成立后积极迎接解放,投入社会主义改造和建设事业,成为我党基层政权的依靠力量和骨干分子,其中不少同志入了党和恢复了党籍,有的还当选为县(市)、区人民代表、政协委员和先进模范人物。但是,目前他们仍存在着许多程度不同和亟待解决的问题,主要是政治上仍受歧视,得不到应有的尊重与照顾,生活待遇太低……这批同志年龄大都在七十岁左右,最小的也已六十多岁,许多都带伤患病……"[①]

王定国强烈呼吁:"他们都是勇敢的红军战士,红军西征因指挥上的失误所造成的失败,不应该让这些出生入死的战士们去承担,这是不公平的。他们没有过错,组织上应恢复他们的名誉和生活待遇。"这份报告引起了党中央的高度重视,时任中共中央总书记的胡耀邦即刻作出批示。经王定国上下呼吁多方奔走,两赴甘肃调查取证,用了近三年的时间,最后得到邓小平所作"查有实据,一定要落实"的指示,事情最终得以解决。[②]最后,此事由财政部、民政部、卫生部和解放军总政治部联合发文,作出如下解决:"一、西路军流落人员一律称'中国工农红军西路军老战士',并发给证书;二、无正式经济收入者,每月发抚恤金40元;三、医疗费全由政府有关部门报销;四、可以酌情修建西路军烈士陵

[①] 董汉河:《西路军女战士蒙难记》,解放军文艺出版社1989年版,第3—4页。
[②] 谢亚旭:《王定国:夕阳未必逊晨曦》,载王友平主编:《长征中的川籍女红军》,四川辞书出版社2016年版,第31页。

园。"①对此,老红军王定国这样回忆并评价道:"在中央的部署下,民政部、卫生部、财政部和解放军总政治部共同制定了一个文件:政治上改变称谓,不再叫红军流落人员,而称红军西路军老战士;改变政治待遇;发放生活费;实行公费医疗;改善他们的生活状况;妥善解决他们的家属和子女就业、就学问题。这个文件执行后,产生了很好的社会影响,这批老同志及其亲属和人民群众,更加热爱我们的党和军队。"②

川籍女红军牟炳贞1933年和两个哥哥及嫂嫂一起参加红军并长征,随后又随西路军参加西征,在甘肃张掖被打散后流落。1949年兰州解放后,在西北野战军领导的帮助下,她终于重新回到革命队伍,并很快加入中国共产党。她的一个哥哥参加了长征和解放兰州的战斗,但另一个哥哥参加长征后却永远失去了消息。1984年8月,她在甘肃永登县,恢复了西路军红军老战士名誉,领到了"西路军红军老战士光荣证"。

"西路军不畏艰险,浴血奋战的英雄主义气概,为党为人民英勇献身的精神,同长征精神一脉相承,成为中国共产党人红色基因和中华民族宝贵精神财富的重要组成部分。"③而两万多名红军,特别是其中的上千名川籍女红军,随西路军参加西征、血战河西走廊,正是继续发扬长征精神的重要体现,虽败犹荣,可歌可泣。

在西路军失散女红军中,有的虽然自己历经磨难幸存下来,但其家人却付出了极大的牺牲,遭到国民党反动派的残酷杀害。如失散流落在甘肃成县的西路军女战士张文贵、陈淑娥即是其中之一。④

张文贵(1912—2013),四川南江县长赤乡人,1933年参加红军,1935年春随红四方面军长征后,她的父母、哥嫂和两个妹妹共6位亲人,先后惨遭国民党反动派和还乡团匪徒杀害。1936年11月,张文贵被编入西路军妇女先锋团参加西征。1937年西路军兵败后,她与几个突围出来的女红军,来到成县支旗村一直生活至去世。1980年后,经徐向前元帅

---

① 董汉河:《西路军女战士蒙难记》,解放军文艺出版社1989年版,第8页。
② 王定国著,谢飞选编:《百岁红军百年路》,人民文学出版社2023年版,第190页。
③ 中共中央党史和文献研究院:《中国共产党的一百年》(新民主主义革命时期),中共党史出版社2022年版,第164页。
④ 汤华明:《散落成县支旗村的女红军张文贵》,《陇南日报》2017年7月16日。

亲自过问，才落实了她的红军流落人员身份，获得政府的定额补助。

　　陈淑娥（1917—2005），四川平昌人，1933年春参加红军，1935年春随红四方面军参加长征，在长征途中与红九军军长孙玉清相爱。1936年10月会宁会师后，她怀着身孕随红军西路军前进剧团西渡黄河参加西征；同年12月，在甘肃永昌县城东郭家下磨庄遭遇强敌，被国民党马家军所俘，后被押往青海西宁。为了保住与孙玉清（1937年3月牺牲）的骨肉，她忍辱负重，次年3月在马家军驻地生下孩子，直到新中国成立前夕才脱离魔掌。1950年，她回到四川，才得知自己参加红军后父母都已被地主杀害。后来，为了寻找儿子，她又强忍悲痛重返兰州，几经辗转终于与从抗美援朝战场归来的儿子刘龙（因曾寄养刘家而取此名）团聚。

第五章

长征中的重要作用和贡献

朱德总司令曾赞扬川籍女红军说："四川的女娃子，是一支坚强的队伍。"[①]为数众多的川籍女红军在长征中满怀革命必胜的坚定信念，战胜各种难以克服的艰难险阻包括女性面临的特殊困难，甚至要克服比男同志更大的困难、付出更多的牺牲，她们担负着作战、运输、修路、架桥、筹粮、制作被服、救护伤员、宣传鼓动、发动群众等各项工作，在长征中发挥了不可或缺和替代的重要作用。红四方面军中的妇女队伍不仅成为一支支持和保卫川陕革命根据地红色政权的重要力量，也为红军长征的胜利发挥了重要作用，作出了重大贡献。数千名川籍女红军在艰苦卓绝的长征和极为悲壮的西路军西征中浴血奋战，历时两年，敢于斗争，不怕牺牲，充分展示出妇女创造历史、推动历史前进的伟大力量。

---

① 刘坚：《征途漫忆话巾帼》，载中共中央党史研究室第一研究部编：《巾帼红军忆长征》，中共党史出版社2017年版，第441页。

一、宣传鼓动

中国共产党和中国工农红军历来重视宣传工作。在长征中进行宣传鼓动工作,可称之为"艺术",而从事这门"艺术"活动的大都是女战士。红军三大主力部队中,都专门成立有专业的剧团(剧社),有专职的文艺女兵和宣传队员。各军政治部一般都有宣传队,其中都有女兵。最初,四川通(江)、南(江)、巴(中)地下党的基础很薄弱,群众对共产党的性质、任务知之甚少,迫切需要红军去群众中作宣传。

当时中共川陕省委向全体党员干部强调:"在开展各项工作时,宣传工作要打先锋","党的宣传工作要成为开展斗争发展组织的导火索";[1]红四方面军政治部也号召全军"在进行革命战争,消灭国民党统治和帝国主义的坚决斗争中,我们要百倍加紧宣传工作来夺取群众"。红军的宣传工作,按对象来分,大致可分为三个方面:对人民群众的宣传,对红军内部的宣传,对敌军(白军)士兵的宣传。中共川陕省委和西北军区政治部专门编发了《对白军士兵宣传大纲》和《对白军标语大纲》,西北军区政治部编印了《红色战士要做宣传工作》《红色战士要做白兵工作》等文件。红军的宣传工作,由各级政治部门负责。红军总政治部和方面军政治部内部都设有宣传部,军(军团)和师政治部内设宣传科,团政治处内设宣传队。有许多女红军战士从事宣传工作。

宣传工作,首先是要宣传群众、争取群众、发动群众。革命战争是一场人民战争,离不开人民群众的理解和支持。正如红四方面军将领许世友在回忆录中所说:"回想入川以来的战斗,哪一次也离不开人民群众的支援。我军是人民的子弟兵,人民是我们的父母亲。只有扎根于人民之中,紧紧地依靠人民,全心全意为人民造福,我军才能如鱼得水,如鸟在林,如虎添翼,战无不胜!"[2]

红军中,无论干部、战士,都负有向群众进行宣传的任务,以唤醒民

---

[1] 巴中市老区建设促进会、中共巴中市委党史研究室编:《川陕苏区·巴中卷》,四川人民出版社2012年版,第152页。

[2] 许世友:《我在红军十年》,战士出版社1983年版,第253页。

众的觉悟。红四方面军几乎每个军、师都有一个新剧团或宣传队，从事文艺宣传工作。红四方面军第四军政治部主任洪学智在长征伊始时就说："一台好的演出，对部队是股巨大的精神力量。"①

在川陕苏区，最初参加红军的女孩子在部队的工作一般是宣传红军政策、筹集粮食、护理彩号（伤病员）等。川陕苏区的川籍女红军一般参军年龄都较小，往往人没枪高，她们入伍后一般都是首先被部队安排去搞宣传工作。中共川陕

1940年夏，王新兰与萧华在山东滨海区樊村
（萧云　供图）

省委妇女部部长刘坚说："四川女孩子嘴巴利索，嗓门大，作风泼辣，天生是做宣传鼓动工作的好手。"②因此川籍女红军最初做宣传工作的特别多，她们在红一、红二、红四方面军中都有文艺宣传活动，并起了重要作用。1935年，红四方面军第四军政治部宣传队与一个医院新剧团合并成立了红四军宣传队，受到红四军政治部主任和宣传部部长的高度重视。该宣传队的一位队员回忆道："宣传队共分3个分队，我所在的三分队4个男孩子，6个女孩子，都是十二三岁的年龄。至今还能记得的有王新兰，她是当时舞蹈组组长，念过书，聪明伶俐，长得非常可爱，性格也十分活泼，舞蹈跳得最好，是我们队女孩子的佼佼者。……这支不知忧愁、不怕艰苦的队伍，整天唱呀，跳呀，在革命的征程中成长。"③13岁参加红军

---

① 萧云：《我的母亲：长征中最小的女红军》，中国文联出版社2021年版，第54页。
② 刘坚：《征途漫忆话巾帼》，载中共中央党史研究室第一研究部编：《巾帼红军忆长征》，中共党史出版社2017年版，第441页。
③ 冉光照：《为了理想的社会》，载中国人民解放军文艺史料编辑部编：《中国人民解放军文艺史料选编（红军时期上册）》，解放军出版社1989年版，第388页。

的四川巴中籍女战士王超（1921—2007）回忆说，当时红军招兵的看她是个小女孩，活泼泼的，就让她唱个歌，见她歌唱得响，中气足，就分配她去了宣传队，也没发枪，并对她说："歌声就是你们战斗的武器。"[1]

在川籍长征女红军战士中，对红军宣传工作贡献最大、最为杰出的当数李伯钊。她是长征女红军中最为出色的文艺战士、著名的红色戏剧家和文艺宣传组织者。李伯钊具有很高的文化素养，曾受党组织委派留学苏联莫斯科中山大学，能歌善舞，又会创作。长征途中，她曾在红一、红二、红四方面军都工作过，创作了大量脍炙人口、鼓舞士气的优秀文艺作品。如李伯钊与陆定一联合创作了影响很大的《打骑兵歌》歌词，她还编创了《打骑兵舞》，指导战士们掌握打骑兵的要领。[2]她对三大红军主力的文艺宣都做出了重要贡献，这在参加长征的女红军中是独一无二的。老红军罗青长回忆道："爬雪山过草地时可以随处听到指战员们的歌声、笑声。李伯钊同志率领的红星剧社在战斗间隙给红军将士们演出精彩的文艺节目。1935年6月，在黑水芦花庆祝红一、四方面军会师的晚会上还演出了苏联红军的踢踏舞等。过草地时，不知由谁作曲的《打骑兵歌》不胫而走，在红军中广泛流传，给了我们无穷的力量。歌词唱道：'无敌的红军是我们，打败过蒋贼百万兵，努力再学打骑兵，我们百战又百胜。'"[3]

李伯钊的宣传极富感染力。她在长征快过草地时，经过黑水芦花，有位藏族姑娘九香与她做伴，九香看了她演的《干人当红军》节目后，坚决要求参加红军队伍。经李伯钊逐级请示，红军总政治部批准了九香的要求。[4]傅钟将军曾这样回忆道，在长征途中，"为了使党中央的精神深入人心，李伯钊等同志领导的剧团，编了许多歌曲到部队教唱；还编了新的唱词、小曲在街头、阵地演出。"[5]

---

[1] 中共中央组织部、解放日报社合编：《长征路上访红军采访实录》，百家出版社1996年版，第125页。
[2] 中国人民解放军文艺史料编辑部编：《中国人民解放军文艺史料选编（红军时期上册）》，解放军出版社1989年版，第147页。
[3] 罗青长：《革命理想高于天》，载中共中央党史研究室编：《红军长征纪实丛书：红四方面军卷7》，中共党史出版社2016年版，第3068页。
[4] 《李伯钊文集》，解放军出版社1989年版，第411页。
[5] 傅钟：《征途集》，上海文艺出版社1993年版，第84页。

当时红军宣传队的主要任务，是向群众宣传、演出，以及行军途中的宣传鼓动。其主要内容是宣传党的方针政策，活跃部队生活，上前线宣传，鼓舞士气；向敌人喊话唱歌，瓦解敌人的军心；发动和宣传群众组织起来打土豪、分田地、戒烟、参加红军，搞好生产，支援前线。妇女独立团政委曾广澜回忆说，"宣传群众，组织群众，扩大红军的工作，很多都是女同志去做。"①

宣传队把中共川陕省委、红四方面军政治部印发的宣传提纲、布告、传单、口号、红军胜利捷报等油印成小册子，发给每个宣传队员，供大家向群众宣讲使用。有的扩红传单上列举了"参加红军的十大好处"。

号召群众参加红军，进行扩大红军（简称"扩红"）运动，是红军向人民群众宣传的一项重要内容。他们结合广大劳苦大众的苦难，向群众宣传：穷人要想彻底翻身，只有参加红军，拿起枪杆子来保卫自己，打倒一切反动派。而红军女战士在扩红运动中，凭借独特的嗓音优势和耐心性格，做了许多深入细致的宣传工作，感动了大批男女青年积极参加红军。她们组成歌咏队、跳舞班和新剧团，到群众中宣传党的主张和红军的政策，发动群众组织起来与土豪劣绅作斗争。她们还用当地方言编成通俗易懂、脍炙人口的民歌在苏区广泛传唱，比如：

老乡们，听我言，穷人胆大志不短，
莫赌钱，莫烧烟，跟着红军去造反。
老乡们，听我劝，拿走梭镖保家园，
不怕打，不怕杀，要学红军当好汉。
老乡们，齐心干，参加红军打坏蛋，
*打军阀，斗豪绅，分田分地建政权。*②

据女红军吴朝祥回忆，为了动员广大群众参军参战，保卫苏维埃政

---

① 李芝兰编著：《巾帼壮歌——川陕苏区女红军纪实》，大众文艺出版社2008年版，第22页。
② 巴中老区促进会、中共巴中市委党史办公室编：《川陕苏区·巴中卷》，四川人民出版社2012年版，第199页。

权，妇女们组织起宣传队。当时的宣传形式，主要是唱山歌。歌词是她们自己新编的，如：

要吃米，把秧栽，要过河，把船摆；穷哥要想得自在，人人拥护苏维埃。

从前女儿受熬煎，好似掉在井里边，红军来了世道变，砸烂封建铁锁链。

脚不缠，发不盘，剪个毛盖搞宣传，当上女兵翻大山，跟上队伍打江山。①

由于红军特别是女红军战士的大力宣传，"在川陕苏区两年多时间里，动员了上万名妇女脱产参加部队、机关、党校的工作，创造了中国妇女运动史上的奇迹"②。

宣传队最经常做的工作是部队行动中的宣传鼓动。红军部队每次行军，都要派一个连队和宣传队一起提前出发，在部队所经之地的山顶、路口设鼓动站。当部队最疲劳之时，宣传队员们就喊口号，打金钱板，说三句半，演奏乐器，甚至把铜盆当作乐器。他们经常演奏的是民谣，还有《马赛曲》。这些宣传可以鼓舞士气。

那时红军部队每翻一座雪山，宣传队都要先于部队登上山顶。一位红四军宣传队员回忆说："那时部队每翻一座山，我们宣传队都要先于部队登上山顶。等到部队经过我们身旁的时候，便高呼：'翻过雪山就是胜利！''为了建立没有剥削、没有压迫的社会前进！'夹金山刮着'钢风'，把一重重的雪都吹光了，寒气透骨，但是，只要我们心中怀着这样的信念，心里就有一盏明灯。"③在红四方面军过党岭山时，通江籍女红军刘坚就带领宣传队员站在半山腰上唱道："党岭山，三百三；路难走，

---

① 吴朝祥：《巴山妇女在战斗中成长》，载中共中央党史研究室第一研究部编：《巾帼红军忆长征》，中共党史出版社2017年版，第281页。
② 余洪远：《巴山女红军》，《解放军报》1984年3月4日。
③ 冉光照：《为了革命的理想——忆红军时期宣传队的一段生活》，载《中国人民解放军文艺史料选编（红军时期上册）》，解放军出版社1989年版，第389页。

山难翻。山高，高不过我们的脚背；路难，难不倒我们的两腿……"[1]

当时红军宣传队战士演讲道："我们红军的任务就是我们每天所唱的：打倒帝国主义，铲除封建势力，实行土地革命；我们的目的就是建立一个没有人剥削人、人压迫人，人人有饭吃，人人有衣穿的理想社会。"[2]这些真是说到了穷苦百姓的心坎上，具有极大的号召力。

宣传的方式多种多样，红军宣传队员们还常常分散到各村各户去做扩大红军的宣传工作。她们宣传的主要方法是：先敲锣打鼓，表演节目，把群众吸引过来。等人来多了，就发表讲演，宣传革命道理，讲军阀田颂尧、刘湘如何欺压百姓，讲共产党如何正确，讲参加红军的好处。然后，号召青少年自愿报名当红军，遇有报名参军者，就立即派人送政治部审查后编入部队。她们也到国民党地方军那儿去宣传。那些地方军很腐败，许多人抽大烟，被称为"双枪兵"，常常横七竖八地躺在地上抽大烟。红军宣传队就爬到附近的高树上，砍下一些树丫，搭一个简易平台，站在台上喊话。如果对方愿意投诚，为了防止意外，红军宣传队就让他们背着枪从地上爬过来。

宣传队表演的节目，有自编自演的，也有根据传统剧目、民间小调、山歌重新改编的。表演形式多种多样、生动活泼，有小歌舞、顺口溜、快板书等。其经常表演的节目，除《八月桂花遍地开》外，还有歌颂共产党领导的《共产党真正确》，有动员群众参加红军作战的《问老王》："王老五，苦不苦？黄连加上苦瓜煮。今天你上哪里去？投奔红军打官府。官府衙门兵刀多，革命哪怕丢脑壳。打倒官府干什么？夺得江山人民坐。"有瓦解敌军的快板书《消灭刘湘三字经》："工农兵，来革命。共产党，是救星。苏维埃，好章程。工农兵，共专政。我红军，救穷人，分土地，杀豪绅……我工农，都团圆，有土地，有政权。不愁吃，不愁穿，享太

---

[1] 刘坚：《征途漫忆话巾帼》，载中共中央党史研究室第一研究部编：《巾帼红军忆长征》，中共党史出版社2017年版，第440—441页。
[2] 中国人民解放军文艺史料编辑部编：《中国人民解放军文艺史料选编（红军时期上册）》，解放军出版社1986年版，第387页。

平，乐安然。"①

红军歌舞在革命宣传中具有难以替代的特殊作用。"音乐，特别是唱歌在长征路上起到了很大的鼓动作用。"②当年四川旺苍籍红军战士史群英参加红军，最初就是被那首著名红军歌曲《八月桂花遍地开》所吸引的。她回忆说，1933年初夏，红军唱着《八月桂花遍地开》开进了她的家乡四川旺苍史家坝。一天傍晚，她看见锣鼓声把人们吸引到她家乡村口的院坝上，乡亲们围了个大圆圈，中间有红军女战士在表演节目。一个十三四岁的小女兵扎着一朵红绸花，腰间系着一条长长的绿绸带，两手各握绸带的一端，一边扭着秧歌，一边唱着："八月桂花遍地开，鲜红的旗帜竖呀竖起来，张灯又结彩啊，张灯又结彩啊，光辉灿烂闪出新世界。……一杆红旗飘在空中，红军队伍呀要扩充，亲爱的工友们啊，亲爱的农友们啊，拿起刀枪都来当红军。"③她头一回听到这么好听的歌，一边看着，一边情不自禁地轻声跟着哼唱。"红军表演四五个节目后，一位中年同志站出来向乡亲们讲话，说红军是共产党领导的，共产党是为穷人谋幸福的，工农群众只有团结在共产党周围，拧成一股绳，消灭军阀田颂尧，打倒土豪劣绅，穷人才能过上好日子，并号召乡亲们积极报名参加红军。"紧接着，村里就有两个人当场报名参加了红军。那天晚上，她兴奋得久久不能入睡，《八月桂花遍地开》的优美歌声在她脑海里翻来覆去地出现。同年11月7日，在旺苍坝召开的纪念俄国十月革命16周年和中华苏维埃共和国临时中央政府成立两周年的军民大会上，只有11岁的史群英毅然报名参加了红军。她最初所在的红三十一军扩红宣传队共有300多人，大都是女同志，年龄都不大。

女红军王定国回忆说，1933年她在四川营山参加红军后最初是搞宣传工作，"向群众宣传红军是穷人的队伍，打土豪、分田地，搞土地革

---

① 中国人民解放军文艺史料编辑部编：《中国人民解放军文艺史料选编（红军时期上册）》，解放军出版社1986年版，第351页。
② 王定国：《长征文艺兵》，载中共中央党史研究室第一研究部编：《巾帼红军忆长征》，中共党史出版社2017年版，第710页。
③ 中共中央党史研究室第一研究部编：《巾帼红军忆长征》，中共党史出版社2017年版，第576—577页。

命"，并"宣传破除迷信"。她们四个女同志先是同红军一路从营山到仪陇，后来回到营山，"向老百姓宣传红军是自己人，是解放穷人的，他们杀富济贫，主张妇女放足，倡导男女平等"①。通过她们的宣传，周围的群众渐渐对红军有了了解，他们后来看见红军就都不跑了。王定国还说："有些人，在红军没来之前，听了反动宣传，说什么红军长得青面獠牙，要吃男女小孩子，所以有人赶着童养媳到婆家，认为交给人家就放心了。我们知道这情况后，又赶紧宣传不要送童养媳，后来果然没有人再送的了。"红军在营山新店（今营山县新店镇）成立了区苏维埃政权，并相继成立了工会、农会，王定国被选为工农兵苏维埃代表大会的代表并担任苏维埃内务委员。由于宣传工作到位和革命政权建立，当地老百姓欢天喜地迎接红军，营山县当时就有5000多人参加红军。②

对敌军士兵强有力的宣传，是红军克敌制胜的一项重要法宝，是"不战而屈人之兵"的传统法宝。在整个长征途中，尤其在川陕苏区，红军非常重视对敌宣传工作，尽量从心理上瓦解敌人。红军长征在川期间，一直坚持不懈地向敌军士兵宣传革命道理和红军主张。红军中团以上各级政治部内分别设有"白兵工作部""白兵工作委员会""白兵小组"，负责对敌军士兵的宣传、争取工作。中共川陕省委和西北军区政治部专门印发了《对白军士兵宣传大纲》和《对白军标语大纲》，西北军区政治部编印了《红色战士要做宣传工作》《红色战士要做白兵工作》等文件。《红色战士要做白兵工作》中指出，"在火线上扩大红军的政治宣传，一定能够瓦解敌人的军队，每个红色战士都要加紧做白兵宣传工作"③，并提出了九条规定和注意事项。如其中提到"火线上多唱歌、喊口号给白军士兵听，送标语给他们看，很亲热的，热烈地向士兵们讲话，欢迎他们拖枪投红军"。这些都是女红军们所擅长的。

红军女战士，经常充当火线宣传员，从心理上、精神上瓦解敌军的斗志，效果很好。如1933年冬，在红四方面军反"六路围攻"中，李开芬

---

① 王定国：《留在昨天的情思》，重庆大学出版社1989年版，第8页。
② 王定国：《后乐先忧斯世事》，人民出版社1994年版，第27页。
③ 蔡文金、韩望愈主编：《川陕根据地革命文化史料选编》，三秦出版社1996年版，第103—104页。

按照县委书记的指示，成立了一个以她为队长的火线宣传队，由7个姑娘组成，年龄都只有十几岁。这是她们第一次上战场。她们受命后就开始做准备工作，"白天听县领导讲话，练习对敌喊话，学唱革命歌曲，操练持枪瞄准和射击；夜晚写决心书、保证书，制订宣传计划"。她们这个火线宣传队，只经过了两昼夜的准备，便向指定的战场出发了。她们"头戴八角帽，身着列宁装，腰束牛皮带，脚穿苎麻草鞋，背上还挂一个铁皮喊话筒，煞是英姿飒爽"。通过两次向白军士兵火线对敌喊话，打开了局面，她们就每天傍晚后或拂晓前出发，到前线各个班哨阵地喊话，渐渐地和白军混熟了，对白军进行有针对性的宣传。有的白军士兵控诉长官腐败、欺压老百姓，她们就唱《十把扇子》，劝他们弃暗投明当红军；有的白军士兵挨了长官打，向她们诉说，她们就唱《白军士兵苦》，唱得他们伤心落泪，一片呜咽，一位白军士兵抽泣着说"女红军，唱得对哟"。经过宣传，多数白军士兵改变了对红军的敌视，纷纷向女红军诉苦诉仇，敌军官到了阵地，还朝天鸣枪给她们"报警送信儿"[①]。

1935年春，新剧团由川陕省苏维埃政府副主席余洪远带领，"投入红四方面军为强渡嘉陵江战役运送军械、粮食，动员和组织民工参战，做好鼓动宣传、扩大红军……阵前喊话"等工作，"大力进行政治宣传"[②]。

那时，红四方面军以苍溪城与阆中之间的塔子山为主要突破口，在沿江300里沿线作战，使渡江战役一

余洪远将军（1907—1991）（余昂 供图）

---

① 李开芬：《女红军战士火线宣传队》，载《为了红色中华》，中国青年出版社1984年版，第136、139页。
② 中共中央党史研究室第一研究部编：《巾帼红军忆长征》，中共党史出版社2017年版，第710页。

举成功。对此，文艺兵起了很大作用。过江之后，该剧团随红三十军、三十一军行动，参加了长征。

原红三十一军女战士史群英说："这些通俗易懂、为群众喜闻乐见的宣传，收到了极好的效果。我们演出时，台上台下常常心心相印，呼吸相通。有的人边看边流泪，有的人和我们同声合唱红军歌曲，有的人则情不自禁呼喊着打倒军阀老财的口号。有很多贫苦农友看过我们的扩红宣传演出后，成了村苏维埃的积极活动分子。父母送儿女参军、妻子送丈夫参军的事例层出不穷。"[1]通过宣传，红三十一军很快就由原先的几千人扩充到了近两万人。宣传队还开展比赛活动，定期进行总结评比。对工作积极，思想进步，成绩显著者，予以精神鼓励和物质奖励。

红三十一军政治部宣传队宣传员、旺苍籍女红军吴万秀（1915—1934），与同在1933年参加红军的本县女青年尹清平、史珍一起在部队搞宣传。为配合部队作战，她们所在的宣传队常常要摸进敌区，冲到阵地前沿，向敌人喊话，鼓励白军士兵向红军投诚，不要为反动派卖命；向老百姓宣传团结起来，跟共产党走，跟红军闹革命。吴万秀当时最喜欢唱的歌是《觉醒歌》：

> 穷人们，快觉醒，
> 团结起，来革命。
> 国民党，害人精，
> 心狠毒，整穷人。
> 吃人血，喝人汗，
> 又派款，又抓丁。
> 穷苦人，真伤心，
> 周身上，烂筋筋。
> 快觉醒，跟红军，

---

[1] 中国人民解放军文艺史料编辑部编：《中国人民解放军文艺史料选编（红军时期上册）》，解放军出版社1986年版，第351—352页。

拿起枪，除祸根。[1]

这首歌道出了她们的心里话，唱出了她们的追求和向往。不幸的是，1934年冬，吴万秀在旺苍县干河坝宣传演讲时被反动派包围，为了掩护战友而被捕，英勇就义。

每次部队行军前，红军部队通常都要派出一两支妇女宣传队先期出发，赶到部队即将经过的大路旁或山腰上，稍作准备；待部队路过时，就在那里进行宣传鼓动，形式各种各样，如唱歌、打快板、当啦啦队，想方设法地活跃气氛，鼓舞士气。这样做的效果很好。行军战士们每逢遇到有宣传队鼓劲时，情绪总是比较高昂，有时还跟着学唱起来，消除了不少疲劳。长征途中，在最难走的路段上，总是能听到女宣传队员们充满鼓舞性的歌声。她们充满革命激情的乐观精神，感染着前进的红军队伍，使漫长而艰险的长征路途变得富有生气。

红四方面军女战士王新兰（1924—2022），原名王心兰，四川宣汉人，9岁参加红军，1935年3月她参加嘉陵江战役开始长征时还不满11岁，担任宣传队分队长。她是老一辈革命家王维舟的侄女，1933年和两个哥哥（王心敏、王心正）、一个姐姐（王心国）一起参加了红军。她原名"王心兰"，参加革命后改名为"王新兰"，略有文化，能歌善舞。长征刚开始时，有人觉得王新兰太小，建议把她留下，时任红四方面军第四军政治部主任洪学智得知后赶忙来到宣传队，命令道："这孩子表演技术不错，一台好的演出，对部队是一股巨大的精神力量。再难也要把她带上，谁把她丢了，我找他算账！"[2]

川籍女红军在宣传组织群众方面，发挥了重要作用。"发动群众，宣传党和红军的政策，帮助地方成立各级苏维埃政权和成立各种群众组织的工作，是随着长征的开始就展开了的。"[3]长征途中，红军打到哪里，群

---

[1] 杨荣生：《红军女宣传员》，载共青团四川省委青运史研究室编：《追求之歌——四川青年英烈》，四川人民出版社1987年版，第223页。
[2] 萧云：《我的母亲：长征中最小的女红军》，中国文联出版社2021年版，第54页。
[3] 中共中央党史研究室第一研究部编：《巾帼红军忆长征》，中共党史出版社2017年版，第443页。

众工作就做到哪里,政权建设就跟随到哪里。"长征是播种机",红军走一路就播撒一路革命的火种。时任中共川陕省委常委、省委妇女部部长刘坚回忆说,她们每到一地驻扎下来之后,妇女干部都要下去帮助地方成立各级苏维埃政府,通常是成立乡、区、县三级苏维埃政权。其中,乡苏维埃设内务委员会兼管妇女工作,区委则配妇女部部长和妇女巡视员,县委有妇女部部长,负责全县的妇女工作,上下形成一条线。妇女干部在地方政权的建设当中还是起到了半边天的作用。此外,她们还负责成立各种群众组织,如妇女会、儿童团、赤卫军等;向下面的各级地方政权和各种群众组织的干部交代各项政策,帮助和带领他们开展工作。中共川陕省委妇女部巡视员王长德,在行军队伍中十分活跃,从来不知疲倦似的,一会儿跑到前边做宣传员,一会儿跑到后面当收容队员。她会唱莲花落,自编小调,边唱边表演,往往把大家逗得哈哈大笑,忘记了疲劳,路也走得快了。

当时红军在群众中的宣传很生动,很接地气。据阆中老乡马玉书回忆,1935年3月底的一个上午,在阆中大街上背着步枪的一男一女红军朝群众走来,他们满面笑容地招呼说:"老乡,你们好哇!我们是红军,不要怕,大家坐下来随便聊聊。"接着大家围了上来,在街门口的门槛和石凳上坐了下来。女红军通俗易懂地说道:

> 你们这么多年所受的苦,都是国民党反动派、地主豪绅造成的。现在红军来了,再没有人敢剥削和压迫你们了,你们放心吧!阆中城已成立苏维埃,有啥困难可以到苏维埃反映,他们一定会给你们解决的。做生意买卖的照常开铺做生意,如果没有货了可以到苏维埃去领来卖,你们要相信红军、相信共产党,不要听信反动谣言。我们党领导的红军,是老百姓的军队,是穷苦人民的军队。我们红军是专打白匪军,为老百姓谋翻身和解放的。那些坏人造谣说"红军杀人"。不错,我们要杀人,但我们杀的是骑在老百姓头上作威作福的贪官污吏、劣绅土豪,不杀掉这些人,老百姓就活不下去,就没有好日子过。①

---

① 马玉书:《1935年红军在阆中》,《四川文史资料选辑》第48辑之《红军长征在四川》(内部资料),第82页。

大家听了很受感动。那位女红军说完后便向大家告别，与男红军一起肩并肩地哼着红军歌曲大踏步向城里走去。

女红军搞扩红宣传，成绩显著。女红军蒲文清回忆说，1933年初，她看见红军来到她的家乡平昌县新苗乡，到处张贴标语，搞宣传，演讲。"红军女宣传队员个个和蔼可亲。她们把标语张贴在墙上后，就念给围观的乡亲们听。"宣传内容为："红军是打土豪，领导穷人翻身的队伍"，"打倒军阀，打倒土豪劣绅"，"平分土地"，"男女平等"，"妇女要团结起来闹翻身，争自由"，等等。她当时作为一位童养媳，听到这些演讲，看着这些标语的内容，就想报名参加红军。最初，她的婆婆并不同意她参加红军。后来，红四方面军宣传队又一次来到她的村里做扩红宣传。有6个红军女战士来到村里进行扩红宣传，她挤到一个女红军宣传员面前强烈要求参加红军，被同意接收了。红军给她重新取了个名字"蒲忠秀"，报名登记。这个名字一直用到延安时才改名为蒲文清。蒲文清参加红军后被分配在医院工作，但她也会参加扩红宣传，她们五六人一组，成效也不错，"每次都带回一批新参加的女战士"[①]。

在长征期间，女红军们深入川西北村寨进行深入细致的宣传动员工作，成效不错。在金川县咯尔乡来了一位妇女部部长，因声音沙哑，人称"哈哈部长"。她向大家宣传说"我们都是爱国的，红军要打倒日本帝国主义"，很多青年妇女被她动员去参加了红军。当地群众回忆说："哈哈部长工作很得力，她把德胜村的青年妇女都动员去参加红军了。"[②]在女红军们的宣传动员下，仅金川县参加红军的就有1000多人，其中妇女大约占了30%。茂县、理番、懋功、松潘、马尔康等地，都有不少妇女参加红军。理番县一位年过半百的藏族妇女班登卓（汉名杨金莲）和两个女儿姜秀英、姜萍及儿子唐志泉都参加了红军，并走完了长征路。

---

① 四川省妇女联合会编著：《巴蜀巾帼壮歌——红四方面军女战士革命斗争实录》，四川人民出版社1993年版，第475页。
② 四川省阿坝藏族羌族自治州妇女联合会编：《女红军在雪山草地》，四川民族出版社1990年版，第41页。

1964年秋，老红军杨金莲（中坐者）与子女姜秀英（后排右）、姜德成（后排中）、姜萍（后排左）在北京合影（傅建长 供图）

二、参加战斗

红四方面军成立了具有独立军事编制的正规作战部队——"妇女独立团"（最初为"妇女独立营"），红军西路军西征时又有"妇女抗日先锋团"，后者就是在前者的基础上组建的。长征时任红四方面军妇女独立团二营营长的徐美莲（1918—1984）回忆道："妇女独立团是一支英勇善战的红色娘子军。在保卫川陕苏区，粉碎敌人'六路围攻'中，在长征途中，参加过无数次大大小小的战斗。"[1] 川籍女红军牟炳贞也回忆道："跟随主力红军长征的数千名女战士，同男同志一样，参加军事行动，行军打仗，爬雪

---

[1] 中共中央党史研究室第一研究部编：《巾帼红军忆长征》，中共党史出版社2017年版，第461页。

1949年底，女红军徐美莲（后排左二）全家合影（张抗战 供图）

山过草地，搞运输……有不少女战士献出了年轻而宝贵的生命。"①

妇女独立团的前身妇女独立营刚成立时，就学军事、学政治。其主要任务是"警戒、剿匪、搜山、打扫战场、护送运输弹药和粮食"②。妇女独立团是一支训练有素、战斗力较强的妇女武装，"妇女独立团在当时起了很大作用，像革命军人一样，坚决执行命令，遵守部队纪律，搞好群众关系。她们对革命事业贡献很大"③。"这支妇女武装，虽然几经扩大、缩小和改编，但它在红四方面军的领导下，一直转战于大巴山区、嘉陵江畔和雪山草地的各个战场，担负着繁重的警卫、运输和打击敌人的任务，在保卫苏区和西进途中的多次战斗中，英勇杀敌，流血牺牲，创造了许多可歌可泣的英雄事迹。"④女红军岳克回忆说："妇女独立师的女战士作

---

① 牟炳贞：《艰难坎坷的长征岁月》，载中共中央党史研究室第一研究部编：《巾帼红军忆长征》，中共党史出版社2017年版，第657页。
② 中共通江县委党史研究室编：《通江苏维埃志》，四川人民出版社2006年版，第159页。
③ 本书编辑委员会：《中国工农红军第四方面军战史资料选编》，解放军出版1993年版，第478页。
④ 中共中央党史研究室第一研究部编：《巾帼红军忆长征》，中共党史出版社2017年版，第283—284页。

战很勇敢，头发是剃光了的，穿草鞋、打绑腿，行军作战都看不出我们是女的。"[1]其他分散于各个部队、各类单位的女红军虽以后勤保障工作为主，但在战争中也经常遭遇敌人，不得不参加战斗。

在川陕苏区，女红军还要参加剿匪斗争。1933年底，在万源县苏维埃政府担任粮食委员兼内务委员的女红军何连芝（后为董必武的夫人）奉命参加剿匪。县苏维埃主席决定组织男、女两个剿匪小组。女同志一组共有10多人，每人背了一把大刀，由何连芝负责指挥，女战士们大多是20岁左右。两个剿匪小组开赴距万源县城西南40里的清溪镇。他们到达那里后，首先向群众了解情况——土匪的武装力量、活动情况等。他们决定专门打击其中出来抢劫人民物资的小股土匪或袭击回家的零星土匪。在这里，何连芝带领女游击队员共活捉了20多个土匪，缴获了一批弹药、物资，而她们却无一伤亡。何连芝还在大巴山打击土匪神团"圣母团"和反四川军阀刘湘的"六路围攻"等战斗中，留下了不少传奇故事，表现出非同寻常的机智勇敢。

1933年底至1934年初，何连芝担任中共万源县二区区委妇女部部长，在县委领导下负责教育和组织妇女积极参加和支援革命战争。二区区委就设在距万源县城以南50公里处的一个小集镇石塘坝。在这里，经过区委的教育和组织，老百姓纷纷参加红军，也有很多妇女参加了红军或苏维埃政府的工作。国民党反动派策动当地地主、土匪武装袭击红军和地方苏维埃政府，威胁群众脱离革命组织，到处散布共产党"共产共妻"等反动谣言。为了揭穿敌人的阴谋，二区区委大力宣传共产党的主张政策，更充分地发动群众，积极开展工作。在此期间，何连芝曾率领三个战士"四个人一举粉碎了一百多名土匪的袭击"[2]。这次以少胜多的战例，充分体现了妇女部部长何连芝和红军战士们的英勇机智。

长征中，红四方面军妇女独立团、妇女工兵营参与了许多战斗、战役，从强渡嘉陵江战役到百丈关战役，再到攻打腊子口，几乎都有女红军

---

[1] 岳克：《关于妇女独立师的片段回忆》，载中共中央党史研究室第一研究部编：《巾帼红军忆长征》，中共党史出版社2017年版，第457页。
[2] 中共万源市委党史研究室：《何连芝同志革命事迹》（1962年何连芝回忆录），内部资料，第55—60页。

参加战斗。即使负责运输的红军女战士也不例外，她们"在运粮的路上，经常遇到武装匪徒截击抢粮，女战士们立刻放下粮食，端起枪，投入歼灭土匪的战斗"①。

红四方面军女战士蒲云回忆她长征时在大金川过铁索桥时的情景，说道："我从来没有见过这样的大河，河上面架着铁索桥，河两岸是陡峭的大山，河岸比河面高三四十丈，河面宽，水流急，波涛滚滚，好吓人啦。过河时，敌人又追来了。那天风刮得很大，铁索桥晃得厉害。有的男同志走在桥上都胆怯，何况女同志了。我小心地走在铁索桥上，见桥离水面好高，像在半天云里，脑子发胀，眼冒金花。我索性蹲下来，再也不敢迈步了。这时，过来一位男同志，他鼓励我说：'别怕，抬起头，过桥往前看，把脚步放平稳。'说着，他把我拉起来，扶着我走。按他说的办法过桥，真灵。我真感激那位同志……"②而红四方面军女红军冯明英在谈及长征过河的情景时说："过铁索桥挺怕人的，抓着铁索腿都颤悠，很危险根本立不住，许多次都爬着过去的。"③

数千名参加了长征的红军女战士，绝大部分都在长征途中壮烈牺牲。长征时曾任中共川陕省委秘书、金川少共省委宣传部干事、金川武装工作队队长等职的四川苍溪籍老红军罗青长回忆道："当年苍溪曾输送了3万多名优秀青年参军，待1952年我重返故里时，幸存者不过几百人。同我一起参军的23名小伙子只剩下我一个人。他们大部分都牺牲在长征途中。记得当年红军驻扎在大金川时，我任武工队队长。一次与少年先锋队指挥部的熊作方同志一起去联络被敌人围困在崇化县照壁山一座喇嘛寺中的妇女独立连。当我们到达喇嘛寺时，只见残垣破壁余烬未熄，我军30余名红军女战士全部被敌人枪杀。其中有一个我认识的达县籍女战士高丽生，她是一个中学生，年仅16岁，临牺牲前仍紧握手榴弹，怒目圆睁，此情此景让我终生难忘。"④

---

① 中共中央党史研究室第一研究部编：《巾帼红军忆长征》，中共党史出版社2017年版，第453页。
② 曾志主编：《长征女战士》，北方妇女儿童出版社1987年版，第114—115页。
③ 王伟伟：《我的母亲冯明英》，内部资料，2023年5月印制，第13页。
④ 罗青长：《革命理想高于天　伟大长征精神永存》，《人民日报》1996年10月21日。

从1936年10月到1937年3月的一年多时间里，妇女抗日先锋团由最初组建时的1300多人锐减到不足300人。[①]她们中绝大部分人牺牲，剩下的或被俘，或流亡失散。由参加了长征的基本上是川籍女红军组成的西路军妇女抗日先锋团及妇女工兵营等，在河西走廊西征血战，尤其英勇悲壮，可歌可泣。

三、后勤保障

"兵马未动，粮草先行。"自古以来，后勤保障工作对部队来说就十分重要。长征期间，川籍女红军中只有两名女战士——李伯钊、甘棠在红一方面军从事宣传工作，红二方面军没有川籍女红军，而90%以上的川籍女红军集中于红四方面军。除妇女独立团外，她们绝大多数人都在部队做后勤工作。红军在长征中还成立了炊事班、洗衣队、运输队（运输连）等后勤组织。"三寸金莲"王泽南曾任红四方面军妇女运输连的连长。部队的运输任务十分艰苦，特别是运粮。

川陕苏区的巴山女红军就是"红军的好后勤"。余洪远将军回忆道："红军在川陕根据地近三年时间里，几乎有两年多的时间都在进行战争。这需要良好的后勤保障，才能支持得下来……川陕根据地，地处大巴山心腹地区，大巴山……二百一十里……山峦起伏，云雾缭绕，林木森森……红军置身如此境地，战斗那样频繁，从粉碎田颂尧'三路围攻'、刘湘'六路围攻'到强渡嘉陵江、进入雪山草地，大小近百次战斗，要前送多少枪炮弹药和军需粮秣，要后运多少伤员病号？老实说，除了巴山女红军能担此重任外，岂有谁哉？"[②]

红四方面军长征前夕及长征中的后勤工作主要分为两个部分：供给工作和卫生工作。供给工作部门主要负责各种军需物资的筹集、制造、运输和分配，主管部门是经理部或供给部；卫生工作部门主要负责伤病员的救治和部队疾病防治工作，主管部门是卫生部或医院。长征前，三大主力

---

① 秦生：《红西路军史》，中国社会科学出版社2011年版，第209页。
② 余洪远：《巴山女红军》，1982年成都军区内部资料（余洪远之子余昂提供），第14—17页。

红军都有比较健全的供给机构和供应制度。红四方面军设有总经理部，下设军需、粮秣、军械、被服、会计、出纳、保管、总务等科，并直辖运输大队和监护连。总经理部负责管理兵工厂、被服厂、纺织厂、制鞋厂等。长征开始后，红四方面军中的总经理部仍然存在，后改为总供给部。而当时在红四方面军总供给部和卫生部中的川籍女红军特别多。红四方面军的女战士，绝大部分是四川人，她们承担了大量的洗衣、做饭、转运护理伤员、运输物资、筹集粮款、服装生产、维护交通等后勤工作，为前线战斗服务。"在频繁的战争中，广大妇女承担了运送弹药粮食和救护伤员的主要任务。"[1]在长征中，为了配合红军主力部队行军打仗，女红军们往往身兼多任，"部队称女兵们是三大员：担架员、卫生员、给养员"[2]。直属红四方面军总供给部的妇女工兵营，堪称红四方面军后勤战线上的一面战旗，迎着战火硝烟飘扬了三年之久。

（一）医疗救护

在红四方面军中，有许多小女孩参加红军时就到部队当护士（"看护"），被分配到红四方面军总医院或分院工作。红四方面军总医院于1932年12月在四川通江县泥溪场建立，次年迁至通江毛浴镇，后迁到通江王坪，直属西北革命军事委员会，最多时拥有工作人员3000人左右，并设有几个分医院，其中有许多红军女战士。著名女红军将领张琴秋曾任红四方面军总医院政治部主任。直属红四方面军总医院总务处的洗衣队全由妇女组成。还创办了红四方面军总医院红色卫生学校，校长苏井观（1906—1964），第一期就培训了部队和地方的300余名男女学员。1935年春，红四方面军长征出发时，红四方面军总医院及各军医院女战

---

[1] 中共中央党史研究室第一研究部编：《巾帼红军忆长征》，中共党史出版社2017年版，第282页。

[2] 中共中央党史研究室第一研究部编：《巾帼红军忆长征》，中共党史出版社2017年版，第286页。

士就有千余名。①当时总医院将所有伤病员编成4个团，撤离王坪西征。长征中的女红军护士十分辛苦，曾任红四方面军总医院护士的川籍女红军史群英（1922—2014）回忆说："1935年3月，红四方面军撤出根据地，开始长征。一路上，常跟敌人交火，红军伤亡很大，总医院挤满了伤员，我一个人护理100多个伤员，白天黑夜都几乎没有睡觉的时间，头昏昏沉沉的。"②

1935年6月，红一、红四方面军懋功会师后，红四方面军总医院在此与中央红军的卫生部合编为中国工农红军总卫生部。

红四方面军各军中都设有军医院，其中也有不少女性医护人员。吴朝祥回忆说："在医院里，医生、护士和工作人员，大部分也是女同志。为了伤员，她们夜以继日地工作，付出了艰辛的劳动。"③长征中因病失散在成都崇州元通镇通顺村的通江籍女红军杨素华（原名杨正秀，1921年生）回忆说，她参加红军后，跟着红军从陈家湾到通江县城，到巴中县，再过雪山草地，"一直在红四方面军的九军医院，护理伤病员、洗衣服、帮厨房等，什么活都干"，并说，"我们九医院是紧跟前方火线的，常有伤员满身鲜血被抬下来，洗衣服和血水把河都染红了"④。广大女性医护人员在前线或后方救死扶伤，为红军作战起了特殊而重要的作用。

曾任红四方面军第四军卫生工作者的杨朝南回忆说："1935年初，红四方面军在撤离川陕苏区的通（江）、南（江）、巴（中）时，伤病员全部集中在总医院。强渡嘉陵江时，我们红四军为总预备队。胜利过江后，红四军才开始接收攻占南部、梓潼战斗中转来的伤员。当时，对外称作医院，其实没有医院，只有一个14人左右的看护连。在根据地时，伤员多了，就动员群众担负一部分生活护理方面的工作，但到了少数民族地区，就全部由护理员抬运……这些人员中，十六七岁的孩子和女同志将近

---

① 四川省妇女联合会编著：《巴蜀巾帼壮歌——红四方面军女战士革命斗争实录》，四川人民出版社1993年版，第2页。
② 中共中央党史研究室第一研究部编：《巾帼红军忆长征》，中共党史出版社2017年版，第582页。
③ 中共中央党史研究室第一研究部编：《巾帼红军忆长征》，中共党史出版社2017年版，第282页。
④ 中共成都市委党史研究室：《中共成都地方历史资料选编》，2004年内部资料，第147页。

一半。"①

长征途中，女红军战士还要在雪地送彩号。时任中共宝兴县委妇女部部长的女红军何连芝回忆，1935年冬，红军部队离开宝兴县时，大雪纷飞，千里冰封，红军将士们都穿着单薄的衣服，踏着雪水前进。她说："出发的时候，县委交代我和另一位女同志一项任务，要我们护送80多名彩号，沿途负责对他们进行照料，安全地护送到目的地。这些同志都是在革命战争中受伤的，是我们亲密的阶级兄弟。我们承担了这项严肃的政治任务，自感责任重大，困难重重，但我们要尽全力完成任务。在一个严冬的早晨，我们出发了，拄着木棍，有的相互扶肩搭背，在大雪覆盖着的泥滑的山谷中行进着。我们的困难是一点粮食也没有，沿途找不到村庄，即使找到村庄也无钱去买粮食，原野上一切东西都被大雪覆盖着，因此野食也找不到，只得靠雪水充饥……为了保障彩号们的生命安全，休息的时候，我们就去拾柴烤火为他们取暖。"②经过两天一夜，路过松岗到达懋功，共走了180多里路，终于胜利完成了组织上交给她们的任务。80多个彩号全部安全到达了目的地。

长征途中，还有红军女战士为伤病员唱歌慰问。红四方面军新剧团战士张星点回忆，1936年红军第三次过草地时，一天中午，他忍受着饥饿与疲劳，在沿着河边追赶红军部队的路上，前面忽然传来一阵清脆甜美的歌声，是一位女同志唱的《慰问伤病员歌》：

一劝伤病员同志们啰喂，你们在前方杀敌人啰，你们作战最勇敢啰喂，光荣负伤为人民啰。亲爱的同志呀，光荣负伤为人民啰……

他沿着歌声走去，前面河边有一片树林，树林里我们的担架队和伤病员正在那里休息。那边女同志一边烧水一边为伤员们唱歌。③

---

① 中共四川省委党史研究室：《红军长征在四川》，四川人民出版社2017年版，第426页。
② 《何连芝同志革命事迹》（1962年何连芝回忆录），中共万源市委党史研究室内部资料，第94—97页。
③ 张星点：《忆红军时期的歌舞》，载中共中央党史研究室编：《红军长征纪实丛书：红四方面军卷7》，中共党史出版社2016年版，第3294页。

红四方面军总医院政治部主任、总卫生部政治委员徐立清（1910—1983）回忆道："在医院大量的护理和勤杂工作中，女同志确实起了'半边天'的作用。总医院扩编后，吸收了很多女青年参加医院工作。本来四川的劳苦妇女都是能吃苦、粗活细活都能干的，红军来到川北，她们获得了翻身解放，当上了红军战士，更有一股使不完的劲。她们和男同志一样，脚穿草鞋，或者光着脚，挽起裤腿，抬、挑、背、扛，样样都是能手。她们做护理工作，态度和蔼，耐心细致，处处体贴伤员的病痛。她们在完成本职工作后，一有空就给伤病员洗衣服，打草鞋，做针线活，缝补衣服，总是得到伤病员的赞扬和好评。"[1]

随红四方面军总部长征的四川南江籍女红军排长唐成芝（1913—1989）回忆说，1935年4月的一天，她与4名女红军轮流抬一名红军重伤员，路过旺苍一处高山悬崖时，石板十分陡峭难走，头顶上是岩壳，不能站立，只能跪着抬伤员。到达战地医院时，她的裤子和膝盖都被石头磨破了，鲜血湿透了她的裤腿。伤员拉着她的手说："我受了伤，你一个女同志为我抬担架，流了这么多的血，我忘不了你。"[2]唐成芝曾两次翻越夹金山。1935年10月29日，她第一次翻越夹金山（海拔4000多米）时，经历了十分惊险的一幕。当她爬到半山腰时，只见她排里的一名17岁的女战士李月香一脚踩空，摔倒悬挂在悬崖边上，大呼："排长，救命！"她双手抓住的小树根松动欲脱，

女红军唐成芝（左）与丈夫赵汉卿合影（赵太国 供图）

---

[1] 徐立清：《红四方面军总医院的片断回忆》，载中共中央党史研究室编：《红军长征纪实丛书：红四方面军卷7》，中共党史出版社2016年版，第3239页。
[2] 《军嫂》杂志社编著：《跟着信仰走——我们家的长征故事》，人民出版社2016年版，第221页。

情况万分危急。这时，排长唐成芝不顾个人生命危险，站在悬崖边上，弯下身子，一只手抓住石头边的灌木，一只手抓住李月香的手，使出全身力气，拼命把李月香从悬崖边上拖了上来。唐成芝还带领全排36名女红军翻越了党岭雪山。一位红军宣传员赞扬她们说："女红军，爬雪山，个个不输男子汉。雪山高，腿不软，红军巾帼意志坚。"①

在西路军西征时，女红军在医疗救护中的表现也特别突出。据红四方面军第四军医务主任隰积德（1905—1996）回忆，1936年12月底起，不到4个月的时间中，西路军与马家军进行残酷的大血战，"这段时间内，卫生工作也最为紧张艰苦……妇女独立团都分散到各军帮助卫勤人员救护、转运伤员，第一营吴朝祥营长带一两百名矫健的女同志到红三十军卫生部来，只要枪声一响，她们就和医护人员一起奋不顾身在枪林弹雨中救护和转运伤员……她们那种不畏艰难，奋不顾身地完成异常艰巨任务的精神，令人难以忘怀。"②

（二）筹粮运输

民以食为天。"粮食就是红军的生命，筹粮就是战斗。"③

为保障渡江作战的粮食供应，1935年1月，中共川陕省苏维埃政府副主席余洪远带领妇女独立二团的部分战士，在苍溪、广元一带征粮，用10天时间征到了14万斤粮食。余洪远将军回忆道："渡嘉陵江时还有个粮食问题。我带妇女独立团一些同志，在广元、苍溪一带，走遍千家万户，用最快时间搞14万斤粮食，14万斤，听来数字可观，但也只够红军一天用。渡河人数有说30万，有说20万，有说几十万，到底多少，谁也说不出准确数字。从粮食分配上我知道，部队只有八万余人，其余是跟着

---

① 《军嫂》杂志社编著：《跟着信仰走——我们家的长征故事》，人民出版社2016年版，第221—222页。
② 隰积德：《红四方面军医疗卫生的组织演变及其工作发展》，载中共中央党史研究室编：《红军长征纪实丛书：红四方面军卷7》，中共党史出版社2016年版，第3234页。
③ 中共中央党史研究室第一研究部编：《巾帼红军忆长征》，中共党史出版社2017年版，第285页。

红军走的，机关干部战士、妇女、儿童和'全家福'，共约20万左右。征粮时，正是青黄不接，老百姓也跑了。妇女独立一、二团的同志们白天下地割麦子，夜晚趁月色把颗粒搓下来，用锅炒干，过好秤，给老百姓或放上银圆、大烟，或给布匹，或采用川陕省政府名义，打欠条……，真是历尽千辛万苦。"[1]同年3月，红四方面军驻永宁的女红军陶玉珍组织了90多人的打粮队去白区剑阁香沉寺大户家打粮，巧妙地击溃乡长母岳囊地主武装，将大批粮食运回苏区。[2]

红军长征过草地时，粮食极为紧张。据红四方面军总部机关梯队长秦基伟回忆："我这个梯队长，是很费心血的，要计算路程，一天走多长时间，每人带多少粮，每人每天定量多少，都得心中有数，做出规定。所谓粮食，就是糌粑面，把青稞炒熟，推成面，搁点盐巴，有水就用水泡了吃，没水就干吃。就这东西，还不能随便吃。分配到个人，自己背，但消耗权不在自己手里，由我统一掌握。休息的时候，互相监督，每人每天二两，绝不能超量。因为当时粮食极度匮乏，如果不这样控制，让战士们放开肚皮吃，有些同志几天就吃完了，剩下的只能等死。就这样互相控制，还照样有超前消费的，被领导知道了就要挨处分。因为超量吃粮，枪毙人的事都是有的。"[3]

"筹粮筹款，做群众工作……是妇女干部战士们在长征中肩负的另一项重任。"[4]红军要在长征中解决粮食问题，极为艰难。刘坚生动详细地回忆道：

在长途行军中途驻扎的短暂期间出外筹粮筹款，是一件困难而危险的任务。记得长征刚开始不久，我带着妇女部和儿童团、少先队的七十几名女同志，跟随前方省委书记谢富治从杂谷脑前往黑水、芦花为三军团筹

---

[1] 余洪远：《巴山女红军》，1982年成都军区内部资料（余洪远之子余昂提供），第18—19页；《巴山女红军》，《解放军报》1984年3月4日。
[2] 中共苍溪县委党史研究室：《血沃苍山——红四方面军转战苍溪》，中共党史出版社2015年版，第122页。
[3] 秦基伟：《秦基伟回忆录》，解放军出版社2007年版，第60页。
[4] 中共中央党史研究室第一研究部编：《巾帼红军忆长征》，中共党史出版社2017年版，第440、442页。

粮。待我们把粮食背回来时，三军团已经开拔，谢富治也走了，只留下张条子，叫我们跟着一支部队赶到毛儿盖去会合。我们匆忙上路……我们七十几名女同志遵照口令，自觉而警惕地紧步跟上，冲过了这个危险区。但还是有一名同志受了伤，后来因伤口发炎，不治而牺牲。

部队越向西走，筹粮就越发困难，尤其是进了少数民族地区之后，更是如此。在进茂县之前，我们和敌人打了一仗。……我们进城时，老百姓几乎跑光了，家家户户紧闭着门，偶尔碰到几个人，也是见到我们就躲，工作很难展开。针对这种局面，我们将妇女分作七至八人一组，带上通司，分头到深山里去喊话，宣传红军的政策，请他们放心回家。有时一天做不通，就接连做几天。搞不到粮食时，两三天吃不上一口饭。饿急了就喝口冷水，工作还得照样做。后来有的老百姓被我们感动了，就偷偷跑来告诉我们有钱人在哪个山洞藏了钱粮。为了不使他们受到牵连，我们通常要绕道而行，有时为了背回一点粮食，要绕上大半天的路程。在往卓木碉去的路上，再也搞不到粮食了，我们只好趁队伍路途休息时，去路旁收割过的青稞地里捡点粮食。在天全，有一个叫吴顺英的女同志单独外出筹粮，被地主家的狗腿子绑了起来，准备杀害。幸亏那家的长工跑来报信，我们及时赶去才把她救了出来。类似这种情况，在筹粮过程中时有发生。[1]

1935年6月初，红一、四方面军懋功会师前夕，红四方面军为了迎接红一方面军，遵照红四方面军总指挥徐向前的命令，妇女独立团的两个营与川陕工农医院、省政府机关工作人员组成5000余人的迎接中央红军筹粮工作队，由余远洪率领，从北川前往懋功、马尔康等地筹粮[2]。

继6月中旬红一、四方面军懋功会师之后，7月初，余洪远奉命率部赶到马尔康一带在方圆200余里范围内筹粮，将工作队分编为200多个筹粮组，"令妇女独立2团1营（营长吴朝祥）在马尔康、松岗、大藏寺，

---

[1] 中共中央党史研究室第一研究部编：《巾帼红军忆长征》，中共党史出版社2017年版，第442—443页。

[2] 中共四川省委党史研究室：《红军长征在四川》，四川人民出版社2017年版，第422页。

妇女独立1团3营（营长赵奇仁）在卓木碉、茅草坪、金川一带"筹粮。"在这一带筹粮遇到的困难是难以想象的。""妇女独立1团3营，在茅草坪与前来袭击的匪徒开展顽强拼搏，终因弹尽粮绝，寡不敌众，30余名女战士，全部壮烈牺牲。"①

据妇女独立团女战士王秀英回忆，"长征中，妇女独立团有一项重要任务是筹集粮食，规定每人每天筹粮四五十斤"②。当时筹粮十分困难，但无论怎样困难，她们也要想方设法完成任务。特别是在马尔康、大藏寺一带时，当地藏族群众由于受国民党反动派恶意宣传的影响，在反动土司、头人的挑拨、煽动下，专门与红军作对，对红军实行封锁、埋藏粮食，赶光牛羊，甚至往井里放毒，山上青稞又已经收割，没有食物可找，加之敌人还在暗里放冷枪，有时几天都搞不到粮食。她们好不容易在山坡上发现了一些还没收割完的青稞麦，欣喜若狂，便组织了收割。她们没有什么工具，只有几把剪刀，大家就用手扯。

女红军王秀英照片（谢太平 供图）

据妇女独立团营长吴朝祥回忆，长征中最使她难忘的是"在马尔康、大藏寺一带战斗的日子"。"那时，红四方面军和一方面军已经会师，党中央确定了北上建立川陕甘根据地，促进抗日民主运动新高潮继续发展的方针。本来革命形势应该很好，但是由于张国焘一再对抗党中央，几个月

---

① 余洪远：《光荣的使命》，《中国工农红军长征史料丛书·回忆史料（2）》，解放军出版社2016年版，第212—219页。
② 《王秀英——刻骨铭心的记忆》，载四川省妇女联合会编著：《巴蜀巾帼壮歌——红四方面军女战士革命斗争实录》，四川人民出版社1993年版，第460页。

时间过去了，部队仍然在雪山草地苦斗。"①1935年9月，她带领一个妇女营，"接受了总供给部的命令：两个连负责筹粮，一个连负责搭修从卓克基到卡几古一路的木棚子（供伤员住宿），一个连负责修路架桥，一个连负责护送伤员。几个连队的任务都很艰巨，其中最苦最难的是筹粮。这一带的老百姓全是藏族，过着半牧半农的生活。时令已是秋末，主要粮食作物青稞已经收割殆尽。国民党军和当地反动土司互相勾结，利用民族隔阂，煽动藏族群众同红军作对"②。因此，红军到来之前，藏族地区的农牧民早已收藏了粮食，赶上牛羊逃离了寨子。当吴朝祥率领红军妇女营到达马尔康时，除了河谷两旁山坡上一些地里的青稞，由于山高气温低成熟得迟未收割外，其他是一无所有。她们到山坡上收割青稞，敌人在暗处放冷枪，杀害红军战士，夜间还组织人出山来抢割青稞。所以，女红军们的筹粮，"实际上同敌人武装争夺粮食"。"为了粉碎敌人要把红军饿死在草地的阴谋，为了保障红军的生存，筹粮连的同志规定了每人每天收割45斤到50斤青稞的任务。那真是不同寻常的战斗啊！每天早晨天刚麻麻亮，战士们就出发找粮食。工具只有几把剪刀，绝大多数同志只能用手拔。为了防止敌人的袭击，有的战士化装成藏族妇女，站在远处站岗放哨。同时还派出小分队，隐蔽在附近，随时准备对付来犯的匪徒。晚上，累了一天的同志回到宿营地，还要把青稞搓下来，用锅炒干，揉掉外壳，装入袋子。有时一直干到天亮，一刻也不能休息。不停地拔呀，搓呀，几天工夫，干部、战士的手都成了血手，针尖似的稞芒扎在血肉模糊的手上，十指连心，疼痛难忍。"③困难并没有吓倒这些女战士，她们坚持到底，终于完成了筹粮任务。

到了大藏寺（马尔康县城北），红军伤员剧增，气候恶劣，往往雪里夹着冰雹直往下落，寒冷是个问题，粮食更成问题。吴朝祥回忆说："在

---

① 中共中央党史研究室第一研究部编：《巾帼红军忆长征》，中共党史出版社2017年版，第285页。
② 吴朝祥：《巴山妇女在战斗中成长》，载中共中央党史研究室第一研究部编：《巾帼红军忆长征》，中共党史出版社2017年版，第285页。
③ 吴朝祥：《巴山妇女在战斗中成长》，载中共中央党史研究室第一研究部编：《巾帼红军忆长征》，中共党史出版社2017年版，第285—286页。

雪地里找粮食非常困难。看着大家用手扳着冰块,剥着蚕豆,搓着青稞,雪地上血迹斑斑,很是心痛。我叫她们伸手给我看,她们却把手放在背后给藏起来。我明白她们的手指头都已经破了,命令换一班人来,可是她们却强求说:'我们这班的手指头已经挖破了就算了,让她们留下好指头吧!'我的命令无效,她们怎么也不肯换班,大家还在猜谜呀,唱歌呀,讲笑话呀,像没有那么回事似的……粮食总算弄回来了,青稞煮熟了,可是这青稞无法磨碎,有很多伤员咽不下。我们只好用嘴嚼细再吐到茶缸里煮,煮熟了后再用小汤匙喂给伤员吃,我们就喝点清水……伤员都感动得流泪,他们拉着我们的手说:'亲姐姐,亲妹妹,我们一定要养好伤,上战场去杀敌,来报答你们……'"①

红军中还有专门的粮食秣队,任务极其重要而艰巨,为了筹措粮食常常会有牺牲。1935年3月29日,红四方面军妇女粮秣队奉命把粮食运到红军准备西渡嘉陵江的出发地——塔子山。当晚,妇女粮秣队300多人随红四方面军强渡嘉陵江开始长征。原妇女独立团女战士叶冰回忆说:"1935年4月,我们妇女粮秣队随红四方面军强渡嘉陵江后,向川北剑门关方向行军。我们粮秣队是个特殊群体,除队长外,都是女同志,担负着粮秣运送任务。"②她们一路行军打仗,一路运送粮食,战场在哪里,她们就把粮食运到哪里,任务越来越重,十分辛苦劳累。她们在红军前卫部队的掩护下,到达剑门关,只见关峰如剑、壁如斧劈,悬崖峭壁之间只有一条羊肠小道,山峰之间的峡沟深不可测,异常险峻。她们都背着重达60多斤的物资,喊着自编的号子,互相激励。她们自编了一些顺口溜和号子,前后两边分别有人呼应,比如:"慢转十字拐,前摆后不摆";"平阳大坝,扯起两下(快走的意思)"。这些看似不起眼的顺口溜和号子,却给了她们无穷无尽的力量。过此雄关,她们胜利地完成运粮任务,可惜有几名队员不慎坠落山崖牺牲了。

当妇女粮秣队行至剑门关支脉马塘山时,突然遭到一股敌人袭击。粮

---

① 吴朝祥:《从通江到大藏寺》,载彭俊礼主编:《通江女红军》,中国文史出版社2015年版,第8页。
② 叶冰口述:《女红军运粮跨越剑门关》,《解放军报》2006年10月10日。

秣队的女战士胡桂英背着一口大铜锅行军,当敌人的炮弹打来,她却趴在地上用自己身体保护大锅。战友们笑她真"傻",自己不藏在锅下面却趴在锅上面,难道皮肉能硬过钢铁?胡桂英却拍打着身上的泥土,笑着说:"全队就这一口锅,要是打破了,我们啥都没得吃啰。"①接着,她们又经历了几次规模不小的战斗,胜利突破了敌人的封锁,成功地把粮食运过了山,跨越了被敌人称为"插翅难渡"的剑门关。

红军长征过四川金川时,筹粮情况尤其艰难。1936年闰三月,1.5万人的红军部队驻留金川,而金川出现罕见大旱,近半数土地没有种上庄稼,当地军民近10万人面临严重的饥饿威胁。"五月,人们只能吃榆树皮、酸草根、灰灰菜……女红军每天背着背篓到野地里,见青就采。红军的口粮几乎全由草根、树皮、野菜代替。"②

在翻越夹金山时,女红军战士们还要承担运枪的重任。长征时曾在红四方面军第三十一军供给部缝衣工厂女工排担任排长的侯前进回忆说:"长征途中,我们这些女战士,除了妇女独立团以外,一般都是不带枪的。但是,在翻越有名的大雪山——夹金山的时候,我们背的枪却比战斗部队的男同志背的还要多。"③她们全排36个女战士一共背运了部队交给的140支枪过夹金山,人枪无损地到达了目的地。

(三)炊事服务

在长征途中,炊事班具有重要作用。炊事班在行军中极为辛苦,中途部队休息,他们要烧开水给指战员们喝;宿营时,他们又要安锅灶、劈柴火、洗菜、煮饭。炊事班在行军中相当艰辛,有时每天只能睡三四个小时。如红四方面军女战士李秀英等所在的炊事班共有5位战士,担负着为全连做饭、炒菜和烧开水等任务。行军路上,李秀英的主要任务是背铁

---

① 叶冰口述:《女红军运粮跨越剑门关》,《解放军报》2006年10月10日。
② 中共阿坝州委党史研究室、阿坝州地方志办公室编:《阿坝州志之红军长征在阿坝》,四川大学出版社2007年版,第150—151页。
③ 中共中央党史研究室第一研究部编:《巾帼红军忆长征》,中共党史出版社2017年版,第523页。

锅。那口大铁锅直径长达两尺左右，重20多斤。当时连指导员给她下达任务时，指着那口大铁锅里说："这口锅是全连同志的宝贝……是比武器还重要的武器。不要看它那个样子，还是从川陕革命根据地背过来的，你们一定要保管爱护好，全连的吃喝全靠它啦！"李秀英说："四方面军的长征，由于张国焘的错误路线，经历了非常艰难曲折的征程，我们这群背铁锅的娘儿兵也吃尽了千般苦。"①

保护好大铁锅，成了炊事班女兵们的第一要事。每天饭后和行军之前，她们总是要把铁锅里的黑烟子刮得干干净净，用抹布或草擦去烟尘，再用两根绳子将两根木棍或竹片结成背套，兜住锅底，使其背上铁锅既牢靠又方便。爬雪山过草地时，背铁锅最艰难吃力。李秀英记得在1936年2月，红四方面军南下受挫再次翻越夹金山和党岭山。当时山上大雪纷飞，风暴夹着成团的雪花、沙石，猛兽般地向她们袭来，不少红军战士连人带物被暴风雪卷下了山涧，牺牲在冰天雪地之中。这位经过战争环境考验和艰苦行军锻炼的"老兵"，为了在爬雪山时不使铁锅滑落，她紧紧地把锅固定在背上，决心确保人在铁锅就在，一定要把铁锅背过山去。她凭着"人在锅在"的信念，拖着那双被冻得肿胀的脚艰难前行，几次摔倒又几次爬起来继续前进，背着那口大铁锅终于翻越了鸟儿也难飞过的大雪山。过草地时，她背着铁锅，越走越艰难，越走越沉重，又饿又累，疲惫不堪。她最大的愿望就是不要使自己陷入深不可测的泥潭，以免"人亡锅损"。

在长征中，红四方面军总医院看护员贾克林既当卫生员，也当炊事员。原先背锅的战友牺牲了，贾克林就接替她背了一口跟自己身高差不多的大锅。一次战斗中，她突然感觉后背被什么东西猛撞了一下，直到战斗结束，队伍休整时才发现一枚子弹差点打穿大锅，幸亏这口锅救了她的命！②

长征时的红四方面军总医院院部书记、原山西省军区副参谋长李国策对女红军在长征中的作用这样描述道：

---

① 四川省妇女联合会编著：《巴蜀巾帼壮歌——红四方面军女战士革命斗争实录》，四川人民出版社1993年版，第454页。
② 成亚平主编：《兵妈妈》，上海人民出版社2017年版，第77页。

她们之中当炊事员的，行军时身背一口大铁锅，当时没有特制的轻型行军锅，又厚又大，那么沉重……她们用木头架着大锅，锅里放着自己的全部行李和干粮背着走。对她们来说，大锅、药箱、粮袋就是她们的武器，也是她们的第一生命，和枪支同样重要。谁也知道，如果没有了锅，没有了药，没有了粮，是绝对不行的。上级还给她们规定了一条纪律：在任何艰难时刻，都要保住这些东西，哪怕是牺牲了自己，人在东西在。她们这些女红军的负荷量，比我们男红军战士大得多。但是，她们在雪山草地那么艰险的情况下，哪怕快要冻死和饿死，也从不掉队，从不扔弃这些东西，也不私自运用粮袋里的一点粮食，要留给机关部队用……在那大雪山上，有的女战士劳累过度，坐下休息一下，可是刚坐下就被冻死了，死了还背着大锅，是坐在那儿死去的呀！在那像油一样滑的雪坡、冰坡上，有的女同志为了要抢救自己所背的大锅或药箱，自己和物件一起滚到人也看不见的深沟去了。这样牺牲的并不只是个别的女红军战士啊！当然不少的女战士还是终于战胜了想象不到的艰险，活着走过了万水千山。无论是牺牲了的和走过来的女红军，她们都是多么伟大的女性啊！她们和整个长征的红军，是世界上史无前例的人，是有史以来最为独特的人。[①]

（四）被服制造

衣食住行，人所必需。被服制造与供给，是红军后勤工作的一项重要内容。对此，女红军特别是为数众多的红四方面军里的川籍女红军起了重要作用。

红军川陕苏区建立了许多被服厂，分别设在红四方面军总经理部、总医院里，各军军部也有被服厂，其中有不少女红军战士在此辛勤工作。1933年初，红四方面军总经理部就在通江县城东郊南岭建立了被服厂。内分军工、民工两部分，男女同在一厂后来男女工分开，正式成立红四方

---

① 李国策：《万水千山只等闲》，载中共中央党史研究室编：《红军长征纪实丛书：红四方面军卷7》，中共党史出版社2016年版，第2889—2890页。

面军女工厂，直属总经理部，按部队编制组成1个连3个排9个班，每班20余人，由林月琴任连长。同年10月，全厂共有男女工360余人，驻通江苦草坝。在此基础上整编为女工营（妇女工兵营），林月琴任营长，辖两个连，男工近200人，编成一个连，其余女工160余人另编一个连。有缝纫机60余台，全用机器生产。女工除做军装外，还做军帽、军鞋、军用挎包、子弹袋等。该被服厂几经转移与合并、扩编，1935年春撤离通江，随军西进开始长征。[①]有的红四方面军被服厂女战士还参加了西路军西征。

对于女红军在被服制造供给方面的突出作用，原川陕省委组织部部长余洪远回忆说："红军有了自己的工厂，大批女红军在厂里不分白天黑夜地生产……被服厂和兵工厂也随之扩大，以至发展到各师经理部下设被服厂。被服厂全是女的，她们生产出的大批衣服鞋袜源源不断送往前方。"[②]女红军们加班加点赶制的大量被服，一批批运往前方，也使红四方面军在西渡嘉陵江开始长征之前都穿上了像样的衣服。

总之，在革命斗争中，女红军从各方面都发挥了重要作用，成为革命军队中一支不可或缺的力量。川籍女红军为川陕苏区的发展、壮大，为红军长征的胜利作出了不可磨灭的巨大贡献。新中国成立初期，中国人民解放军有女军人11万人，其中少将1人、校官53人。其中，共有24名女校官在川陕苏区战斗过（参见"附录一"）。

[①] 中共通江县委党史研究室：《通江苏维埃志》，四川人民出版社2006年版，第273—275页。
[②] 冯亚光：《西路军生死档案》，陕西人民出版社2009年版，第202页。

第六章

对长征精神的丰富、宣传与终身践行

一、对长征精神内涵的丰富

早在1936年10月,中国工农红军三大主力大会师后,周恩来就作出了"我们一刻也不能丢掉长征精神"的重要论断。[①]2016年10月,习近平总书记在纪念红军长征胜利80周年大会上对长征和长征精神进行了系统论述。他从五个方面高度凝练总结了长征精神的深刻内涵,指出:"伟大长征精神,就是把全国人民和中华民族的根本利益看得高于一切,坚定革命的理想和信念,坚信正义事业必然胜利的精神;就是为了救国救民,不怕任何艰难险阻,不惜付出一切牺牲的精神;就是坚持独立自主、实事求是,一切从实际出发的精神;就是顾全大局、严守纪律、紧密团结的精神;就是紧紧依靠人民群众,同人民群众生死相依、患难与共、艰苦奋斗的精神。"[②]伟大长征精神是中国共产党人精神谱系中独具特色的重要组

---

① 韩振峰:《中国共产党人对长征精神的概括凝练》,《光明日报》2016年11月23日。
② 习近平:《弘扬伟大长征精神,走好今天的长征路》,载《习近平谈治国理政(第二卷)》,外文出版社2017年版,第47页。

成部分。

在长征中，数千名川籍女红军，以巴蜀儿女的特殊身份、气质和独特作用，为长征精神的铸就作出了重要贡献，也进一步丰富了长征精神的内涵。红四方面军1934年制定的宣誓《训词》"智勇坚定，排难创新；团结奋斗，不胜不休！"，高度凝练和充分蕴含了坚定理想、顽强拼搏、竭力创新、团结奋进、革命到底的精神，体现了红四方面军的鲜明特色。川籍女红军林江回忆说，"'智勇坚定，排难创新；团结奋斗，不胜不休！'这是当时的女红军战士在长征途中最爱唱的一支歌子，也是我终生难忘的一支歌子"[①]。川籍女红军的精神气质体现在众多女红军战士身上，她们身上体现的精神正是对长征精神的诠释和丰富。川籍女红军对长征精神的进一步丰富，主要体现在以下几个方面。

（一）丰富了红军坚定理想信念、革命到底的精神

"长征是一次理想信念的伟大远征。"理想信念，是长征精神的核心。理想信念是人生的指路明灯，是推动个人前行、社会发展、国家进步的精神力量。对马克思主义的坚定信仰和对共产主义的无限憧憬，是红军女战士克服艰难险阻的精神支柱和动力源泉。正如女红军林江所说："提到长征，很自然地使人想起爬雪山过草地的惊心动魄的奇迹，而对当时的红军女战士来说，要完成这项艰巨的斗争任务，更有特殊的困难。但是，女红军在万难中有一个共同信念：相信革命必然要获得胜利。因此，在党中央和毛主席的正确领导下，她们和男同志一样，用丹心碧血，用无穷的智慧和勇气，排除万难，完成了伟大的历史使命。"[②]女红军们坚定理想信念、誓将革命到底的精神具体体现在无数生动的革命事迹中。众多的女红军之所以能战胜千难万险走过万里长征，主要靠的就是坚定不移的革命理想信念。正如红军女干部康克清所说："长征途中，我和一、四方面

---

① 中共中央党史研究室第一研究部编：《巾帼红军忆长征》，中共党史出版社2017年版，第625页。
② 中共中央党史研究室第一研究部编：《巾帼红军忆长征》，中共党史出版社2017年版，第625页。

军的部分同志曾经三过草地,一靠理想,二靠纪律。"①川籍女红军张文说:"靠信念,靠毅力,经过八天八夜的顽强跋涉,我们终于走出了神秘莫测的草地。"②川籍红军女战士谭新华说:"长征中,每一天都伴随着饥饿、寒冷和疲惫,每一天都面临着死亡的威胁,如果没有坚定的信念是很难走过来的。"③川籍红军女战士李元发对其子女说:"我当红军走出草地,完全是靠革命意志坚持下来的。"④

川籍女红军绝大部分都是出身贫苦人家,至少60%以上是童养媳。其中也有个别家境并不太差甚至比较殷实的女孩也参加了红军,如李伯钊、甘棠、张明秀、何曼秋、王新兰、朱有才等。

1945年罗炳辉(右一)、张明秀(右二)夫妇与谭震林(左一)夫妇及孩子们合影(罗鲁安　供图)

---

① 中共中央党史研究室第一研究部编:《巾帼红军忆长征》,中共党史出版社2017年版,第270页。
② 张文:《我的红军之路》,解放军出版社2005年版,第43页。
③ 任征、杜梅萍等:《听老红军讲那长征的故事》,《前线》2011年第9期。
④ 彭俊礼主编:《通江女红军》,中国文史出版社2015年版,第109页。

朱有才（1910—1987），出身于四川通江县王坪村一个比较殷实的家庭，由于在学校读书时受到进步思想的影响，在1932年底背着家人悄悄参加了红军。她有文化表现又好，很快被提升为妇女独立团排长、副指导员，随后参加了长征和西路军西征。1936年10月底，她在甘肃景泰县尾泉（今中泉水磨湾）与马匪军激战中身受重伤（一只眼睛被子弹打穿），与部队失散，流落在景泰芦阳村，无法找到部队，最终与当地一位姓韩的农民结了婚，终身没有再回过老家。她给后人留下了很多疑问。她的家庭很殷实，自己又读了书有文化，为什么要参加红军闹革命呢？1998年，朱有才的儿子韩福回到母亲的故乡通江县，从舅舅那里得知，母亲当年的家庭条件不错、衣食无忧还能让她上学读书。他的母亲朱有才读书时接受过进步思想，红军到来时她又接受了打倒军阀、推翻封建旧制度、拯救贫苦农民命运的教育，因此她的理想不再是享受家庭的富裕生活、结婚生子之类的寻常想法，她毅然参加了红军。对此，家里人再也没有反对。[①]

在参加红军的童养媳中，还有一位并非因为生活处境困难才投奔红军，而是想通过参加红军闹革命让"穷人都能过上好日子"。那就是1933年在四川平昌参加红军的16岁女孩蒲云。蒲云之女郑复康对母亲参加红军的经过这样写道："母亲当童养媳是11岁以后，是在长胜街上一个开小饭铺的毛家。毛家独生子很早就出去闹革命了，听说后来牺牲了。因此毛家的当家奶奶非常疼爱我母亲，拿她当亲孙女养。毛家困难时也断过炊，但没让我母亲挨过饿。我母亲跟我说，她偷跑出来时，把棉衣棉裤都脱下来叠好并放在床上。她是穿着破衣服出来的。奶奶找不到她，后来听说奶奶眼睛都哭瞎了。我问母亲：'你自己有吃有穿，为什么要出来当红军受苦？'我母亲说：'当时就是想让没有饭吃的有饭吃，穷人也都能过上好日子，这些只有跟着红军走才能办到。'"[②] 由此可见，蒲云参加红军的实际动因就是为了实现让穷人也都能"过上好日子"，让广大人民

[①] 汤华明：《千里征战人未还——长征，散落的红星》，武汉出版社2018年版，第448页。

[②] 2016年10月9日，蒲云之女郑复康致本书作者手书信件。

实现对"美好生活"的向往这一奋斗目标的理想信念。蒲云在长征中加入中国共产党,她回忆说:"长征时我们每天都像是'提着脑袋'赶路,因为生死是个未知数,虽然今天还活着,但也许明天就会牺牲,每一刻都会有战友倒下。但是有一点是很肯定的,同志们都坚信党的革命事业是值得我们付出的。"[①]

1966年,蒲云(左一)与丈夫郑位三(右一)及其子女们在北京合影
(郑复康 供图)

成千上万的川籍女红军为了实现伟大理想目标,克服各种艰难困苦,战胜千难万险,不惜付出巨大牺牲。原红四方面军总医院卫生员秦仪华回忆说,长征时她随部队渡过噶曲河后,粮食已经完全吃光,一天夜里,

---

[①] 蒲云:《我在长征中入党》,中共中央组织部老干部局:《晚枫苑》2014年第5期。

她从梦中醒来，看到指导员坐在篝火旁喃喃自语："一会儿，我先到前面去看看，看能不能找到吃的东西。"清晨，大家发现指导员不见了，许久没有回来。于是，医院战友们一大清早就出去找她，边走边喊；大约走了几里路，她们吃惊地发现，路旁躺着一个血淋淋的女人，正是她们的指导员！可是她已经不能说话了。她的舌头、耳朵、乳房全都被人割去，伤口还在冒血。原来，她天不见亮就出去探寻食物，刚离开营地不久，就遇到一伙土匪，不幸遭到了残害。她们想抬她走，但她

老红军谢远长（右一）、刘文治（左二）与家人合影（谢家喜　供图）

知道她们没有担架，就是有也抬不动她。她怎么也不肯和战友们一起走。最后她坐起来，把仅有的东西都交给了战友们，分给大伙，看着她们哭着离去。秦仪华感叹道："我分到一块土灰色的盐巴。不，那不是盐，是力量、信念，也是任务。靠舔它，我走出了草地。我不知道指导员后来的命运，但永远忘不了她那血淋淋的身影……"[1]

2016年，在纪念红军长征胜利80周年之际，104岁的四川通江籍女红军刘文治（1912—2020）回忆长征爬雪山的情景时说道："那时候，我们都是挤在雪洞里面睡觉。很多战友睡觉前都是好好的，大家还聊天说话，可是第二天醒来发现，人不知道什么时候给冻死了。"面对长征中

---

[1] 中共中央党史研究室第一研究部编：《巾帼红军忆长征》，中共党史出版社2017年版，第426—427页。

的死亡，刘文治坦然地说："从参军那一天起，我就已经把生命交给了党。"[1]通江籍长征女红军刘汉润（1917—2018）接受记者采访回忆长征时自豪地说："是坚定的理想信念支撑我一直走下去！"[2]

在艰苦卓绝的长征中，不管遇到什么困难，甚至牺牲生命，她们"这些红军女战士对革命一定会胜利的信念始终坚定不移"[3]。川籍女红军甘棠在随中央红军长征途中被留在川南进行游击斗争，尽管她吃尽苦头，但仍始终坚定革命的理想信念，在群众中坚持播撒革命的种子。

据原红四方面军第四军政治部宣传队第三分队战士冉光照回忆："记得有一位年纪较大的女同志，因谈恋爱受了处分，开除了军籍。但是，她没有改变自己的理想，她怀着赎罪的心情，背着沉重的包袱，一直跟着红军的队伍，翻过了雪山，涉过了草地，历尽苦难和艰辛，一直走到延安。"[4]

特别悲壮感人的是，四川通江籍女红军李开英在河西走廊血战中负伤后，自知伤情严重难以治愈。为了不拖累战友，她吞下一块大烟土自尽，临终时对战友说："日后见到我儿子，他叫鲜炳文，在九军当勤务兵，就说……就说他娘革命到底了……"[5]实际上，她的儿子和丈夫早已在祁连山壮烈牺牲了。

四川南江籍女红军吴桂莲在长征中眼睛几乎失明，怕拖累部队行军，叫连长不要管她。连长说："我们同是受苦受难的阶级姐妹，我们决不能丢下你，就是背也要把你背到目的地。"长征进入甘肃境内后，吴桂莲被分配到中央红军总政治部当宣传员。1935年10月，吴桂莲等女战士随红军长征途中，毛泽东主席来到宿营地看望她们。毛主席关切地问："你们几个小女同志，这样艰苦行军打仗，能坚持吗？"她们高兴地回答说："能坚持，有毛主席领导，天大的困难也能克服，坚决革命到底。"

---

[1] 甘侠义：《从加入红军那天起，她就把生命交给党》，《重庆晨报》2016年10月12日。
[2] 张荣学、周正卿：《刘汉润：一位红军女战士的绝对忠诚》，甘肃廉政，2016-10-10。
[3] 中共中央党史研究室第一研究部编：《巾帼红军忆长征》，中共党史出版社2017年版，第496页。
[4] 冉光照：《为了理想的社会》，载中共中央党史研究室编：《红军长征纪实丛书：红四方面军卷7》，中共党史出版社2016年版，第3284页。
[5] 卢振国：《随红四方面军长征的女红军》，《党史博览》2006年第10期。

毛主席鼓励她们说："好，我相信你们这些小女战士，是说得到做得到的。"①1935年12月，吴桂莲调到中央银行给毛泽东的夫人贺子珍当警卫员，贺子珍还教她识字写字。

（二）丰富了红军英勇顽强、艰苦无畏的精神

长征途中，数千川籍女红军战士具有坚定的革命理想信念，坚信革命必胜，无比英勇顽强地与各种反动势力做坚决的斗争，克服了重重困难，甚至不惜牺牲年轻宝贵的生命。她们不仅同男红军一样经受了各种艰难困苦的考验，所吃的苦、遇到的困难，远比男红军多，而且还经受了女性生理极限的考验。红军女战士大部分都染上了妇科疾病，甚至有的女红军因长征期间落下的妇科疾病而终生丧失了生育能力。

女红军的英勇无畏是在与敌人生死搏斗中磨炼出来的。川籍女红军王淑英，1933年17岁时参加红军，编入红四方面军第三十一军，后转入红三十三军警卫处、红四方面军妇女独立团，参加长征；她在腊子口战斗中负伤掉队，新中国成立后曾任武都县首届妇联主任。当问及她刚参加红军打仗怕不怕时，王淑英深有感慨地说："怕啥！那是打仗，你不杀他，人家就会杀你的哟。""我们的胆量是生活所迫，是在生与死的斗争中磨炼出来的。因为在当时的环境下，死神一直跟着我们。我生来胆子小，刚参军时最害怕晚上站岗，有时谁受伤我也紧张得心跳，但到后来就不一样了，这是在拼命啊。看着许多同胞姐妹被杀害，要报仇的决心渐渐取代了害怕的心理。有一次，在茂州，敌机又来轰炸，我们有些女兵身上背的火药、硫黄被引燃，有些同志成了火人，翻来滚去，好惨！……过草地时，死的人就更多了，好多人走着走着就倒下了。这样牺牲的且不说，还有中央军、川军及土匪给我们带来的伤亡。敌人围追堵截，战斗相当激烈。我们通常是夜行军，以避开敌人，减少不必要的损失。……想到当时恶劣的

---

① 四川省妇女联合会编著：《巴蜀巾帼壮歌——红四方面军女战士革命斗争实录》，四川人民出版社1993年版，第434—436页。

环境、凶残的敌人，我们怎能不变得坚强、勇敢起来呢？"①

女红军尹清平回忆说："长征一开始，部队天天都在和敌人打仗，前有敌军堵截，后有敌人追击。与敌人作战算不了什么，只要勇敢，不怕死就行。"②

妇女独立团"在敌进攻旺苍坝时，她们用两天时间把囤积于该地的大批粮食、军火、棉衣和食盐，向后转运60余里。为了保证前方供应，女战士们，常常每人背上几十斤、上百斤的物资，跋山涉水，送上阵地，许多伤病员也由她们抬到后方医治。她们这种艰苦无畏的精神，表现了广大劳动妇女勤劳勇敢的优良品质和革命英雄气概，在川陕人民革命斗争史上写下了光荣的一页"③。

中共川陕省委常委、妇女部部长刘坚回忆道："红四方面军的妇女队伍是一支人数众多、素质良好、革命热情很高的巾帼劲旅。它的成员大部分是来自四川北部通（江）、南（江）、巴（中）一带的贫苦劳动妇女。参加革命前，她们挣扎在生活的最底层，不仅要忍受军阀混战、地主剥削带来的痛苦，还要承受公婆、男人的欺凌和虐待。非人的待遇养成了她们吃苦耐劳、不避艰险的性格，更使她们具有强烈的翻身愿望和革命要求。"④

长征中最艰难的是过草地。1936年7月中旬，红二、红四方面军共同北上，到达阿坝、毛儿盖一带，穿越纵横600里的松潘草地。这里粮食极端缺乏，红军靠挖野菜充饥。草地行军，红军又经受了恶劣气候和沼泽泥潭之苦。这时，"妇女独立团的同志们把分给自己的微乎其微的一点粮食拿出来给伤病员吃，自己吃野菜、树皮、皮带。面对这样的艰难困苦，没有一个人叫苦叫饿"⑤。红军进入草地，没粮食吃只好用野菜、草根充

---

① 孙兆霞主编：《西征中的红军女战士》，甘肃人民出版社1993年版，第128页。
② 常天英：《女红军尹清平回黄洋的日子》，载中国人民政治协商会议四川省旺苍县委员会编：《旺苍文史资料选辑》第22辑（内部版），第45页。
③ 《中国工农红军第四方面军战史》，解放军出版社1989年版，第275页。
④ 中共中央党史研究室第一研究部编：《巾帼红军忆长征》，中共党史出版社2017年版，第439页。
⑤ 中共中央党史研究室第一研究部编：《巾帼红军忆长征》，中共党史出版社2017年版，第454页。

2017年夏，本书作者在西安采访长征老红军万曼琳（中）及其儿子路阿峰（右一）
（刘来军　供图）

饥，红四方面军第四军战士张思德就在"尝百草"活动中总是抢在人先。但有些草是有毒的，红军"尝百草"也死了不少人。红四方面军女战士万曼琳回忆说："我看见他们拔什么草，我也拔什么草，嚼一嚼。死了好多的人，吃了毒草。坐在旁边一排一排的，结果眼睛绯红，眼睛都成了红的，死了好多战士。"①

1936年10月，毛泽东在陕北保安的窑洞里接见吴朝祥时说："红四方面军的同志们吃苦了，党中央非常关心你们，特别是你们这些女同志"；"你们妇女独立团一路上抬担架、背伤员、修路、架桥，比男同志还辛苦，这些我都知道。你们是为革命吃苦，为赶走日本侵略者、解放全中国吃苦，这是非常光荣的。"②正如女红军刘坚所说："不论怎样困难和危险，妇女们从来不叫苦，不畏难，总是满腔热情地去完成上级交给的任务。大家心里想的是，只要能完成党交给的工作，牺牲生命也在所不惜，吃点苦、受点累算得了什么。"③这就是红军为了救国救民不畏艰

---

① 阚兆江、闫东主编：《长征的故事》，人民出版社2019年版，第166页。
② 乐洪主编：《洒向人间都是爱：纪念吴朝祥老校长诞辰100周年》，新华出版社2018年版，第43页。
③ 中共中央党史研究室第一研究部编：《巾帼红军忆长征》，中共党史出版社2017年版，第443页。

险、不惜牺牲的精神。川籍女红军在长征中克服了无数常人难以克服的困难，进一步丰富了红军英勇顽强、艰苦无畏的精神。

川籍女红军在随西路军西征的血战中，尤其英勇悲壮惨烈。据原红西路军妇女先锋团政治处主任华全双回忆，在妇女先锋团的最后一仗中，妇女团奉命接替红军主力部队阵地，不惜一切代价顶住敌人，掩护总指挥部和主力突围。她带领二营作战，她的警卫员陈桂平和二营营长姜菊昆相继牺牲。在与敌人短兵相接、千钧一发之际，年轻共产党员、平时说话都有些腼腆的女战士赵素贞挺身而起，一手紧握着两颗手榴弹，一手拉着手榴弹的导火线，猛地跳进敌群。敌人吓得连开枪都忘了，一声"轰隆"巨响，这位女战士便与敌人同归于尽了。①

参加了长征和西路军西征的女红军彭珍回忆说，1936年11月，西路军被敌人围困在甘肃甘州附近的黑喇嘛寺祁连山尾一带。妇女先锋团奉命掩护红军主力部队突围，与主力部队调换番号，妇女先锋团换成十五团番号，以迷惑敌人。她们想方设法不让敌人知道自己是女的，都把自己剃成"和尚头"。彭珍说，在战场上，她们也有牺牲，但"为了不让敌人发觉我们是女的，拼死拼活也要把尸体抢回来"②。在危急关头，全团召开连以上干部会议，政委吴富莲向大家讲话："应当向同志们说明，我们担负这样的任务是光荣的，我们掩护主力突围出去，他们能最后消灭敌人，给人类带来幸福，我们就是牺牲了也是值得的。我们这儿有一些小鬼，她们还年轻，如果她们愿意的话，可以放她们下山自寻生路去。"她叫大家回去统计一下，看愿意留在山上的有多少，愿意下山自寻生路的有多少。很快各营将统计好的人数报到团部，结果在"愿意下山"一项内，全都填了个大大的"0"。战士们异口同声地坚决回答："死，死在一块；烂，烂在一堆！"有些女战士大声嚷道："男同志是人，我们也是人；男同志能牺牲，我们的命难道比别人值钱！我们准备牺牲，不走，不走，一个也不走！"一连长代表全连表示："我们要坚持到最后一支枪，最后一个人，

---

① 中共中央党史研究室第一研究部编：《巾帼红军忆长征》，中共党史出版社2017年版，第871页。

② 中共中央党史研究室第一研究部编：《巾帼红军忆长征》，中共党史出版社2017年版，第883页。

最后一滴血。"①当时妇女先锋团团部领导也都为战士们伟大的自我牺牲精神所感动。敌人在试探性攻击后的第三天,向红军发起全面总攻,很快突破了妇女团防守的坡口。妇女团有两位战士牺牲了,敌人撕破她们的衣服,发现是女的,叫起来:"这山上尽是女的,不是十五团啊。我们上当了!"这一叫,把敌人的劲头鼓起来了,他们就一股劲地往上冲。

后来女战士们眼看实在抵抗不住了,有的就咽下原先准备在最后关头使用的大量烟土、金子,有的就用剪刀、刀子割断了自己的气管。原来红军主力突围之前,供给部给妇女团留下了一些缴获敌人的大烟土和金子,准备给女战士们与敌人战斗到最后时刻吞下自尽。优秀女共产党员、班长张富智,最后留下一颗手榴弹,伏在地上装死,等大群敌人走到身边,把导火线一拉,和敌人同归于尽了。她们"大多数同志,就是这样壮烈牺牲的,没有一个向敌人屈服"②。彭珍等受伤后被俘,在敌人的监狱里宁死不屈,与战友们一起被押出去枪毙;她被打伤,躺在地上装死而未被敌人发觉,最终所幸逃出。

在西路军西征战斗中,红三十军的一个文工团到部队去巡回演出,"走到一个村子里被敌人包围了,他们只有几支枪,却和敌人抵抗了一整天,大部分同志都壮烈牺牲在敌人的炮火下,剩下几个女同志,房子也被炮弹打着了,她们唱着红军歌曲跳进了火坑……"③这些红军女战士都是随红四方面军第三十军从长征中走过来的,她们曾经历了无比寒冷的雪山草地的严酷考验,这时又宁死不屈地跳进了熊熊烈火之中。她们英勇顽强的精神,正如一位西路军战士的诗中所写:"血战马匪五个月,赴汤蹈火弹粮空……革命断头何须怕,一代天骄显英雄。"④

那些被马匪收编的西路军前进剧团的被俘女红军战士,在敌人的"新剧团"里,她们的歌声仍然保持了红军的本色。她们利用歌声巧妙而顽强

---

① 中共中央党史研究室第一研究部编:《巾帼红军忆长征》,中共党史出版社2017年版,第885页。
② 中共中央党史研究室第一研究部编:《巾帼红军忆长征》,中共党史出版社2017年版,第887页。
③ 黄良成:《忆长征》,春风文艺出版社1979年版,第187页。
④ 黄良成:《忆长征》,春风文艺出版社1979年版,第187页。

地同敌人展开斗争。马步芳叫她们到马家军部队去表演节目，她们便借机演出红色戏剧家李伯钊编的舞蹈，马匪因无编导人员，也来不及重新编排，无可奈何，只好同意。有的节目有明显"碍眼"的地方，虽然被马家军"师爷"改动，但在演出时这些被俘女红军演唱仍一如既往。有这样一首歌，原来的歌词是"鼓声咚咚，红旗飘飘"，被敌人改作"鼓声咚咚，国旗飘飘"。演出时，她们仍旧唱"鼓声咚咚，红旗飘飘"。因此她们立即遭到毒打，敌人问："谁叫你们这么唱的？"红军女俘们众口一词回答说："我们历来就这么唱法，习惯了，改不过来。"①她们甚至在私下唱骂马步芳的歌曲："马步芳在西北，阻碍抗日真可恶，压榨人民心狠毒。我们消灭马步芳，建立后方把日换，收复失地才有望。"一次，这歌词被马家兵听到，管理"新剧团"的赵仰气急败坏，立即让人吹哨命令女俘们集合，他大声审问这是谁教唱的、谁是组织者。女俘们说："谁也没教，我们在红军时就这么唱……"②赵仰问不出名堂，只好把女俘们毒打一顿了事。

在长征中，女红军们最艰难的时刻也充满了革命的乐观主义精神。刘坚回忆说："长征是艰苦的。但并不等于说我们在长征中的生活是单调乏味的，恰恰相反，那时，即便在长途行军中，我们的生活既丰富多彩，又充满革命意义。除了工作和开会外，晚上有空时，妇女干部都要集中到妇女学校上课，学习马列主义理论或者文化知识。……四方面军的女同志大都比较年轻，活泼乐观，身体也比较好。在行军路上，大家走在一起，不是你唱段家乡小调，就是她讲段笑话，气氛搞得很活跃。队伍休息时，我们也不甘寂寞，要么大家一起学唱歌，要么就拉些会表演的同志给大家出节目。"③红四方面军第三十三军女子警卫连，共有100人左右，在四川阆中籍连长郭长春的带领下，于1936年3月撤出四川天全县，经达维向甘孜一带转移，翻越具有"万年雪山"之称的党岭山（主峰海拔5400多米），又一次经受了极其艰苦严峻的考验。郭长春说："我们红军是钢铁铸成的战士，冻不死、打不垮、拖不烂，这么一座雪山就能挡住我们

---

① 孙兆霞主编：《西征中的红军女战士》，甘肃人民出版社1993年版，第81页。
② 孙兆霞主编：《西征中的红军女战士》，甘肃人民出版社1993年版，第83页。
③ 中共中央党史研究室第一研究部编：《巾帼红军忆长征》，中共党史出版社2017年版，第446页。

吗？"①女战士们也纷纷要求尽快翻过党岭山。

曾在红四方面军总医院当看护员的旺苍籍女红军史群英回忆说："那时医务人员深入病房，不仅要做治疗工作，了解病员的感情变化，还要经常给伤员唱歌、讲故事、跳舞，使他们忘记病苦，体会到卫生人员也是他们的亲人，从而充满革命的乐观主义精神。"②

女红军郭长春（白玉平　供图）

红三十三军女子警卫连翻过雪山后，又过草地。在过草地前的思想动员大会上，军长王维舟讲话，要求各级干部身先士卒，带头吃苦，做服从命令、遵守纪律的模范。散会时，他还特意对郭长春连长和赵指导员说："你们女子警卫连可更不能麻痹大意，一定要有吃苦的思想准备！"指导员回答说："大家现在情绪可高啦，整天唱着'我们笑哈哈，我们笑哈哈'的歌子，请军首长放心，我们有信心，一定经受住这次考验。"第二天，她们全连组织了五六个小组分头到驻地附近筹集过草地的粮食，做好充分准备后即过草地。当她们看见雾气腾腾、一望无际的草地时，有人还感叹："啊！这草地多美呀，又平又大，可惜没有人来开荒种地！""等着我们哩，革命成功后，在这儿办些大农场……"可是，进入草地第四天，个人带的粮食逐渐吃光，沿途得不到补充，战士们只好忍饥挨饿行军，有的战士走着走着就倒下了，有的一倒下就再也起不来了。这些倒下的女战士都是穷苦出身。她们经历过千辛万苦，没有倒在地主、土豪的皮鞭下，没有倒在敌人的枪炮下，却倒在了这漫无边际的草地上。有的战士牺牲后眼睛都不闭。她们都还是些十七八岁的姑娘！看到那些死不瞑目的心爱战友，郭连长心如刀绞。最后，这个在战斗中成长起来的红军女子警

---

① 中共中央党史研究室第一研究部编：《巾帼红军忆长征》，中共党史出版社2017年版，第396—399页。
② 中共旺苍县委党史研究室编：《红军在旺苍》，吉林文史出版社2018年版，第316页。

卫连，同千百个红军连队一样，历尽千辛万苦，于1936年10月胜利到达陕北，结束了具有深远历史意义的长征。

在长征路上，红军面对的艰难险阻不仅是凶残的敌人和恶劣的自然环境，还有来自内部政治上的错误因素的困扰和阻碍，对此川籍女红军也表现出了英勇无畏的斗争精神。红一、红四方面军会师后混编为左、右两路军，张国焘野心膨胀、拒不执行中央北上的方针，错误地坚持南下，并声称要打到成都。虽然遭到党中央和许多人的反对，他却一意孤行。

刘坚就是川籍女红军中敢于当面公开反对张国焘的典型代表。她年纪小、性格泼辣，又是川陕省委的妇女部部长，敢讲敢做，在部队里有"小钢炮"之称。她曾三次当面顶撞、反对张国焘的错误思想路线行径。

第一次：1935年10月5日傍晚，中共川陕省委妇女部部长刘坚被通知去参加在卓木碉一个教堂里召开的重要会议。张国焘、陈昌浩、朱德、刘伯承、董振堂、李卓然、罗炳辉、何长工等重要领导人都参加了这次会议。张国焘与陈昌浩（红四方面军政委）坐在台子上，朱德、刘伯承等同志坐在下面第一排，刘坚则坐在第三排。她特别注意朱德、刘伯承这两位四川老乡。会议由陈昌浩主持，张国焘讲话。刘坚回忆道，张国焘一开口就说："为什么要成立中央？因为毛、周、张、博等人已经右倾逃跑了，现在为了加强领导，必须成立中央。我们的口号是坚决反对右倾逃跑。"张国焘接着问大家："成立中央你们同不同意？同意的举手！"这时会场里很多人举了手，但朱老总和刘伯承等同志没有举手。张国焘横了一眼朱老总，要他上台讲话，为的是想斗他。这朱老总不慌不忙地走上台，严肃地对大家说："我一个拳头不能选两个中央，因为原先那个中央我举了手的，现在我没有接到撤销那个中央的通知，所以我不能举手。"张国焘气急败坏地无理斥责朱德。朱德义正词严、一语双关地说："朱不能反毛，朱反就是光把子，朱（猪）没有毛会死的。"朱德在关键时刻临危不惧，以大无畏的精神维护了党的团结和统一。刘坚亲临其境，深受教育。会后，她说："想不到共产党斗共产党，要搞两个中央了。"这话传到了张国焘耳朵里，张国焘就把她找去训话，问她说没说这样的话。刘坚干脆地回答："说了。"张国焘立即瞪了她一眼："你小小年纪，懂得什么？"刘坚拿起随身带着的一本党章，指着党章中的一条说："你看，党章上写得清清楚楚，人家举不举手，有他的自由嘛！"张国焘立即火了："你敢反对我张国焘？"①

第二次：1936年5月，在甘孜炉霍的一个喇嘛庙里，张国焘主持会议要开除三个宣传了毛泽东指挥红一方面军在陕北打了胜仗的部队领导人——郭天民、张宗逊、曹里怀的党籍。刘坚在会上发言，反对张国焘这种排除异己的恶霸作风。张国焘质问她："谁指使你发言的？"刘坚回答说："我自己。"张国焘又问："你相信张宗逊他们的话吗？"刘坚说："相信。"②这次，刘坚敢在这样的会议上顶撞张国焘，是受到了朱老总和康克清的支持和动员的。最后，由于多数人的反对，张国焘没敢全部开除三个人的党籍，只开除了曹里怀一人的党籍，给予张宗逊等人以严重警告处分。而这三人后来都成为新中国的开国将军。

第三次：1936年9月，红军部队艰难地三过草地之后到达甘肃临洮县境的达桃溪。这时本应北上抗日，与红一方面军会师，可是张国焘却命令部队掉头西进。在一次80多人参加的"西进"动员会上，刘坚按照事先她与康克清大姐交流商议的意见发了言，表示反对西进。张国焘听了很不高兴，说："萧成英（即刘坚），你哪来这么多意见？"刘坚说："不是我有意见，大家都反对西进，要求北上与毛主席会合，与一方面军会合，齐心协力打日本鬼子。"敢于在会上当面顶撞刚愎自用的张国焘，确实需要过人的胆识。康克清曾对刘坚说："'小钢炮'不简单，这一炮打到点子上了，把张国焘打哑了。"

刘坚感叹道："往事如烟。时间过去了半个世纪，好多事情被岁月的洪流冲刷干净，有的淡忘了，有的模糊不清了，但在艰苦的长征路上，我作为一个未成年的女娃，敢与张国焘作对，则深深地留在我的记忆之中。"③这充分体现了川籍女红军坚持真理、敢于斗争的精神。

---

① 中共中央党史研究室第一研究部编：《巾帼红军忆长征》，中共党史出版社2017年版，第544—545页。
② 中共中央党史研究室第一研究部编：《巾帼红军忆长征》，中共党史出版社2017年版，第545页。
③ 中共中央党史研究室第一研究部编：《巾帼红军忆长征》，中共党史出版社2017年版，第546—547页。

1955年老红军刘坚上校与丈夫杨梅生中将授衔时的合影
（杨秋元　供图）

（三）丰富了红军顾全大局、团结友爱的精神

女战士们一旦参加红军，加入红军这个革命集体，经受党和部队的教育，就遵守党和红军的纪律，顾全大局、团结友爱。这首先是有党的方针政策指引。有"红军唯一的女将领"之称的张琴秋，对革命同志战友十分热情、关爱。女红军王定国说，在红军部队中张琴秋很快就成为战士们共同的"大姐"。"我们这些女孩子，有困难找大姐，闹分歧找大姐，想家了找大姐，受委屈时找大姐，一切都找大姐。大姐成了我们的主心骨。"见到张琴秋，"就像见到自己的亲姐姐一样"。1936年，在长征过草地时，张琴秋见王定国个子不高又背着行李，担心她会陷入泥潭，于是就下马来帮助她想法子。最后，她骑着马驮着王定国的行李在前面探着路走，让王定国空身在后面揪着马尾巴走。一不小心，她俩还是陷入了泥潭，打湿了衣服。张琴秋却把警卫员递给她换的干衣服硬是让王定国换上，还说自己身体结实，王定国太"单薄"。这让王定国感动得热泪盈眶、终生难忘。王定国回忆说："张琴秋同志就是这样克己让人，爱同志如同手

足。"①她称赞张琴秋"是一位没有授衔的将军,是新时代妇女的杰出代表"②。

川籍女红军刘坚回忆说:"长征,对女同志来说,是一种超负荷的艰难跋涉。它使我们付出了青春、健康,甚至鲜血和生命。但是,另一方面,长征又使我们受到一次前所未有的教育和严峻考验。在这场教育和考验中,我们深深感到红军这支队伍,充满了温暖和阶级友爱,从而更加自觉地将自己的命运同红军和革命紧紧结合在一起。"③1933年参加红军的四川巴中籍女战士孙克回忆说,她"那时就感到妇女独立团的友爱精神非常好"④。女红军中的医护人员非常敬业,富有爱心和阶级感情。四川阆中籍女红军王长德(1916—1971),1935年初调入红四方面军总医院,把伤病员照顾得无微不至:伤病员们断炊,她就把自己十分有限的口粮让给他们,自己则常以野菜、树叶充饥;伤病员缺鞋,她把自己的鞋脱给他们。她正直、爽朗、热情、泼辣,是典型的四川姑娘,被战友们亲切地称为"连长姐姐"。女红军罗屏回忆红军长征时说:"那种苦日子里,大家相亲相爱,像一个妈生的。生活是苦的,意志是坚强的。"⑤广大红军女战士在长征中心心相连、生死与共,结下了无比深厚的革命友谊,进一步丰富了红军团结友爱的精神。

罗屏回忆说:"在红四方面军中,医院、兵站、供给部等部门,都有妇女工作人员。妇女武装的任务,虽然打仗不多,但抬担架、运粮、宣传扩红、通信联络、保卫后方机关等事情做得很多。打起仗来,我们是运输队,前方没有衣服我们搞,弹药不足我们送。……单说抬伤员的事情,这是最艰苦的,一天要走八九十里路,人不能丢,粮食不能缺,大家为了阶级兄弟,拧成了一股劲。当时没有担架,就用青杠树干做担架竿,割下葛

---

① 王定国:《留在昨天的情思》,重庆大学出版社1989年版,第66页。
② 王定国:《留在昨天的情思》,重庆大学出版社1989年版,第69页。
③ 刘坚:《征途漫忆话巾帼》,《巾帼红军忆长征》,中共党史出版社2017年版,第446页。
④ 中共旺苍县委党史研究室编著:《红军在旺苍》,吉林文史出版社2018年版,第129页。
⑤ 《中国工农红军第四方面军战史资料选编·川陕时期》(下),解放军出版社1993年版,第411页。

20世纪50年代李伯钊与康克清（右）合影
（杨绍明　供图）

藤做网，抬起走。伤员铺着我们的被，盖着我们的衣。在路上哪来的护士？我们给洗伤口、涤血衣、饮水、喂饭。为了不让伤员饿肚子，把自己的裤子脱下来，灌满粮食，架在脖子上，像木马一样，扛着粮食，抬着伤员走，山路崎岖，上下坡困难重重，遇到敌人还得绕着从荆棘丛中爬来穿去。伤员感动地对我们说：'小妹妹们，把我们放下算了，不要为我们叫你们受这样的折磨！'我们说：'我们都是阶级兄妹，受这点累算什么，救了你们能打敌人！'"[1]

川籍女红军蒲云回忆说，在长征途中，有一次，领导让她和看护长林春芳等三人抬担架转移一位伤员。她们"从杂谷脑到二道桥，有八九十里路，中间还要翻好几座大山，没有路，遍地石头，还要过好几条河，别说抬着伤员走，空着手走也够费劲的"。她们早晨四点钟出发，轮流抬担架，特别小心翼翼，生怕跌跤摔了伤员。走到下午，只剩下半壶水了，四个人干渴得要命，但最需要水的是伤员。他出汗，流血过多，这时候喝点水比药还管用。可那伤员见她们三位女战士又渴又累，怎么也不肯喝，"四个人你推我让，那种相互关心、团结友爱的精神真感人啊！"[2] 红二、红四方面军甘孜会师后，红四方面军第三次过草地时，在行军中，班长蒲云突然听到有人喊："班长，快救命呀！"她回头一看，发现原来

---

[1]　中共旺苍县委党史研究室：《红军在旺苍》，吉林文史出版社2018年版，第408—409页。
[2]　曾志主编：《长征女战士》（第二卷），北方妇女儿童出版社1987年版，第114页。

是同班战士光锋（1918—1975，原名杨春莲，四川平昌人）不小心陷入泥潭，越陷越深，正一边挣扎一边呼救。蒲云急忙跑过去，不顾一切地救她，但不管怎样使劲，也拉不上来，她自己也差点陷进去。她急忙叫来一位男同志，相互配合，费了好大劲才把光锋救了出来。新中国成立后，她俩在北京相见，一见面光锋就紧紧拉住蒲云的手说："老班长，多亏你在草地时拉我一把，不然，我是活不到今天的。"[1]蒲云回忆长征时感叹道："在最艰苦的时候，医护人员和伤员情同手足，相互关心，争挑重担，关键时刻，把生的希望留给别人，把危险留给自己。大家同心同德，克服一个个意想不到的困难。"

原红四方面军妇女工兵营连长刘汉润说，她随红军长征进入川西高原草地时，衣服已破烂不堪，难以蔽体，天寒地冻，饥寒交迫。他们白天在藏族群众的垃圾堆里拣毛（不管是什么毛，只要是毛），夜里捻成线，做成毛衣过冬，甚至到垃圾堆去拣些藏族群众丢下的破皮鞋充饥。特别是女同志，长征途中，不仅吃不饱穿不暖，连卫生纸也没有。她们在特殊的生理期，只有把大些的树叶当卫生纸。树叶又硬又潮又冰，妇女工兵营有个女战士叫张爱莲。她不会用这种"替代品"，在行军途中一走就掉下来了。她想家，不想坚持下去，大哭起来。连长刘汉润和指导员都给她做思想工作。指导员还把自己穿的一条夹裤脱下来分成两条单裤，一条穿在腿上，一条拆成片片，给那些"闹特殊情况"的女战士。刘汉润也把仅有的一件棉衣拿出来支援女战士们。张爱莲感动得热泪盈眶，她说："红军姐妹就是好，比亲生姐妹还关心。"战士们都流下了眼泪。连长见大家情绪都很低落，就带头唱起了歌："今年苦，明年甜，红军抗日上前线，打得日本鬼子没处窜……"[2]大家跟着唱，情绪又慢慢回升起来，继续长征。四川万源籍女红军高莱玲（1920—2007）回忆说，在长征途中她在红四方面军第九军二十五师医院当护士，大姐姐们曾对她说："小妹妹，你记住，长征中我们用野麻叶子做过最好的月经布。"[3]

---

[1] 曾志主编：《长征女战士》（第二卷），北方妇女儿童出版社1987年版，第116页。
[2] 中共中央党史研究室编：《巾帼红军忆长征》，中共党史出版社2017年版，第393页。
[3] 中共中央党史研究室第一研究部编：《巾帼红军忆长征》，中共党史出版社2017年版，第643页。

据四川苍溪籍女红军孟青（原名夏明秀，1918—2005）回忆，她所在的红四方面军三十一军医院洗衣队50多个女战士挤在一间房子，睡地铺，只有一床棉被，冬天大家轮流盖。两个队长每夜轮流值班，值班队长发现谁冻得睡不着，就把棉被给谁盖上。"盖上被子的人呼呼睡着，值班队长再把被子轻轻拿过来，盖在另一个被冻醒的战士身上，夜夜如此。有时盖上被子的同志醒来，发现唯一的一床棉被盖在自己身上，就赶忙起身，轻轻把被子挪到其他同志身上，自己裹上干稻草再睡。"[1]这个50人盖一床被子的故事，曾在红三十一军医院广为流传。

1935年6月，红一、四方面军会师后，孟青随红三十一军北上后又因张国焘的错误路线南下，部队行至丹巴。当时她担任红三十一军供给部女工排二班班长。一天，她们女工班部队正集合在丹马场上休息，这时看见一个十五六岁的姑娘，从一座大山的山洞口向部队走来。她身体瘦弱，面色苍白，衣服破烂不堪，含泪对女红军们哀求道："红军先生，你们来了，救救我吧！我要求当红军！我父亲被还乡团杀头了，母亲也被国民党打死了，我要报仇！"说完她就大声痛哭起来。见此情景，女战士们都忙着围上去看，问那个姑娘的情况，并说"当红军要打仗，很艰苦，走路很多，你怕不怕"。那女孩眼泪汪汪地说："我叫邓玉兰，父母生前都在区苏维埃工作，红军开走后，还乡团回来把我父母抓走了，当着乡亲们的面杀头示众，把头悬在大树上，叫大家去看。多亏好心的乡亲们掩护，把我和弟弟连夜藏进了附近的山洞中，才免遭毒害。我们俩在山洞里藏了很长时间，天天盼望红军回来，给父母和穷人们报仇。今天，总算把红军盼回来了，你们一定要收我当红军！"[2]随后，经上级批准，女工排接收了这个15岁的藏族姑娘，就编在孟青那个班里。

不久，刚来部队的邓玉兰（后改名邓宇蓝，1920—1982）患上了伤寒。红军部队当时医疗条件太差，许多伤员都无法医治，又要行军作战，只好把伤病员留下，让他们就地分散到乡亲们家中调养治疗，邓宇蓝也只

---

[1] 四川省妇女联合会编著：《巴蜀巾帼壮歌——红四方面军女战士革命斗争实录》，四川人民出版社1993年版，第588—589页。
[2] 中共中央党史研究室第一研究部编：《巾帼红军忆长征》，中共党史出版社2017年版，第423页。

好留下。部队出发之前,邓宇蓝对前来看她的班长孟青坚强地说:"班长,你带我走吧!我刚参上军,就要把我留下,我就是爬,也决不掉队!"说完,她紧紧握住班长的手,又昏迷过去了。班长孟青"面对这个苦大仇深一心要干革命的苦孩子,毅然下决心,就是背也要把她背出雪山、草地"。于是孟青就把邓宇蓝背上背,咬紧牙关,一口气赶上了部队。班里的女战士们,也纷纷跑来,轮流背她行军,谁也不愿让这个失去亲人的苦孩子离开部队。后来在雪山草地里,大家再也背不动了,邓宇蓝也哭着不肯让大家背她走,但战友们要坚决背她走。正在此时,红三十一军供给部的政委来了。见此情景,他就将自己的马让给邓宇蓝骑,政委和大家一起徒步行军。经过千辛万苦,他们终于走出了雪山草地。孟青感叹道:"班里的同志们,虽然不是亲姐妹,但是革命的感情胜似亲姐妹。"①

女红军孟青
(中共苍溪县委党史研究室 供图)

四川阆中籍女红军权卫华(1919—2002)回忆说:

到1936年初,我们红四方面军重新北上。那真是艰辛的历程啊。当时我在党校,康克清大姐是我们的党总支书记。在行军途中,我们女同志和男同志一样,同甘共苦,互相照料,有时背药箱,有时替炊事员背锅,有了走不动的伤病员,我们就用担架抬。一宿营就忙着打柴、挖野菜,常常是十天半月吃不上一顿有粮食的饭。没有盐巴,就摘些花椒子当盐吃,麻得张不开嘴。翻越大雪山(党岭山)……我还穿着短裤,打上绑带,脚冻硬了,多亏何连芝大姐、赖清云、何锐等几个同志给我用手搓,我才挣扎着跟上了部队。过草地时……许多同志被冻死饿死了。……我可永远不

---

① 孟青:《长征路上亲姐妹》,载中共中央党史研究室第一研究部编:《巾帼红军忆长征》,中共党史出版社2017年版,第423页。

会忘记董老的爱人何连芝同志和吴朝祥同志,她俩为我们红小鬼操尽了心……①

就是这样,川籍女红军在长征中培养并充分发扬了集体主义和团结友爱精神。通江籍女红军李玉南说:"集体主义是战胜困难的精神力量。在长征路上,充分发挥了集体主义精神。你没有毯子她有,就你撕一块,我撕一块,共同使用。晚上宿营,女同志要到僻静地方换衣服,另外的同志就放哨。长征中,死了不少人,就是有些坏人用暗枪打死的。明枪暗箭,暗箭难防。……在僻静处换衣服,不放哨是很危险的。所以女同志都我帮你、你帮我放哨。"②一位男红军、长征时曾任红四方面军总医院院部书记的李国策回忆说,在翻越党岭山时,"我们下山之后,人们的情绪又高涨起来,行军队列有序,女战士又唱起歌来了。不知她们安的什么心,老追我,要我和她们一起唱,她们就这个拉我一下,那个推我一下,把我推来推去,我面红耳赤,她们却哈哈大笑。如果我不是书记这个'官',也可能她们不会这么着。不,这是革命队伍中同志之间的阶级情谊,这是革命的乐观主义,不仅仅是在这儿,还是在以后更艰难的日子里,我们总是如同兄弟姐妹般的友谊,互帮互救。回想起来,没有她们的帮助与照顾,也可能早已没有我这个人了。"③

在长征中充分表现出来的阶级友爱精神,不仅体现在女红军战士像亲姐妹一般的互相关爱,也体现在男女战士之间的互相帮助,特别是男同志对女同志的关心帮助。女红军李玉南回忆说:"行军中,提出了尊重妇女的口号。女同志拿不起的,男同志帮忙拿;背不起的,帮忙背;没吃的,男同志主动支援。领导同志在行军中起了带头作用。如果看见女同志没吃的,就把自己吃的东西送给这个同志;如果看到女同志不能行走了,就把

---

① 权卫华:《长征漫忆》,载中共中央党史研究室第一研究部编:《巾帼红军忆长征》,中共党史出版社2017年版,第589页。
② 李玉南:《要吃通江饭,妇女打前站》,载中共中央党史研究室第一研究部编:《巾帼红军忆长征》,中共党史出版社2017年版,第537页。
③ 李国策:《万水千山只等闲》,载中共中央党史研究室编:《红军长征纪实丛书:红四方面军卷7》,中共党史出版社2016年版,第2895页。

自己的牲口让出来，给这个同志骑。这些动人的事迹，像春天的鲜花，开遍长征路上。在这种精神感动下，再累也不叫累，再饿也不叫饿，再走不动也一步挨一步向前。"红军长征中，男同志尊重女战士，女战士也很自尊，时刻保持优良作风。李玉南回忆说："晚上宿营，男女同志在一起，互相尊重，从不说下流话，从不乱来，没有出过纰漏，没有犯过两性错误。在红四方面军里结婚的很少，那样多的妇女，与男同志在一起，没有听说哪个女同志出过丑（生过娃娃）。不仅未婚的是这样，就是已婚的，也是这样。因为，天天打仗，夫妻没有在一起。我们经常讲发扬党的光荣传统，红四方面军在长征中所表现出的阶级友爱，以及男女之间那种纯真的感情，那种互相尊重的行为，就是党的光荣传统啊！"[1]

在纯真的阶级友爱和革命感情中，长征女战士特别是川籍女红军战士还给伟大的红军长征精神注入了伟大圣洁的爱情。长征出发时有的就是夫妻红军（如四川籍的杨尚昆和李伯钊夫妇），有的女红军战士是在长征中与红军干部结为夫妻的，还有的是双方都走过长征后喜结连理的。

川籍女红军冯明英与王宏坤、张文与洪学智、潘家珍与刘子云、王新兰与萧华、刘坚与杨梅生等红军伴侣，就是在长征中相识结婚的。

在红四方面军进入西康后，红四军军长王宏坤认识了四川平昌籍女红军冯明英（1916—1999）。冯明英从小父母双亡，在哥哥家养大。由

1960年冯明英与丈夫王宏坤上将合影
（王新中　供图）

---

[1] 中共中央党史研究室第一研究部编：《巾帼红军忆长征》，中共党史出版社2017年版，第537页。

于哥哥家穷，几岁的时候就被送到别人家当童养媳，受尽折磨。1932年红四方面军离开鄂豫皖根据地，红十一师三十三团最先到达她的家乡得胜乡，她趁着家里只有那个八九岁的"小丈夫"在家玩，逃出来找到了红军。从此她开始了革命生涯，她也第一次有了自己的大名"冯明英"。长征途中，冯明英主要是随红四军一起行军，开展地方工作。她身上有川妹子的吃苦耐劳和一股韧劲，王宏坤在行军中亲眼看到冯明英特别能吃苦，别人休息了，她还在劈柴烧水，从心底觉得她不简单。经过短暂的恋爱，1936年4月13日，王宏坤和冯明英在红四军军部举行了简单的婚礼，从此两人南征北战，出生入死，相濡以沫，一起走过了56年的风雨人生路。

1979年建军节张文与丈夫洪学智上将合影
（洪炜　供图）

川籍女红军张文与洪学智的草地结良缘颇有戏剧性，是由王宏坤、冯明英夫妇直接促成的。1936年5月30日，红四军在四川瞻化（今新龙县）的草地上召开全军运动会，红四军政治部主任洪学智与军长王宏坤、参谋长陈伯钧坐在主席台上观看体育比赛和军事训练节目表演。大会安排由供给部和卫生部两个女兵班给大家唱歌表演。这时，张文带领供给部一班的女兵上台唱歌。她们的精彩演唱博得大家喝彩，更吸引了洪学智的特别注意。

张文（原名张熙泽），1919年出生于四川通江县洪口镇，出身很苦，10岁就给地主家当佣人。1933年2月张文就与二哥张熙汉一起参加了红军，同在红四方面军第四军被服厂工作，她心灵手巧、吃苦耐劳，成为女兵班班长，1936年2月加入中国共产党。当时，红四方面军总部决定高级干部单身的可以结婚。这时23岁的洪学智正好单身,是符合政策的。军长王宏坤和夫人冯明英、参谋长陈伯钧和夫人何克春及红四军供给部政委谢启清都很关心洪学智的终身大事,于是就把刚才上台表演的女红军张文介绍给了洪学智。两人志同道合,随即于1936年6月1日结婚,后来一生幸福美满。

川籍女红军王新兰与萧华将军的爱情故事,更是感人至深。1937年8月,12岁走完长征、未满13岁的王新兰依依不舍地告别了她生活战斗了几年的主力部队红四方面军宣传队,来到八路军总部所在地陕西省三原县云阳镇。一个偶然的机会通过陈赓的介绍,她认识了红一军团第二师政治委员萧华,这两位刚刚相识的长征战士"走在夏日的夕阳晚照中,谈得最多的是长征"[1],他们互相之间产生了爱慕之情。随后经罗荣桓撮合,他俩在云阳镇正式确立了恋爱关系,最终喜结连理。虽然他俩是在长征结束之后相识的,但是他们对长征历程都有切身感受,而且在1964年萧华将军准备为纪念红军长征胜利30周年撰写有关长征的作品《长征组歌》时,他的夫人、原红四方面军文艺宣传队队员王新兰提供了直接鲜活的长征资料,激发了萧华的创作灵感。

萧华、王新兰之子萧云回忆父亲在创作《长征组歌》情景时写道:"有一天,父亲问母亲,长征中最大的感受是什么。母亲不假思索地说:'一是觉得路怎么那么长,总也走不完;二是肚子总是在饿;三是冷,除了雪山,就是草地……'父亲听罢,顺手就写下了那几句:雪皑皑,野茫茫,高原寒,炊断粮。"[2]萧华曾明确地说这几句应归功于夫人王新兰,王新兰三过雪山草地的感受,"使他几乎没怎么费力,就从脑子里蹦出了这几句"。

在杭州西湖边的那座小楼里,王新兰在陪伴萧华创作《长征组歌》时往往激动得流泪,泪水模糊了稿纸。《长征组歌》成为脍炙人口的经典之作,其作者萧华却说《长征组歌》他认为最好的就是《过雪山草地》

---

[1] 萧云:《我的母亲——长征中最小的女红军》,中国文联出版社2021年版,第322页。
[2] 萧云:《王新兰:9岁参军的开国上校》,载王友平主编:《长征中的川籍女红军》,四川辞书出版社2016年版,第54页。

王新兰与丈夫萧华上将合影（萧云　供图）

中的那四个短句。萧云回忆说："当我看到《长征组歌》的手稿上满是泪痕，我被极大地震撼了。我知道父亲、母亲是两位老红军，都有着深深的长征情结。"[①]

周恩来总理当年极其重视《长征组歌》的创作和排演。1965年八一建军节时，由北京军区排演的《长征组歌》在北京正式演出，获得极大成功。周恩来痴迷《长征组歌》，一生看过17次《长征组歌》的演出，能一字不落地唱出全部歌词。

在长征途中，经朱德、康克清介绍，中共川陕省委妇女部部长刘坚与红四方面军总部纵队参谋长杨梅生结为夫妻。刘坚在长征中还是个出色的宣传员，敢于仗义执言，被称为"小钢炮"。1936年秋，她在洮州（今甘肃临潭）召开的"西进"动员大会上，竟敢出面反对张国焘的"西进"计划，力主北上。长征胜利后，刘坚曾被调往新四军工作。新中国成立后，她相继担任湖南军区后勤部副政委、广州军区司令部直属政治部副主任（副军职），1955年被授予上校军衔。

回忆起那段漫长征程，刘坚常说："无论对死者或是对幸存者，让大

---

① 萧云：《王新兰：9岁参军的开国上校》，载王友平主编：《长征中的川籍女红军》，四川辞书出版社2016年版，第55页。

家感到欣慰的是，在自己的人生花季，我们没有虚度。"①

红四方面军与中央红军于懋功会师后，川籍女红军潘家珍从妇女独立团调到红军总部保卫局担任特派员，这时她与同在红军总部工作的作战参谋刘子云相识相爱。1936年10月，红军三大主力会宁会师时，在这"欢庆时刻，在草地行军中结下深情的刘子云、潘家珍结婚了，成为终身的革命伴侣"。刘子云称赞夫人说："潘家珍才叫了不起，干起活来泼辣、干脆，我很佩服。她凭着'三寸金莲'，走完了历史上举世闻名的长征，真了不起！"②

1963年潘家珍与丈夫刘子云将军合影（刘南征　供图）

"延安五老"之一的谢觉哉与川籍女红军战士王定国是长征到达延安之后，于1937年10月经彭加伦介绍、毛泽东批准才结婚的，但是他们也是在长征途中因"缝衣"结缘的。1935年6月中旬，红一、四方面军的先头部队在夹金山麓胜利会师，刚调到剧团的王定国在参加庆祝会师联欢大会后随剧团从两河口来到卓克基，与大家一起为北上过雪山作准备。一天，她和几个剧团同志在山坡下聊天，这时一位老同志手拿衣物走了过

---

① 徐革、阎永峰：《15岁"女伢子"的长征——访老红军刘坚》，《解放军报》2006年1月2日。
② 刘南征等：《刘子云画传》，中央文献出版社2006年版，第26—27页。

来。他面带笑容走到王定国面前说:"小同志,要过雪山了,请帮我把这两件单衣合起来装上羊毛,缝成一件羊毛衣。"王定国当即接过来很爽快地答应了。老同志连忙说:"那就谢谢你了。我叫谢觉哉,就住在山坡上,是一方面军干部休养连的。"第二天,王定国就将缝好的羊毛衣送去。谢觉哉接过毛衣,立即道谢,并将身旁的董必武、徐特立给她作了介绍。临别时,谢觉哉还特地嘱咐王定国说:"小王同志,你们过雪山的准备工作做得怎么样了?回去告诉同志们多准备一点辣椒,可以御寒。"王定国感到很温暖。她十分感慨地回忆说:"谁曾料到,这次与谢老的偶然相遇,竟使我们后来成了终身伴侣。"[①]

1936年10月,红四方面军与中央红军在甘肃会宁会师后,刘文治随军在甘肃驻扎,在三八五旅继续为军队做军需用品工作。在甘肃工作期间,刘文治与同样也是随红四方面军走过长征的战友谢远长结为连理。原来,刘文治还是谢远长在长征中的救命恩人。长征途中,在翻一座大山时,红军战士谢远长由于缺氧瘫倒在路途中,正是刘文治将他背了出来,使他获救了,于是两人相识相爱。刘文治回忆说:"我当时不救他,他就死了。"[②]1945年,刘文治经延安短暂停留后随部队南下。1952年,刘文治和谢远长结束了军旅生涯,转业到重庆第四棉纺织厂工作,直至离休。2020年9月,刘文治在重庆病逝,享年108岁。

在长征女红军中,有许多都是与丈夫同为红军并且都参加过长征的川籍女红军,参见附录二《夫妻同属长征老红军的川籍女红军一览表》。

1950年谢觉哉与王定国(左)夫妇在北京合影
(谢亚旭 供图)

[①] 中共中央党史研究室第一研究部编:《巾帼红军忆长征》,中共党史出版社2017年版,第358页。
[②] 《刘文治:能参加红军,能接受任务就很满足了》,《重庆日报》2016年10月12日。

（四）丰富了红军依靠群众、同甘共苦的精神

在长征期间，红军在思想和行动上都切实践行群众路线，一切为了群众、一切依靠群众，从群众中来、到群众中去，在群众中播撒了革命种子，赢得了人民群众对党和红军的认可与支持，为夺取革命胜利奠定了坚实的群众基础。女红军特别是川籍女红军善于做群众工作。原中共川陕省委妇女部部长刘坚对当时的情形回忆道："外出做群众工作条件很艰苦，什么东西也没有，靠的就是两条腿、两只手和一张嘴，长途行军下来，没有休息多久，一接到任务，马上就挎上马刀，有的还带上两个马尾手榴弹（当时大多数女同志的武器装备就是如此），就出发了。遇到部队行动出发，就要赶快派人通知她们走到指定地点，跟上部队继续长征。有的因为工作地点偏远，通知得不及时，赶不上部队，就被敌人捉去杀害了。在那样艰苦恶劣的环境下，我们妇女干部战士就是这样，尽自己最大的努力，甚至献出年轻的生命，把党的主张、红军的影响，一点一滴地渗透到群众中去，为扩大中国革命的民众基础，立下了不朽的功绩。"[①]

参加红军后，广大红军女战士"摆脱了悲惨的命运，走上了一条解放自己又解放他人的崭新的人生道路"。正如刘坚所说："在长征途中，这些贫苦出身的妇女干部、战士，上上下下，打成一片，发挥出巨大的革命热忱，靠官兵一致、团结友爱、领导带头和严密的纪律性，战胜了无数个困难。在我们的队伍中，无论是工作还是生活，我们妇女干部都必须首先做到。"领导干部处处以身作则，关心群众、爱护群众。中共川陕省委妇女部巡视员王长德，"对待同志好像一盆火"，"身上有两件衣服她会脱下一件给衣服单薄的同志穿；袋中有一口炒面也要拿出来和大伙分着吃。同志们都说：'长德心中只有别人，没有自己。'"[②]

领导与群众同甘共苦，在利益面前总是先人后己，甚至心中没有自己。王长德在担任川陕省工农总医院连长时，伤病员们断炊，她把自己极

[①] 刘坚：《征途漫忆话巾帼》，载中共中央党史研究室第一研究部编：《巾帼红军忆长征》，中共党史出版社2017年版，第444页。

[②] 刘坚：《征途漫忆话巾帼》，载中共中央党史研究室第一研究部编：《巾帼红军忆长征》，中共党史出版社2017年版，第445页。

其有限的口粮也让给了他们，自己则经常以野菜、树叶充饥。她正直、爽朗、热情、泼辣，病友们都称她"连长姐姐"。她关心群众生活的精神品质一生保持。1958年，她回到故乡阆中探亲，看到干部作风存在问题，农民生活仍然困苦，回京后便立即写信向组织反映情况。

四川阆中籍女红军孟瑜随红四方面军新剧团长征，两次深入藏族地区，与藏族同胞结下了深厚情谊。她说："在藏族地区，每一个同志都交了一些藏胞好朋友，连喇嘛寺的小喇嘛都非常亲热地跟我们接近了。他们常常偷偷跑到我们这边来玩，有时不愿意回去，闹着要参加红军。"她们严格地执行了党的民族政策。1936年3月，孟瑜所在的剧团要奉命离开杂谷脑地区，继续向西，前往道孚、炉霍一带。当时队长交代，为了不惊动群众，不要把部队撤离的消息告诉群众。但是，群众还是知道了。藏族同胞们跑到他们的驻地来，"个个哭得眼睛红肿，特别是一些年轻妇女哭得最厉害"[①]，坚决叫他们不要走。红军与藏族同胞们的亲密关系，由此可见一斑。这与女红军的群众工作是分不开的。

随中央红军长征的四川南溪籍女红军甘棠，1935年3月奉命留在川南从事革命斗争，任中国工农红军川南游击纵队政治部宣传队队长（后调司令部做指导员兼组织干事），与敌人进行艰苦的游击战。她和一同留下的女红军李桂英（原名李桂红）广泛深入群众做军运民运工作，带领群众开展抗捐、抗债、抗租的斗争，打土豪开仓分粮，有效地发动了群众，深受群众欢迎和信赖。1935年秋冬，川滇黔边区游击队回到老游击区域，与群众关系更加亲切。有的群众把他们最好的东西拿来请红军吃，有的群众把娃娃抱来结干亲，要讨得红军游击队一点小东西留作纪念。甘棠回忆说："据我知道的李桂红同志和我在分水岭等地就给群众的小孩套了几十根红线，收为干儿子计十六七名。游击队到的地方群众关门闭户，偷偷地看清是红军才开门出来，最大的目标就是有没有两个女红军。有两个女红军就是真红军，从第一次'会剿'后，两个女红军就成为红军的标志了，

---

① 中共中央党史研究室第一研究部编：《巾帼红军忆长征》，中共党史出版社2017年版，第309页。

就能找到群众，否则群众拒绝接待。"①

类似情况，不胜枚举。由此可见，川籍女红军对长征精神的铸就和丰富贡献是十分突出的。

二、对长征精神的大力宣传

长征女战士都具有深厚的长征情结，她们一生怀念长征岁月、大力宣传长征精神。长征精神激励和影响了她们的一生，甚至子孙后代。

许多幸存的女红军在长征后撰写了不少有关长征的回忆录，发表相关文章，或作长征报告，或接受采访等，她们以不同的方式大力宣讲红军长征故事、宣传长征精神。据中共中央党史研究室第一研究部编《巾帼红军忆长征》一书统计，该书收录了女红军战士82人所撰写的回忆文章，其中绝大部分是川籍女红军所写。

李伯钊先后创作了反映长征历程和长征精神的歌剧《长征》和话剧《北上》。1950年，李伯钊在周恩来总理的支持和帮助下成功地创作了著名歌剧《长征》。为了创作《长征》，她还"邀请聂荣臻、陈赓和陈锡联担任军事顾问"②。这部歌剧，1951年首次公演获得极大成功，它热情讴歌了红军英雄的伟大业绩，第一次塑造了人民领袖毛泽东的舞台艺术形象。1975年10月，遭受"四人帮"迫害、身处逆境的李伯钊还满怀激情地写下一首《忆三过草地慰问红二方面军》诗：

雪山幕布草地台，红军歌舞红军爱。
文艺本从革命生，精华就从群众来。
革命话剧多雄壮，长征路上征途远。
老兵定要谱新传，永远当个宣传员。

---

① 中共中央党史研究室第一研究部编：《巾帼红军忆长征》，中共党史出版社2017年版，第851页。
② 杨绍明、杨李：《最是长征风雪路 剧坛烽火放奇花——我们的母亲李伯钊》，《红岩春秋》2011年第3期。

1976年3月，李伯钊在谈到她为什么要把《长征》写成歌剧时说："我喜欢民歌，又爱唱歌，会唱许多红军歌。我常常在晚会上独唱给红军部队战士们听，每次总要唱几首才下场。唱歌能鼓舞士气，消灭敌人。我唱的这些歌，大多是从儿童团、少先队、赤卫军、妇女队、红军宣传队（一、二、四方面军的）学来的。……开始写《长征》时，有人建议我写话剧，我不同意，因为我舍不得群众教我唱的那些歌，我和这些歌有很深的感情。"[①]李伯钊以惊人的毅力历时三年完成了话剧《北上》的创作。该剧在党的十一届六中全会召开时公演，荣获文化部和中国戏剧家协会优秀剧本创作奖。1985年春，李伯钊在重病住院前夕还忍着病痛，口授了她的革命回忆录《三过草地》[②]；在住院期间、临近生命的最后时刻，她还在思考进一步修改这篇文稿。她生前留下的最后一张遗照就是在伏案修改《三过草地》记录稿。

四川阆中籍女红军权卫华曾回忆长征前后的艰难岁月，经过她们的宣传许多人走上了革命道路。她饱含深情地写了一首《忆阆中》诗。诗中描写了她自身的真实经历，"自从来了共产党，劳苦大众得解放，童养媳妇翻了身，十三青春上战场……"[③]

女红军王定国的长征情结十分深厚，不仅蕴藏于心中，更倾注于笔端，感染着每一个走近她的人。王定国从70多岁开始练习书画，她的书画作品大部分内容都和长征有关。2004年，91岁高龄的王定国重走长征路，在泸定桥边对一群偶遇的少先队员讲红军故事。她讲完飞夺泸定桥的故事后，还与孩子们合影留念。她接着对儿子谢亚旭说："他们是接班人，要让他们

权卫华（李湘沅　供图）

[①]　《李伯钊文集》，解放军出版社1989年版，第419页。
[②]　《李伯钊文集》，解放军出版社1989年版，第301—313页。
[③]　四川省妇女联合会编著：《巴蜀巾帼壮歌——红四方面军女战士革命斗争实录》，四川人民出版社1993年版，第158页。

了解历史。"①

伟大的长征精神支撑和激励了长征女战士们的一生，也通过她们的不懈宣传和终身践行而感染激励了许许多多的年轻后代。

川籍长征女红军黄海云（1918—2019）说："人一旦有了理想信念，什么沟沟坎坎都能过得去。"黄海云一生不忘长征情结，长期坚持宣传长征精神。1960年，黄海云被广州八一小学聘请为校外辅导员，常去给孩子们讲革命故事。她也常给新战士讲长征故事。黄海云说："年轻人不知道什么是苦，我多讲一点是为了让他们明白今天的生活需要珍惜，遇见困难也不要气馁。"直到晚年她还经常给人们讲长征故事。为了宣传弘扬红军长征精神，凡是有单位要采访，她从不拒绝。有时身体不舒服，子女们劝她别接受采访了，可她说："这是宣传红军长征精神的好机会，我不能放弃。"②就这样，高龄的她先后接受了中央电视台、解放军画报、

1999年，81岁女红军黄海云于井冈山红军医院留影（赖亚力 供图）

① 谢亚旭：《王定国：夕阳未必逊晨曦》，载王友平主编：《长征中的川籍女红军》，四川辞书出版社2016年版，第33页。
② 王友平：《一心向党经风云——百岁老红军黄海云》，《四川党史》2020年第2期。

井冈山干部学院和延安干部学院等多个单位的采访。她98岁高龄时,还在家中给来看她的后辈和外国友人讲述长征故事。

参加过长征的赵汉卿(红一方面军)、通江籍女红军唐成芝(红四方面军)夫妇经常对子女说:"长征是一次信仰的考验,人生也是一次长征。"[①]其子赵太国深受红军父母的长征影响,圆了两个人生梦:一是当兵梦,二是长征梦。他退役后,于2005年重走父母的长征路,从江西瑞金出发,途经11个省、自治区,历时212天,沿途采访20多位老红军,祭扫170多座红军墓,后来撰写出版了纪实散文集《独步长征》(2011年由解放军文艺出版社出版),被列为解放军出版社优秀读物。

老红军女战士、开国大尉刘照林从抗美援朝战争结束返回沈阳后,本可休息安享晚年,可她仍闲不住,经常去工厂、农村、学校讲述革命斗争史,对青年进行革命传统和爱国主义教育。1968年7月,老红军刘照林到沈阳市郊区前进公社米尔大队参加集体劳动,利用休息时间对青年进行革命传统教育。

1968年老红军女战士刘照林在沈阳郊区前进公社朱尔大队参加集体劳动,利用休息时间在地头对青年们进行革命传统教育(李军 供图)

川籍女红军林江(原名向光莲)说:"我从一个孤儿成长为一名红军战士,随部队三过草地,学到了文化,懂得了革命道理,这都是党的培养和教育,老一辈的关怀和帮助的结果……红军长征精神永远不能丢。今天的生活来之不易啊!""我们只有发挥长征精神,把自己的祖国建设强

---

① 《军嫂》杂志社编著:《跟着信仰走——我们家的长征故事》,人民出版社2016版,第224页。

大，才能对得起无数革命先烈呀！"①

曾任妇女独立团军事教员的巴中籍女红军刘天佑说："一定要让更多的世人了解长征，让后代更好地继承、发扬长征精神。"②原妇女独立团女红军苏力晚年常常叮嘱年轻人："长征精神不能忘啊！长征精神可是伟大的中华民族精神的重要组成部分啊！"③

1979年，70多岁高龄的女红军何连芝回故乡探望，特意带上自己的儿孙，就是要让他们懂得今天的幸福生活来之不易，要永葆劳动人民的本色。她还特地到了自己当过"童养媳"的三溪口，到了自己参加红军宣传队的竹峪关，到了一些当年自己战斗过的地方。在她离开家乡之前，还特意亲自做了一顿"忆苦餐"，自己吃，也叫儿孙们吃，并对他们说："这是我们老一代劳苦大众在解放前的主食，今天再这样来讲艰苦朴素，也许你们会感到奇怪，难理解。不过，这个精神是永远不应该忘记的。记得过去，就会珍惜现在，也就会创造更美好的未来。"④

女红军刘坚在离休后发挥余热，一直撰写关于长征的文章，发表了《征途漫忆话巾帼》《南瓜请客》《草地晚餐》《奇怪的小号兵》等作品，其中《草地晚餐》被选入初中语文课本。

中共中央党校原二部党支部书记、川籍女红军胡莹离休后，常被邀请到中小学作报告，对青少年进行革命传统教育，给孩子们讲长征的故事和长征精神。她说："一定要让孩子们知道这是真实发生的事情，要珍惜今天的幸福生活，努力学习本

胡莹（胡珍 供图）

---

① 王友平主编：《长征中的川籍女红军》，四川辞书出版社2016年版，第287页。
② 洪梅芬等：《十位长征女战士说她们的长征》，人民网，2006年8月8日。
③ 王友平主编：《长征中的川籍女红军》，四川辞书出版社2016年版，第151页。
④ 四川省妇女联合会编著：《巴蜀巾帼壮歌——红四方面军女战士革命斗争实录》，四川人民出版社1993年版，第220页。

领，建设我们的国家。"①

2006年8月8日，92岁的四川苍溪籍女红军邹家珍千里迢迢从延安来到北京瞻仰毛主席纪念堂，并给天安门国旗护卫班战士讲长征中浴血奋战的故事，讲了近一个小时，勉励国旗班战士。她始终热心于国防教育宣传，还曾创下了一天连作6场报告、10小时不休息的记录。②

四川平昌籍女红军蒲文清从1956年到2011年去世前，50多年间一直"始终自觉坚持宣传党的光荣历史和伟大的长征精神"。她"在担任学校校外辅导员期间，应邀讲传统、作报告上千场次，是深受人们爱戴的一位红军老战士"③。

四川平昌籍女红军蒲云，晚年退居二线后革命精神不减。她为了鞭策自己，用长征精神教育子孙后代，认真整理和撰写了《我在长征中的生活》《长征中的一个女指导员》等文稿，2015年98岁高龄的她还撰写了文章《我在长征中入党》。她在这篇文章中写道："我把我的长征和入党经历写出来，就是想告诉大家我们党领导的革命是不容易的，长征是不容易的，我们的党是伟大的，党的中央领导是很有智慧的，而今天的美好生活是来之不易的，是靠那些千千万万革命者用生命和鲜血换来的，我们每个人都要倍加珍惜，更加努力。"

2016年9月，在纪念红军长征胜利80周年之际，长征女红军刘汉润在接受记者采访时说道："党给了我一切，我要把一颗红心献给党。在有生之年，我要把长征精神一直传下去。"④1989年刘汉润从甘肃景泰县妇联的工作岗位上离休20多年来，她"一直坚持正常'上班'"，"每天到部队、学校、工厂上班，工作内容就是讲革命传统"。她九十高龄还担任20多家机关、企业和学校的政治教育辅导员，先后为200多个单位作报告1200多场，听众达280多万人。对于应邀去作革命传统教育报告，她还给

---

① 胡珍：《让红色基因永远传承》，《学习时报》2021年3月5日。
② 杨祖荣：《我们为您骄傲——写给老红军邹家珍奶奶》，《解放军报》2006年8月18日。
③ 何丽：《三过雪山草地的15岁护士排长》，载王友平主编：《长征中的川籍女红军》，四川辞书出版社2016年版，第354页。
④ 温红彦等：《红军女战士刘汉润：我要把长征精神一直传下去》，《人民日报》2016年9月25日。

自己"约法四章":一是邀请单位两公里内的,一律步行;二是不收取任何劳务费;三是不收礼品;四是不参加宴请。

著名女红军王定国在谈"长征感想"时写道:"回忆长征走过的艰难历程,我深深体会到:在那样的困苦绝境中,我们的红军,以严明的纪律,以坚忍不拔的毅力,以百折不挠的精神,以大无畏的英雄气概战胜了凶残的敌人和险恶的环境,创造了人类战争的伟大奇迹。而由此开创和传承下来的长征精神……不仅仅是中华民族不屈不挠、自强不息的伟大民族精神的体现,更是保证我们革命事业不断走向胜利的无比强大的精神力量。"①

1985年王定国与长征时的老战友李登玉(右)在北京合影(王翊 供图)

三、对长征精神的终身践行

长征之后,幸存的女红军一生践行长征精神。她们本身就是长征精神的铸就者,许多人在以后的抗日战争、解放战争中继续发扬长征精神,为民族独立、人民解放浴血奋斗;新中国成立后,她们在各条战线上,一如既往地终身弘扬和践行长征精神,以各种方式发挥着自己的作用,继续为人民幸福和国家富强而努力奋斗。有的长征女红军还参加了抗美援朝战争,如川籍女红军陈在如、刘照林、侯敏、林波、傅安帮等。川籍女红军

---

① 中共中央党史研究室第一研究部编:《巾帼红军忆长征》,中共党史出版社2017年版,第292页。

们一生保持红军本色，长征之后她们一直弘扬和践行长征精神的事迹同样精彩感人。

川籍女红军幸存者中，有许多在长征时期就是团级、营级、连级、排级干部。她们跟着部队直到全国解放，但在新中国党政机关任职的川籍长征女红军只有极少数人。如李伯钊曾任中共北京市委文委书记、中央戏剧学院副院长和党委书记、中国戏剧家协会副主席、全国政协常委等，甘棠曾任中共西南局妇委副书记、四川省高级人民法院副院长，李开芬曾任北京军区后勤部副政委（副兵团职）；绝大多数川籍女红军都在基层工作，为党和人民默默无闻地继续奉献。这些从枪林弹雨中走过来的女红军战士保持红军本色、时刻不忘初心使命，任劳任怨地努力工作，绝大多数人职务职级都很普通。女红军老战士们为人民服务的热情很高，从不计较个人职位待遇。如吕明珍（1912—1992），1933年参加红军，1935年担任川陕苏区昭化县苏维埃政府主席，是当时川陕苏区唯一的县苏维埃政府女主席，参加了长征和抗日战争及解放战争，1963年病休时任一机部幼儿园园长。孟瑜，1933年不满13岁就在阆中参加红四方面军妇女独立营，1935年加入中国共产党，后来参加了长征、抗日战争、解放战争，长征前她就担任过妇女独立营排长，延安时期曾任中央军委办公厅干事，直到1981年年满60岁离休时她的行政职务还是一个福州军区司令部直政科的副科长；四川平昌籍女红军蒲文清，1933年15岁参加红军就当排长，三过雪山草地，1937年加入中国共产党，新中国成立后她一直长期在北京市东城区交道口街道办事处、居委会工作了整整20年，直到离休，她一生坚持党的理想信念，一心一意为基层群众服务。1960年，蒲文清响应北京市人民政府关于搞好城市人民经济生活的号召，创办了北京市第一个街道服务站。而在战争中失散流落的女红军，绝大多数都在农村以务农为生。

新中国成立后不久，川籍女红军李光明随丈夫参加了进军西藏的"第二次长征"。1950年春，为了完成祖国统一大业，李光明怀着身孕带头要求与丈夫谭冠三（时任第二野战军第十八军政治委员）一起进军西藏，并任十八军妇女干部学校第三中队中队长。她是十八军近千名进藏女兵中为数极少的经历过长征的女红军。进藏行军途中，她不幸流产，仍然坚持随部队进军。她以长征时的顽强毅力和革命意志，翻山越岭，行程2万余里，历时1年零8个月，胜利到达拉萨。刘伯承元帅赞誉此次进军为"第二次长征"。西藏和平解放后，李光明长期坚持在西藏工作，为建设西藏作出了重要贡献。

许多川籍女红军一生坚持热心公益事业，不断为困难群众捐款、捐助学校并交"特殊党费"。女红军刘汉润自1998年将自己多年来积攒的720元钱全部作为"特殊党费"上交组织以来，一直坚持交"特殊党费"。对于交纳党费，她说："我是党培养的，钱不算多，添不上斤添两。""只要活着，还要继续交'特殊党费'。"[1]中共中央办公厅离休干部、85岁高龄的川籍女红军王德银为1998年长江抗洪救灾捐款5000元。[2]

老红军张文，平时生活十分俭朴，却用省吃俭用积攒的12万元慷慨资助家乡四川通江洪口镇中心小学建设多媒体计算机教室。1995年，在她的提议下，他们全家在北京大学选定了湖北、四川、山东等革命老区的8位特困生，每月向他们每人资助100元，一直供到他们大学毕业。在纪念红军长征胜利80周年之际，在中国人民革命军事博物馆展厅中看到展出的一张参加过长征的部分女红军在1961年三八妇女节的合影照片时，张文深情地说："比起牺牲在长征路上的战友，我们能看到新中国、看到今天的新时代，已经足够幸运。"[3]2019年7月，迟浩田上将给张文百岁华诞题词："开国上将贤内助，巾帼精英真豪杰。"

张文（右）与红四方面军老战友、刘伯承元帅夫人汪荣华合影（洪炜、张昭昭 供图）

---

[1] 《刘汉润：一位红军女战士的绝对忠诚》，每日甘肃网，2016年10月13日。
[2] 《向灾区人民伸出援助之手》，《光明日报》1998年8月15日。
[3] 丁海明：《老红军张文：16岁踏上烽火长征路》，《解放军报》2016年6月29日。

女红军刘照林，1991年临终前将自己省吃俭用留下的积蓄1万元捐赠给了家乡的通江县涪阳中学，作为该校的奖学基金，专门奖励家庭贫困的女学生。

曾居住在宁夏银川的川籍女红军赖清林，几十年始终坚守共产党人信仰，苛刻自己，乐于助人，热爱公益，共捐款20余万元。在离休后的20多年里，她先后到各类学校、部队、机关等单位作革命传统报告60多场次，引起强烈反响。

女红军童云，从1966年离休到2011年建党90周年前夕，定居绵阳军分区干休所，离休不离志。40多年间，她热心公益事业，平时生活节俭，积极主动为"希望工程"和灾区困难群众捐款捐物。2008年5·12汶川特大地震发生后，她交纳特殊党费2000元，并捐款3000元，说这是"尽一份老党员的责任"①。

四川苍溪籍女红军姚树兰（1917—2019），在10年中累计捐款数万元，帮助16名贫困学生重返学校并完成学业。她关爱青少年成长成才，除给予资助外，还通过做报告、组织参观上饶集中营纪念馆等形式，引导他们从小就确立正确的人生观、价值观，发扬老区传统，做红色传人。

四川南江籍女红军谢元珍，多年来积极为社会捐款献爱心。她经常说："我的一切都是党和人民给的，我要回报党和人民。"2008年5月，95岁的女红军谢元珍在电视上看到老家四川汶川发生了特大地震后，主动与吉安市红十字会联系，向灾区捐款2万元。仅2000年到2016年，她就捐款捐物超过10万元。她还担任小学的

姚树兰与孩子
（郑志强 供图）

---

① 傅晓英、郭晋：《童云：从童养媳到红军战士》，中国军网，2011年4月2日。

校外辅导员，每年六一儿童节她都要捐款1000元。她自己一生生活很节俭，而捐助社会、帮助他人却慷慨解囊。有人问她为什么要这样做时，她回答说："长征路上红军都是互相帮助的，红军的传统不能丢，本色不能褪；只有这样，才对得起那些牺牲的烈士。"①她还经常深入学校、机关、部队作革命传统报告，讲述自己参加革命斗争的亲身经历，对青少年进行革命传统教育。

2008年5·12汶川特大地震发生后，九十高龄的川籍女红军黄海云从自己的退休金里拿出2万元，捐给了灾区人民。黄海云那种自强自立、坚韧不拔、奋斗不息的精神，那种打不垮、拖不烂、能扛住任何压力的巨大能量，那种善良、宽厚、慈祥、体贴的胸怀和爱心，深深地影响着她的子孙后代。她带领子女们为家乡的建设集资募捐，在井冈山建了一所希望学校——春风中学，为老区培养了一代又一代年轻人。

川籍女红军陈发云，晚年先后向汶川、玉树等灾区以及家乡贫困山区捐款2万余元，捐物不计其数。她临终前留下遗嘱，要求后事一切从简，不允许子女收任何人的礼金，不设宴席。

女红军们是保持优良传统和纯正家风的光辉典范。她们对自己的家人后代要求都很严格。女红军吴朝祥常常教育子女们要"甘当普通一兵，不要搞特殊化"，"不能躺在父母亲的功劳簿上睡大觉"，"工作上要高标准，生活上要低标准"，"要向工农子弟学习，与工农子弟打成一片"②。女红军蒲文清有一个抄有近200首革命歌曲的歌本，现被收藏在中国妇女儿童博物馆里。她时常会和女儿们坐在床边，来一首母女二重唱。她用歌唱的方式鼓励自己和家人继续发扬长征精神。蒲文清之女何丽说："我现在的生活方式都源自母亲留给我的财富，长征精神不应仅仅停留在历史阶段，更应是一种传承。"③女红军金兆秀经常对自己的女儿徐长珍说，"经历过长征，就没有什么过不了的难关，人应看淡生活中的

---

① 《英雄的史诗 一生的长征——走近老红军谢元珍》，吉安新闻网，2016年8月3日。
② 乐洪主编：《洒向人间都是爱：纪念吴朝祥老校长诞辰100周年》，新华出版社2018年版，第63页。
③ 耿兴敏：《女红军蒲文清：让我这小小的烛光，亮些再亮些》，《中国妇女报》2006年10月21日。

磨难"[1]。

长征女红军们的精神品格及言传身教，深深地影响了子孙后代和广大民众。

四川通江籍女红军李元发之子邓良明在纪念母亲的文章中写道："保持艰苦朴素、勤俭节约的好作风是妈妈留给我们最大的精神财富。""从小她就要求我们吃饭不能掉饭粒，不能剩饭"，"不让我们搞特殊"。[2]

老红军何长工、尹清平之女何光瑁回忆说："母亲常常对我们子女讲长征中爬雪山、过草地的千难万苦，每次谈及长征中被饿死冻死的战友，她都禁不住落泪。她教育我们要永远艰苦奋斗，不能腐化堕落。她自己更是身体力行，用长征的艰苦奋斗精神要求自己，对贪图享受的腐败之风深恶痛绝。"[3]

川籍女红军刘天佑的外孙说："外婆的故事对我们影响很大。她对我们的教导，对我们上学、工作、做人做事都有着很重要的意义。长征精神是我们的传家宝。我们会把长征的故事、长征的精神一代代地传下去。"[4]

长征精神不仅为女红军们所终身发扬和传承，而且由此形成的良好家教家风也对子孙后代产生了重要的积极影响，在家风建设中永放光芒。

---

[1] 陈玫等：《老红军百岁生日忆峥嵘岁月》，《新晚报》2007年3月16日。
[2] 邓良明：《邓典桃、李元发同志纪念册》，北京时代弄潮文化发展有限公司2016年版，第149—150页。
[3] 何光瑁：《尹清平：一生实践行长征精神》，载王友平主编：《长征中的川籍女红军》，四川辞书出版社2016年版，第63页。
[4] 党文婷等：《长征精神是我们的传家宝——在延安八一敬老院聆听老红军的故事》，《光明日报》2019年8月7日。

结束语

长征女红军,历经无数磨难,信念无比坚定,意志无比坚强。她们英勇斗争,不怕牺牲,感天动地。众多川籍女红军对红军长征的伟大胜利,作出了不可磨灭的重要贡献,她们是伟大长征精神的重要塑造者和传承人。她们一生不忘长征历史,始终宣传和践行长征精神。长征精神,是女红军一生为国为民奋斗的精神动力,也是中华民族精神的宝贵财富。长征女红军是中华民族史上极其伟大、特别令人敬佩的巾帼英雄群体。

"参加红军后,她们摆脱了悲惨的命运,走上了一条解放自己又解放他人的崭新的人生道路。"[1]长征女红军用自己的青春、鲜血和生命为中国人民和中华民族解放,谱写了一曲悲壮的凯歌。川籍女红军是整个长征女红军中人数最多、规模最大、最悲壮、群体贡献最大的一个英雄群体。

在长征中,川籍女红军以巴蜀儿女独特的气质,以坚定的理想信念,以必胜的革命信心和坚毅顽强的斗争精神,同其他红军战士一道,与凶残的敌人和恶劣的环境作斗争,克服了常人难以想象的艰难险阻,完成了伟大的历史使命,谱写了一曲曲感天动地的历史壮歌,用鲜血和生命创造了中国军事史上的奇迹。在烽火硝烟中,她们历经了战斗洗礼,成长为坚强不屈的伟大战士。特别是红四方面军妇女独立团这支英雄的女红军队伍,人数之众,时间之长,斗争之艰难,牺牲之惨重,在中国工农红军史上乃

---

[1] 刘坚:《征途漫忆话巾帼》,载中共中央党史研究室第一研究部编:《巾帼红军忆长征》,中共党史出版社2017年版,第444页。

至整个中国军事史上都是绝无仅有的。她们为中国人民的解放事业立下了不朽的功勋。她们在战斗中所表现出来的坚韧不拔的革命英雄主义气概，为党为人民顽强奋斗、英勇献身的革命精神，永远值得我们学习和弘扬。长征女红军们身体力行传承的伟大长征精神，将永远激励着我们战胜一切困难，"每一代人都要走好自己的长征路"。

附　录

附录一：川籍女红军中的开国校官一览表（共28人，均参加了长征）

序号	姓名	生卒年份（年）	籍贯	参加红军时间（年）	授衔时间（年）	军衔
1	刘　坚	1919—2005	通江	1932	1955	上校
2	何　锐	1917—1972	旺苍	1935	1955	上校
3	王新兰	1924—2022	宣汉	1933	1955	上校
4	王长德	1916—1971	阆中	1933	1960	上校
5	李中秋	1925—1965	达县	1933	1960	上校
6	吴朝祥	1918—1998	通江	1932	1961	上校
7	权卫华	1919—2002	阆中	1933	1961	上校
8	张　静	1921—2005	阆中	1934	1961	上校
9	黄海云	1918—2019	梓潼	1935	1960	中校
10	何曼秋	1919—2014	江油	1933	1956	上校
11	秦仪华	1919—2009	平昌	1934	1960	中校
12	张　苏	1921—2007	通江	1933	1955	中校
13	史群英	1922—2014	旺苍	1933	1960	中校
14	冯明英	1916—1999	巴中	1933	1962	海军中校
15	潘家珍	1916—1975	通江	1932	1961	中校
16	杨　磊	1920—2011	通江	1933	1955、1964	少校、中校

续表

序号	姓名	生卒年份（年）	籍贯	参加红军时间（年）	授衔时间（年）	军衔
17	陈在如（又名陈再茹）	1913—1969	万源	1933	1961	中校
18	冯甦	1921—2004	万源	1934	1963	中校
19	李玉兰	1920—2015	营山	1933	1955	少校
20	林江	1918—2011	阆中	1933	1955	少校
21	程桂	1921—1996	平昌	1932	1960	少校
22	朱应明	1913—1997	旺苍	1933	1962	少校
23	侯正芳	1922—2016	阆中	1933	1960	少校
24	贾晔	1918—1977	通江	1933	1960	少校
25	李光明	1921—2011	通江	1933	1961	少校
26	赵明光	1923—1981	阆中	1933	1960	少校
27	童云	1920—2015	城口	1933	1961	少校
28	邬先碧	1915—1989	巴中	1933	1962	少校

附录二：夫妻同属长征老红军的川籍女红军一览表（据不完全统计，按姓氏音序排列）

序号	女红军姓名	籍贯	丈夫姓名	丈夫长征时所在部队及职务	新中国时期其丈夫军衔
1	艾 萍（原名杨宗秀）	通江	廖静民	红四方面军总供给部秘书、财务科科长	
2	安钦林	阆中	周生财	红二方面军战士	
3	蔡元祯	巴中	张水清	红四方面军新剧团文艺指导员（在西路军西征中被俘牺牲）	
4	陈德明	达县	王世全	红四方面军战士	
5	陈发云	通江	尹金生	红四方面军军校一连秘书、骑兵排排长	
6	陈久红（原名程天友）	通江	郭维权	红一方面军军团司令部警卫连班长	
7	陈 明	南江	牟正茂	红四方面军第三十军八十八师二六八团党委秘书、秘书长等职	
8	陈 其	巴中	李质忠	中央革命军事委员会和红军总司令部机要科译电员、电报保管员、抄报股股长	
9	陈仕民（原名陈速民）	通江	赵成才	红四方面军战士	
10	陈焕英（原名程焕英）	平昌	扶太保	红四方面军战士	
11	陈银花	万源	易蒲彩	红一方面军总卫生学校战士、红九军第二十七师八十团卫生队队长	
12	陈在如（又名陈再茹）	万源	樊学文	红四方面军第三十军第二六七团一营书记	少将
13	崔 珍	通江	郑自兴	国家政治保卫局侦察科科长（红一方面军）	
14	程 桂	平昌	胡登高	红六军团第十七师五十团营长，第十七师补充团参谋长、代团长	少将
15	党之光	巴中	刘 放	红一方面军兵站医院医务科科长、红军总卫生部科长	少将
16	邓宇蓝（原名邓玉兰）	小金	罗占云	红四军十二师三十五团团长（1948年病逝）	
17	杜文凯	南江	况步才	红四方面军第三十军战士	

续表

序号	女红军姓名	籍贯	丈夫姓名	丈夫长征时所在部队及职务	新中国时期其丈夫军衔
18	范崇玉	苍溪	刘炳富	红四方面军第九军班长（参加了西路军西征）	
19	冯明英	平昌	王宏坤	红四方面军第四军军长	上将
20	冯甦	万源	汤池	中央教导师供给部军需科科长	少将
21	冯新	巴中	杨国敬	红二十五军独立营机枪连战士	
22	冯玉莲	旺苍	闫捷三	红一方面军红军大学教导师二团副团长（后因在战争中与妻子长期失去联系又再婚）	少将
23	高璧升（高璧陞）	达县	李戒迷	红四方面军干部	
24	高莱玲	万源	谢维德	红四方面军国家保卫局警卫连党支部书记、副排长	
25	高秀英	苍溪	钟步云	红一方面军兵站站长	
26	高余屏	梓潼	张方明	红四方面军第四军十师二十八团二营五连党支部书记	大校
27	苟三春	巴中	刘汉鼎	红四方面军战士	
28	苟秀英	通江	钟永福	红四方面军班长	
29	芍兴珍	阆中	陈开堂	红四方面军营长	
30	桂惠琴	宣汉	王正坤	红四方面军第三十三军二九六团团长（1940年牺牲）	
31	郭长春	阆中	白志文	红三军团第五师十五团团长	少将
32	郭荣珍	仪陇	肖志功	红二方面军贺龙保健医生	大校
33	贯文翠	南部	敬正坤	红四方面军第三十一军战士	
34	傅安帮	平昌	王从义	红四方面军战士	
35	韩明珍	巴中	范振华	红一军团部总供给部警卫连副连长	
36	何炽（何征友）	南部	宋辅南（袁文）	红四方面军第九十三师政治部副主任、主任，第三十一军直属政治部主任等职	

续表

序号	女红军姓名	籍贯	丈夫姓名	丈夫长征时所在部队及职务	新中国时期其丈夫军衔
37	何光	金川	王良科	红四方面军干部、中央警卫团排长	
38	何克春	通江	罗家镐	红四方面军特务团副团长	
39	何建平	旺苍	张树才	红一军团卫生部政治委员，红一军团直属队党总支书记、红四军教导团政治委员	少将
40	何连芝	万源	董必武	中央纵队后勤部卫生队干部休养连（特殊连队）党总支书记	
41	何曼秋	江油	张汝光	红军总司令部卫生所所长	少将
42	何锐	旺苍	袁克服	中共川陕省委首任书记、红四方面军独立第一师师长	少将
43	何子友	苍溪	周子昆	红军大学高级指挥科科长、红军总司令部一局（作战局）局长	
44	贺林	达县	杨步金	红九军团三师九团团部通讯员	大校
45	贺林声	苍溪	刘凤邻	红一方面军宣传分队队长	大校
46	贺治珍（原名贺子珍）	达县	周念文	红四方面军第三十三军三十一团二营五连八班班长（1935年2月在勉县陕南战役中牺牲）	
47	侯发银	旺苍	何立智	红四方面军第三十一军九十三师二七一团三营副排长	
48	侯立珍	万源	王能益	红四方面军第三十军交通队队长	
49	侯敏	旺苍	杨家华	红一军团警备连指导员	大校
50	侯正芳	阆中	毛普安	红四方面军总部军事法庭传令兵、国家保卫局特务队队员	大校
51	胡桂香	通江	彭太元	红一方面军第四军副连长、第三后方医院院长	
52	胡莲	宣汉	周清枫	红四方面军某部团政治委员	
53	胡莹（原名刘建华）	巴中	朱连	中央军委三局机务员和机关党支部书记（1948年病逝）	
54	黄海云	梓潼	赖春风	红六军团十八师五十三团一连连长	少将

续表

序号	女红军姓名	籍贯	丈夫姓名	丈夫长征时所在部队及职务	新中国时期其丈夫军衔
55	黄琳	通江	任荣	红军大学政治部宣传干事兼教员	少将
56	姬玉珍	平昌	胡保荣	红二方面军第六师第十七团战士	
57	贾克林	绵阳	赵明才	红四方面军连长	上校
58	贾晔	通江	陈文彪	红二军团第十五师十五团政治委员	少将
59	建华（原名白蒲秀）	旺苍	肖茂山	红一方面军干部团粮秣科科长	大校
60	巨林秀	平昌	何智	红四方面军战士、县委组织部部长	
61	姜萍	小金	傅家佑	红四方面军总供给部军需处处长	大校
62	赖清林	万源	李凯国	红四方面军战士、中央保卫局特务班班长	
63	赖清云	巴中	姜成	红四方面军营长	上校
64	黎萍（原名黎忠孝）	巴中	陈仁麒	红一方面军干部团特科营政治委员	中将
65	李伯钊	重庆	杨尚昆	红一方面军第三军团政治委员	
66	李朝春	阆中	周春林	红一方面军第十二军第二十师团长	
67	李福生	南江	邓开祥	川陕省委第五工作大队队长	
68	李光明	通江	谭冠三	红一军团军事裁判所书记，第二师六团党总支书记，陕甘支队第四大队政治处主任	中将
69	李涵珍	达县	罗贵波	中央红军干部团三营政委、红军上级干部队队长兼政委、红军教导师政治部主任	
70	李鸿翔	通江	陈正洪	红四方面军第三十一军九十三师二七四团三营政治委员、营长	
71	李华	旺苍	谢国仪	红三军团第四师十一团连长、中央军委警卫营长	少将
72	李开芬	达县	朱良才	中革军委总卫生部政治委员兼政治部主任	上将

续表

序号	女红军姓名	籍贯	丈夫姓名	丈夫长征时所在部队及职务	新中国时期其丈夫军衔
73	李健	巴中	侯政	中央红军高级干部休养连连长、总卫生部医政科科长、红二方面军卫生部部长	
74	李金莲	通江	欧阳迁	红五军团十三师地方工作部干事、十三师三十七团政治处干事、红四方面军十师干事	
75	李林	巴中	徐久智	中央军委警卫团班长、警卫连连长	中校
76	李明	达县	陈学品	红四方面军总指挥部警卫营四连班长、排长	
77	李天秀	通江	伏殿成	红四方面军总部通讯营通讯员、红三十军部通讯队通讯员	
78	李先英	巴中	吴立准	红四方面军战士	大校
79	李新兰	平昌	张三奎	红四方面军第三十一军连长	
80	李秀英	通江	张茂林	红四方面军第九军班长、特务连排长	
81	李秀珍	仪陇	邓茂荣	红四方面军第九军战士（红西路军战士）	
82	李玉兰	营山	张令彬	红九军团后勤部部长，红四方面军第四局管理科科长、方面军直属供给处处长	中将
83	李元发	通江	邓典桃	红一方面军秘书、文书科长	
84	李政芳	通江	彭纪球	红四方面军连指导员	
85	李中秋	达县	沈昌荣	红四方面军第四军政治部通讯员	
86	廖殿明	阆中	刘昌	红八军团第二十三师六十八团二营政治教导员	少将
87	廖华仙	南江	潘奕星	红一方面军第五军团后方医院看护兵、司药	
88	廖正芳	阆中	程怀龙	红四方面军第五军卫生队队长、师卫生部部长	
89	梁金玉	通江	张忠（张啟勋）	红四方面军手枪队战士	大校

续表

序号	女红军姓名	籍贯	丈夫姓名	丈夫长征时所在部队及职务	新中国时期其丈夫军衔
90	良梅（原名杨先富）	平昌	朱达	红一方面军管理科科长、供给部部长	
91	林波	巴中	钟池	红一方面军政治部通讯连指导员	少将
92	林江	阆中	张广才	红四方面军第三十三军政治委员	少将
93	刘成清	宣汉	郭接贡	红一方面军战士	
94	刘立清	万源	薛立平	中共大金省委政治保卫局秘书长	
95	刘坚（原名萧成英）	通江	杨梅生	红四方面军总部纵队参谋长	中将
96	刘天佑	巴中	李明道	中央红军战士	
97	刘文治	通江	谢远长	红四方面军后勤部工务科科长（营级）	
98	刘永福	通江	蒋绍财	红三十军八十八师二六三团战士（西路军失散红军）	
99	刘学芝	剑阁	田长江	红三军团第四师第十三团第三营营长	
100	刘照林	通江	李新耀	红四方面军总部川陕保卫局侦察科科长	
101	卢桂秀	苍溪	赵云山	红二方面军军部警卫营营长	
102	罗莲清	通江	何孟烈	红三军三师十一团卫生队医生	
103	罗林（原名罗琳）	巴中	熊友刚	红三十一军卫生部部长	大校
104	吕桂兰	广元	赵凯轩	红四方面军第三十三军十二师警卫员、排长、连长、营长	
105	吕明珍	达县	徐长勋	红四方面军第四军十二师政委、红军总司令部第四局副局长等	
106	吕清云	通江	杨伯华	红四方面军干部	
107	马朝清	通江	宋代兴	红四方面军干部	
108	马光清	通江	杨佰让	红一方面军连长	上校
109	马奎宣	开江	王维舟	红四方面军第三十三军军长	

续表

序号	女红军姓名	籍贯	丈夫姓名	丈夫长征时所在部队及职务	新中国时期其丈夫军衔
110	孟青	苍溪	李中	红一方面军政治教导员	
111	孟瑜（原名李翠芝）	阆中	龙飞虎	红一方面军第三军团政治保卫局便衣队队长	少将
112	苗玉香	苍溪	贺怀恩	红四方面军干部	
113	潘家珍	通江	刘子云	红军总司令部作战局作战参谋兼党总支书记	少将
114	彭克昌	通江	姚一廷	中央红军第四军先遣工作团粮秣科科长、部兵站装备处长等职	
115	彭彬	达县	王全国	红二方面军四师十二团团党总支副书记、三营教导员，红一方面军医院特派员	少将
116	彭绍兰	巴中	汪东元	红四方面军军区兵工厂组长	
117	彭云（原名彭玉秀）	巴中	戴福九	红一军团保卫局科长	
118	蒲秀珍	南江	王兴友	红四方面军第四军十师政治部地方工作科科长	大校
119	蒲云	巴中	郑位三	红二十五军政治部主任	
120	钱桂英	平昌	田崇厚	红十五军七十五师供给部部长	大校
121	乔士贞	苍溪	李墨清	红四方面军司号员（西路军战士）	
122	秦仪华	平昌	孙仪之	红军卫生学校教务主任	少将
123	权卫华	阆中	李基	红四方面军总政治部保卫局预审科长、红四军保卫部副部长	少将
124	曲飞（原名罗坤）	苍溪	徐其海	红四方面军第九十一师参谋长	少将
125	屈萍	通江	易毅	红四方面军卫生队队长	
126	史群英	旺苍	徐士凯	红四方面军总卫生部宣传科科长	
127	苏琳	南江	杨绍先	红四方面军总医院排长	上校
128	苏琴（原名施光珍）	巴中	张元辅	红四方面军指导员、教导员	大校

续表

序号	女红军姓名	籍贯	丈夫姓名	丈夫长征时所在部队及职务	新中国时期其丈夫军衔
129	孙 克	巴中	肖 赤	中央军委红星纵队司令部特派员	
130	唐成英	南江	袁美才	红四方面军第三十军运输队战士（长征后失去联系）	
131	唐成芝	南江	赵汉卿	红一方面军侦察科副科长（曾参加过南昌起义）	
132	唐树林	通江	何国礼	红四方面军营长	
133	唐照国	营山	周万成	红一方面军司令部参谋（1951年牺牲）	
134	陶才桢	达县	莫钧涛	红军总供给部处长	
135	陶淑良	苍溪	杨克明	红五军政治部主任	
136	谭新华	宣汉	马云峰	先随红四方面军转战陕南、后随红二十五军长征到陕北，排长	
137	田金秀	广元	杨 凯	红四方面军排长	
138	童 云	城口	朱友德	红四方面军总部直属队总特派员	大校
139	万子英	达县	余贤谓	红四方面军第三十一军九十三师二七九团七连连长	
140	王长德	阆中	谭 政	红一方面军第一军团政治部组织部长	大将
141	王 超	巴中	丁荣昌	红九军团第三十二军九十四师二八二团政委	少将
142	王德银	阆中	龙 许	红六军团十七师机枪连副指导员	
143	王定国	营山	谢觉哉	中华苏维埃共和国中央政府秘书长	
144	王海仕	达县	罗冬祥	红四方面军第三十一军九十三师医院护士、九十三师二七三团医务所助理	
145	王 克	平昌	詹道奎	红四方面军第三十一军九十三师政委（1941年詹道奎牺牲，1949年王克与革命同志崔侃结婚）	
146	王洪应	南江	田寄山	红四方面军第三十一军连长	

续表

序号	女红军姓名	籍贯	丈夫姓名	丈夫长征时所在部队及职务	新中国时期其丈夫军衔
147	王文珍	达县	陈子勋	红四方面军战士	
148	王顺洪	宣汉	白崇友	红四方面军第四后方医院党支部书记	少将
149	王新兰	宣汉	萧华	红一军团组织部长、第二师政治委员	上将
150	王秀英	旺苍	谢兴凯	中央政治保卫局政治保卫大队司务长	中校
151	王瑛（又名王英）	通江	谭世忠（又名谭思忠）	红二方面军警卫团排长、连长，警卫团总支书记	上校
152	王永忠	苍溪	陈玉高、马金六、王某	三任丈夫都成烈士，前两任都是红军战士	
153	王芸	万源	刘仁保	红三十二军政治部组织部部长	大校
154	王志成	旺苍	郝希英	红军兵工厂厂长	
155	温秀英	巴中	刘志三	红四方面军第三十军战士（红西路军战士）	
156	文林	南江	曾宪志	红一方面军中央警卫团干事	上校
157	邬家珍	苍溪	杜伯阶	红一方面军战士	
158	邬先碧	巴中	张有年	红二、六军团总指挥部无线电大队侦察台台长，红二方面军总指挥部机要科侦察台台长	
159	吴朝祥	通江	乐军	红四方面军侦察排长	大校
160	吴兰英	通江	郑宗贤	红五军团军部直属卫生队护士长	
161	吴顺英	通江	马树良	红一方面军第四军独立第五师政治指导员	
162	吴秀英	通江	杨向前	红一方面军战士	
163	伍兰英	苍溪	刘忠	红一军团司令部侦察科科长	中将
164	谢元珍	南江	杨汉辉	红一方面军第五军团后方医院看护兵、司药	

续表

序号	女红军姓名	籍贯	丈夫姓名	丈夫长征时所在部队及职务	新中国时期其丈夫军衔
165	向金兰（藏名齐曼）	宣汉	徐国富	红四方面军第三十军八十八师二六三团二营勤务兵	
166	萧有德	通江	杜廷仁	红四方面军战士（夫妻均曾任西路军连长）	
167	邢吉凤	南江	张济民	红军总政治部组织部科长	少将
168	许明贵	南江	刘勇	红一方面军团政委（后在中原突围中牺牲，1948年许明贵再与八路军老干部王国明结婚）	
169	薛正香	通江	杜天德 张幸福	首任丈夫杜天德，红四方面军、西路军战士，在战斗中受伤后病故；第二任丈夫张幸福，红四方面军、西路军战士	
170	鄢秀英	巴中	黎有章	红军干部团连长、红军大学机枪连排长	少将
171	阎新（原名颜秀英）	巴中	陈诚钜	中央军委总政治部巡视员、军委警卫营分总支书记	
172	杨登福	南江	王富德	红四方面军第三十军独立师班长	上校
173	杨国钦	巴中	谢象晃	红一军团一师一团部副官	
174	杨辉	苍溪	吴光辉	红四方面军第四军十二师三十六团三营八连三排排长	中校
175	杨磊	通江	蒲荣钦	红四方面军第九军卫生部医生、前总军医院医务科长	大校
176	杨理明	巴中	张甲成	红四方面军排长	
177	杨林	巴中	刘长东	红三十一军军部交通队队长	
178	杨琴（原名杨在田）	通江	张天伟	红四方面军第四军作战参谋	
179	杨琴	苍溪	吴翠梧	红一方面军营部文书	
180	杨淑兰	宣汉	石忠汉	红四方面军第三十一军七团政治委员	少将
181	杨文局	达县	郑义斋	红四方面军总供给部部长（在西路军西征中牺牲）	
182	杨献珍	巴中	高大新	红四方面军第十师特务连连长（1938年夫妻双双从延安退伍落户于安徽省颍上县）	

续表

序号	女红军姓名	籍贯	丈夫姓名	丈夫长征时所在部队及职务	新中国时期其丈夫军衔
183	杨秀兰（原名杨中云）	南江	杜德贵	红四方面军战士	
184	杨秀英（藏名阿初）	金川	邵式平	红五军团政治部地方工作部部长、中共大金省委书记、红四方面军政治部地方工作部部长（在长征中与藏族姑娘杨秀英结婚半年后，因故失去联系，再未重逢）	
185	杨云珍	旺苍	欧阳平	中央红军干部团干事、指导员、教员	少将
186	杨征鹏	达县	黎同新	红一军团卫生部政治处党总支书记，干部团指挥科三队支部书记	少将
187	姚树兰	苍溪	郑金仕	中央警卫营战士和毛泽东警卫班班长	大校
188	叶冰	通江	陈春林	红六军团第十七师战士	大校
189	叶林	巴中	王晓生	红一方面军连队政治指导员、营教导员	大校
190	尹清平	旺苍	何长工	红一方面军第九军团政治委员	
191	余晋	巴中	张云	红四方面军通讯员	大校
192	袁先义	宣汉	王仁兴	红四方面军干部	
193	岳开珍	苍溪	唐文义	红四方面军战士（曾任中央警卫团团长）	
194	岳克	南江	张忠 王贵福	红四方面军某教导队指导员（抗日战争中牺牲）；红四方面军战士	
195	岳坤	南江	赖其正	红一方面军第一军团青年干事	大校
196	岳琴	通江	傅培章	中央红军总卫生部材料科科长	
197	岳世珍	南江	程道苍	红四方面军第四军某师卫生所所长	
198	翟清明	旺苍	郭林森	红四方面军第九十九师供给部主任	
199	张诚	万源	胡仁（原名李德尧）	红星纵队第15大队中队长、红星纵队司令员李维汉的副官、中革军委总司令部第四局军务科科员	

续表

序号	女红军姓名	籍贯	丈夫姓名	丈夫长征时所在部队及职务	新中国时期其丈夫军衔
200	张兰	万源	何辉燕	红四方面军第四军医院政治委员	少将
201	张静	阆中	陈庆先	中共金川省委组织部部长、红四方面军回民独立师政治委员	中将
202	张明秀	昭化	罗炳辉	红三十二军军长	
203	张萍（原名张先秀）	阆中	金行生	红一方面军连指导员	
204	张仕南	南江	伍桂盛	红一军团教导营某连指导员	
205	张苏（张甦）	通江	李定灼	红四方面军第四军第十师三十团政治委员	少将
206	张庭富（后改名张庭福）	通江	熊国炳	川陕省苏维埃政府内务委员会主席、红四方面军群众工作部科长（夫妻俩在1937年红西路军西征作战中失散）	
207	张文（原名张熙泽）	通江	洪学智	红四方面军第四军政治部主任	上将
208	张显明	通江	娄保成	红三十三军、红五军传令兵	
209	张艺（原名张永英）	宣汉	许允安	红一方面军干部	
210	张英桂	蓬溪	王承隆	红二军团军团部警卫营排副	
211	张玉清	开县	杨青山	红三军团四师十三团连长	
212	张云	万源	陈美福	中革军委警卫团团副团长	少将
213	张子清	宣汉	沙纳	格勒得沙革命党任宣传部长	
214	赵碧轩	阆中	黄欧东	红一军团师政治部宣传科科长、军团教导营指导员	
215	赵桂兰	通江	王长元	红四方面军第九军军委管理员	
216	赵桂英	苍溪	田池（原名田启炳）	红四方面军特务连连长	
217	赵惠兰	阆中	刘绍文	红五军团十三师三十八团政治处俱乐部主任	少将
218	赵玲	广元	陈开路	红一军团二团连长	大校

续表

序号	女红军姓名	籍贯	丈夫姓名	丈夫长征时所在部队及职务	新中国时期其丈夫军衔
219	赵明珍	达县	王盛荣	红军总政治部青年部副部长、部长	
220	赵秀英	苍溪	刘先成	红四方面军战士	
221	赵英	通江	陈兴元	红四方面军第九军二十五师七十四团宣传员	中校
222	赵珠明	阆中	李政	红一方面军第三军团某连指导员、红四方面军某师与党中央的联络员	
223	郑光明	南江	龙有智	红四方面军第三十军二五八团排长、军部警卫连连长	
224	郑琴	达县	沈新发	红一方面军师政治组织科科长、师特派员等职	
225	钟玉萍	巴中	王才贵	红四方面军团长	少将
226	周明（原名吕秀英）	南江	李福太 邹顺清	原配丈夫李福太，红四方面军第三十一军宣传干事，1942年牺牲；1945年，周明与参加过长征的新四军新五师卫生部政委邹顺清结婚	
227	周秀英	仪陇	刘兴渭	红五军团卫生部连、营指导员	
228	朱德云	仪陇	刘复杰	川陕省革命法庭秘书长、川康省肃反委员会委员兼秘书长	
229	朱世清	通江	翁祥初	红一军团二师巡视团主任	少将
230	朱庭寿	旺苍	胡丰珍	红一方面军战士	
231	朱应明	旺苍	吴基荣	红四方面军总医院六分院院长	上校

资料来源：川陕苏区将帅碑林办公室编：《川陕苏区将帅碑林碑文集》（共4集），1995—2003年内部版；曾志主编：《长征女战士》，北方妇女儿童出版社1986年版；四川省妇女联合会编著：《巴蜀巾帼壮歌——红四方面军女战士革命斗争实录》，四川人民出版社1993年版；王友平主编：《长征中的川籍女红军》，四川辞书出版社2016年版；麻昆、安永香主编：《中国工农红军西路军将士名录》，2018年内部版；部分女红军后代采访资料等。表中女红军的籍贯地名均以当时情况为准。

附录三：双方均参加过长征的部分川籍女红军夫妇合影

谭政大将与王长德（右）夫妇合影（李宏　供图）

1950年朱良才将军（右）与李开芬夫妇合影（朱新春　供图）

1965年谭冠三将军（右）与李光明夫妇合影（谭戎生 供图）

1949年刘昌将军（右）与廖殿明夫妇合影（刘国献 供图）

1955年任荣将军与黄琳（左）夫妇合影（任曼莉 供图）

赵明才与贾克林（左）夫妇合影（赵金琳 供图）

沈昌荣与李中秋（左）夫妇合影（沈继武 供图）

1951年王兴友（右一）、蒲秀珍（左一）夫妇与孩子们合影（王小玲 供图）

1954年李质忠与陈其（左）夫妇合影（李学风 供图）

1986年李新耀与刘照林（左）夫妇合影（李军 供图）

程道苍与岳世珍（左）夫妇合影（程延 供图）

戴福九与彭云（左）夫妇合影（戴森元 供图）

马云峰与谭新华（左）夫妇合影（马立国 供图）

余贤谓与万子英（左）夫妇合影（余良胜 供图）

老丁荣昌将军与王超（右）夫妇合影（丁桂华 供图）

陈美福将军与张云（左）夫妇合影（陈继荣 供图）

赵凯轩与吕桂兰（左）夫妇合影（赵纯明 供图）

郑金仕与姚树兰（右）夫妇合影（郑志强 供图）

徐久智与李林（左）夫妇合影（徐燕 供图）

张树才将军与何建平（左）夫妇合影（张北华 供图）

谢象晃与杨国钦（左）夫妇合影（谢军 供图）

杨家华与侯敏（左）夫妇合影（杨鲁军 供图）

石忠汉将军与杨淑兰（左）夫妇合影（石晓光 供图）

赵桂兰（前排左二）、王长元（前排右二）夫妇与孩子们合影（王亚琴 供图）

陈诚钜与阎新（左）夫妇合影（陈荣莲 供图）

刘兴渭与周秀英（右）夫妇合影（刘福 供图）

郑自兴与崔珍（左）夫妇合影（郑延涛 供图）

1951年陈学品与李明（左）夫妇合影（陈新民 供图）

何智与巨林秀（右）夫妇合影（何源 供图）

朱友德大校与童云（左）夫妇合影（朱伶娅 供图）

肖茂山与建华（左）夫妇1980年合影（肖先洋 供图）

肖赤与孙克（左）夫妇合影（肖援朝 供图）

年正茂与陈明（左）夫妇合影（牟光灿 供图）

白崇友将军与王顺洪（右）夫妇合影（白黎明 供图）

乐军与吴朝祥（左）夫妇1970年合影（乐洪 供图）

樊学文将军与陈在如（左）夫妇合影（樊时青 供图）

1964年李定灼将军与张苏（左）在武汉合影（李螯 供图）

张元辅大校与苏琴（右）夫妇合影（张秋明 供图）

赖春风将军与黄海云（左）夫妇合影（赖亚力 供图）

黎同新将军与杨征鹏（右）夫妇合影（黎桦 供图）

白志文将军与郭长春（左）夫妇1960年在天津合影（白玉平 供图）

陈文彪将军与贾晔（右）夫妇合影（陈岩 供图）

钟步云烈士与高秀英（左）夫妇（钟小兰 供图）

张方明大校与高余屏（左）夫妇1938年10月于延安合影（张建新、秦保华 供图）

罗贵波与李涵珍（左）夫妇1940年在山西兴县合影（李兵 供图）

张济民将军与邢吉凤（左）夫妇1955年授衔授勋后合影

邓典桃与李元发（右）夫妇合影（邓良宝 供图）

张忠大校与梁金玉（右）夫妇1965年合影（张永红 供图）

吴基荣大校与朱应明（左）夫妇合影（吴荣 供图）

1973年傅家佑大校与姜萍（左）夫妇合影（傅建长 供图）

蒲荣钦大校与杨磊（左）夫妇1955年授衔时合影（蒲松 供图）

熊友刚大校与罗林（左）夫妇合影（熊忠辉 供图）

孙仪之将军与秦仪华（右）夫妇合影（秦柳莎 供图）

20世纪70年代钟池将军与林波（左）夫妇在成都军区住地合影（钟小朝 供图）

1985年何长工与尹清平（左）夫妇在北京合影（何光璘 供图）

赖正其大校与岳坤（左）夫妇合影（赖菲 供图）

1949年宋代兴与马朝清（左）夫妇合影（宋云琳 供图）

1974年谭世忠与王瑛（右）夫妇在延安合影（谭晓红 供图）

1989年陈正洪与李鸿翔（左）夫妇合影（陈艳林 供图）

1959年胡登高将军与程桂（左）夫妇合影（胡延苏 供图）

1949年王能益与侯立珍（左）夫妇合影（王善平 供图）

1949年张有年与邬先碧（左）夫妇合影（张晓云 供图）

1968年刘忠将军与伍兰英（右）夫妇在北京合影（刘蒨 供图）

张令彬将军与李玉兰（左）夫妇合影（张津飞 供图）

刘凤邻大校与贺林声（左）夫妇合影（刘国华 供图）

1955年杨步金大校与贺林（右）夫妇合影（杨庆苏 供图）

1953年薛立平与刘立清（左）夫妇与孩子合影（薛曙光 供图）

1944年田池与赵桂英（右）夫妇同孩子在延安合影（田冲 供图）

参考文献

一、专著

1.中共中央党史研究室第一研究部编著：《红军长征史》，中共党史出版社2006年版。

2.中共四川省委党史研究室：《红军长征在四川（修订版）》，四川人民出版社2017年版。

3.中国工农红军第四方面军战史委员会：《中国工农红军第四方面军战史资料选编》，解放军出版社1993年版。

4.《中国工农红军第四方面军战史》编委会：《中国工农红军第四方面军战史》，解放军出版社1992年版。

5.中共中央党史研究室编：《红军长征纪实丛书》，中共党史出版社2016年版。

6.秦生：《红西路军史》，中国社会科学出版社2011年版。

7.曾志：《长征女战士》（共2卷），北方妇女儿童出版社1986年版、1987年版。

8.中共中央党史和文献研究院：《中国共产党的一百年》（新民主主义革命时期），中共党史出版社2022年版。

9.《瞭望》编辑部：《红军女英雄传》《红军女英雄传（增补本）》，新华出版社1986年版、1989年版。

10.中国工农红军长征史料丛书编审委员会编：《中国工农红军长征

史料丛书（共15册）》，解放军出版社2016年版。

11.董汉河：《西路军女战士蒙难记》，解放军文艺出版社1989年版。

12.四川省阿坝藏族羌族自治州妇女联合会：《女红军在雪山草地》，四川民族出版社1990年版。

13.四川省妇女联合会编：《妇女之路：新民主主义革命时期的四川妇女》，四川人民出版社2012年版。

14.四川省妇女联合会编著：《巴蜀巾帼壮歌——红四方面军女战士革命斗争实录》，四川人民出版社1993年版。

15.席君：《巾帼悲歌——女红军长征全景报告》，四川人民出版社1995年版。

16.孙兆霞：《西征中的红军女战士》，甘肃人民出版社1993年版。

17.马宏伟：《长征中的女红军》，军事科学出版社2004年版。

18.中共中央党史研究室第一研究部编：《巾帼红军忆长征》，中共党史出版社2017年版。

19.黄国柱、张雅宾、孙伟：《我的长征——寻访健在老红军（上、下）》，解放军文艺出版社2005年版。

20.中国工农红军第四方面军战史编辑委员会：《中国工农红军第四方面军人物志》，解放军出版社1998年版。

21.常敬竹：《战地女杰：长征中的红军女战士》，中共党史出版社2006年版。

22.潘宏、马宏伟：《爱在长征中》，中央文献出版社2006年版。

23.唐志坤：《红色丰碑：在万源战斗过的100名红军》，中国图书出版社2006年版。

24.中共阆中县委党史研究室、阆中县民政局合编：《阆中红军录》，重庆出版社1991年版。

25.中共苍溪县委党史研究室等：《血沃苍山——红四方面军转战苍溪》，中共党史出版社2015年版。

26.李芝兰编著：《巾帼壮歌——川陕苏区女红军纪实》，大众文艺出版社2008年版。

27.中共旺苍县委宣传部：《红军妇女独立师》，大众文艺出版社2009年版。

28.王忱、江山：《中国女红军长征记》，华艺出版社2012年版。

29.傅钟：《征途集》，上海文艺出版社1993年版。

30.（美）杨海伦.选择革命——长征中的红军女战士［M］.北京：中共中央党校出版社，2011.

31.成亚平主编：《兵妈妈》，上海人民出版社2017年版。

32.徐向前：《历史的回顾》，人民出版社2016年版。

33.《李伯钊文集》，解放军出版社1989年版。

34.萧云：《我的母亲——长征中最小的女红军》，中国文联出版社2021年版。

35.张文：《我的红军之路》，解放军出版社2012年版。

36.何丽：《我的红军母亲蒲文清》，中国民主法制出版社2015年版。

37.冰山：《寻找女红军》，中国三峡出版社2004年版。

38.中共成都市委党史研究室：《红军在成都》，中共党史出版社2014年版。

39.中共苍溪县委党史研究室、苍溪县档案馆编：《苍溪红军录》，电子科技大学出版社2005年版。

40.中国人民解放军文艺史料编辑部：《中国人民解放军文艺史料选编（红军时期）》，解放军出版社1986年版。

41.中国人民解放军成都部队川陕革命根据地军事斗争史编委会：《巴山烽火：川陕革命根据地回忆录》，四川人民出版社1981年版。

42.《艰苦的历程——中国工农红军第四方面军革命回忆录选辑（上、下）》，人民出版社1985年版。

43.中共旺苍县委党史研究室：《红军在旺苍》，吉林文史出版社2018年版。

44.许世友：《我在红军十年》，战士出版社1983年版。

45.李蕾杨、雪燕：《张琴秋传：花开花落，无衔女将的美与痛》，长征出版社2012年版。

46.中共旺苍县委党史研究室编：《川陕苏区旺苍红军名录》，团结出版社2017年版。

47.川陕革命根据地历史文献选编编委会：《川陕革命根据地历史文献选编（上、下）》，四川人民出版社1979年版。

48.巴中老区促进会、中共巴中市委党史办公室编：《川陕苏区·巴中卷》，四川人民出版社2012年版。

49.中共绵阳市委党史办公室编：《川陕苏区·绵阳卷》，四川人民出版社2012年版。

50.中共南充市委党史办公室编：《川陕苏区·南充卷》，四川人民出版社2012年版。

51.陈思华、李正郁主编：《川陕苏区·绵阳卷》，四川人民出版社2012年版。

52.张茂枝主编：《川陕苏区·广元卷》，四川人民出版社2012年版。

53.柳建辉主编：《川陕忠魂》，中共党史出版社2012年版。

54.成都军区党史资料征集委员会办公室编：《川陕革命根据地军事斗争史》，四川大学出版社1987年版。

55.成良臣、傅忠贤编著：《川陕苏区研究资料整理与分析》，西南交通大学出版社2014年版。

56.中共南江县委党史研究室：《川陕革命根据地南江斗争史》，中共党史出版社1991年版。

57.秦基伟：《秦基伟回忆录》，解放军出版社2007年版。

58.彭俊礼主编：《通江女红军》，中国文史出版社2015年版。

59.中共四川省党史研究室：《中国共产党四川历史第一卷（1921—1949）》，中共党史出版社2021年版。

60.刘统整理注释：《红军长征记：原始记录》，生活·读书·新知三联书店2019年版。

61.汤华明：《千里征战人未还——长征散落的红星》，武汉出版社2019年版。

62.张崇鱼主编：《红军故事1000例》，北京出版社2013年版。

63.《当代四川》编辑部编：《当代四川妇女运动》，四川科学技术出版社1998年版。

64.林超：《川陕革命根据地历史长编》，四川人民出版社1982年版。

65.四川大学历史系：《四川文史资料选辑（第21辑）》，四川人民出版社1980年版。

66.何光表：《川陕苏区的妇女状况》，作家出版社2007年版。

67.蔡文金、韩望愈主编：《川陕根据地革命文化史料选编》，三秦出版社1996年版。

68.乐洪主编：《洒向人间都是爱：纪念吴朝祥老校长诞辰100周年》，新华出版社2018年版。

69.西华师范大学历史文化学院、川陕革命根据地博物馆：《川陕革命根据地历史文献资料集成》，四川大学出版社2012年版。

70.阚兆江、闫东主编：《长征的故事》，人民出版社2019年版。

71.李跃新等：《走完长征的女红军》，人民出版社2020年版。

72.中共阿坝州委党史研究室、阿坝州地方志办公室编：《阿坝州志之红军长征在阿坝》，四川大学出版社2007年版。

73.巴中市地方志编纂委员会：《巴中市志》，方志出版社2014年版。

74.通江县志编纂委员会：《通江县志》，四川人民出版社1998年版。

75.吴启权：《长征在川大事记要》，四川人民出版社1995年版。

76.江红英、杨萍、宋键：《川陕革命根据地建设研究》，中国文史出版社2014年版。

77.董汉河：《西路军沉浮录》，甘肃人民出版社1995年版。

78.甘肃省志编纂委员会：《甘肃省志·军事志》，甘肃人民出版社2001年版。

79.杨尚昆：《杨尚昆回忆录》，中央文献出版社2007年版。

80.周广振、周桂英：《浩气壮河湟——西路红军在青老战士》，青海省民政厅、西宁市民政局编印，1981年内部版。

81.董汉河：《西路军战俘纪实》，宁夏人民出版社1992年版。

82.中国人民解放军北京部队后勤部政治部：《为了红色中华》，中国青年出版社1984年版。

83.罗北捷主编：《林月琴画传》，解放军出版社2014年版。

84.李安葆、刘录开：《女红军长征记》，中国妇女出版社1991年版。

85.顾秀莲主编：《20世纪中国妇女运动史（上卷）》，中国妇女出版社，2008年版。

86.四川省地方志编纂委员会：《四川省志·军事志》，四川人民出版社1999年版。

87.邹敏、朱晓舟：《红军长征与四川史事研究》，四川人民出版社2021年版。

88.《军嫂》杂志社编著：《跟着信仰走——我们家的长征故事》，人民出版社2016年版。

89.李中权、李中柏：《母亲万岁》，华艺出版社2006年版。

90.王国华、孙瑛主编：《飘落的种子——四十八个西路军流落生活纪实》，兰州大学出版社2008年版。

91.王友平主编：《长征中的川籍女红军》，四川辞书出版社2016年版；《长征中的川籍女红军（增订本）》，四川辞书出版社2024年版。

92.中国人民革命军事博物馆编：《读懂长征》，江苏人民出版社2016年版。

93.麻琨、安永香主编：《中国工农红军西路军将士名录》（内部资料），2018年版。

94.中共中央组织部老干部局、解放日报社合编：《长征路上访红军采访实录》，百家出版社1996年版。

95.王定国著、谢飞选编：《百岁红军百年路》，人民文学出版社2023年版。

96.蒋超：《红西路军女战士研究》，复旦大学博士后研究工作报告，2021年内部版。

二、论文

1.胡敏、张惠：《长征中的巴蜀娘子军》，《四川党史》1994年第2期。

2.卢振国：《随红四方面军长征的女红军》，《党史博览》2006年第1期。

3.何先成：《红四方面军妇女独立团详考》，《苏区研究》2018年第2期。

4.邓均洪：《川陕苏区妇女武装产生的历史条件探》，《四川党史》1998年第1期。

5.朱威博：《浅析川陕苏区妇女武装的作用》，《黑龙江史志》2013年第21期。

6.徐峰：《性别视域下川陕妇女的解放与革命——以红四方面军妇女独立团为中心》，《党史研究与教学》2014年第5期。

7.邓宏灿等：《红四方面军女战士在长征中的作用和贡献初探》，《四川党史》1988年第3期。

8.王东：《论女红军在长征中的突出作用和贡献》，《中州学刊》2006年第5期。

9.毕瑛涛：《川陕革命根据地时期妇女运动与妇女工作的历史特点与分析》，《四川文理学院学报》2018年第3期。

10.吕满文：《红军时期女子部队的表现及作用》，《河北学刊》2016年第3期。

11.江小惠：《长征中女红军的革命精神与历史贡献论析》，《江苏大学学报（社会科学版）》2006年第6期。

12.刘景华：《女红军在长征中的主要作用及贡献》，《青海社会科学》1996年第1期。

13.邵雍：《长征中的女红军》，《上海师范大学学报（哲学社会科学版）》2014年第4期。

14.王继凯：《长征巾帼——特殊的英雄群体》，《百年潮》2016年第8期。

15.周彩玲：《长征路上的女红军》，《中国博物馆馆刊》2016年第10期。

16.赵雅：《参加长征的女红军全景回眸》，《党史博览》2015年第10期。

17.王友平：《长征中的川籍女红军述论》，《中共四川省委党校学报》2019年第4期。

18.刘红曼：《试论女红军在长征中的重要作用》，《世纪桥》2021年第1期。

19.余洪远：《巴山女红军》，《解放军报》1984年3月4日。

20.郭斓：《主体自觉与形象重塑——论长征女红军的美好革命品质》，《长征学刊》2023年第4期。

21.王友平：《巾帼红军风采录——七位川籍女红军采访记》，《巴蜀史志》2024年第1期。

后 记

中国工农红军长征是人类历史上的伟大奇迹，是"人类为追求真理和光明而不懈努力的伟大史诗"。作为一位历史学者和党校党史教员，研究和宣传举世闻名的红军长征是我义不容辞的责任。经研究发现，在所有参加长征的女红军战士中，四川籍女红军占总人数的90%以上，并有单独的军事建制——妇女独立团（两个团共2000多人），总计数千人。她们理想信念坚定，革命意志非凡，吃苦耐劳，英勇顽强，大部分在长征和紧接着的红军西路军西征中壮烈牺牲或失散流落各地，其幸存者在后来的一生中继续发扬长征精神，为中国的革命和建设作出了不可磨灭的重要贡献。她们永远值得我们敬仰、学习和宣传！

早在26年前，我发表了研究长征的第一篇文章——《红四方面军长征的第一战》，此后一直特别关注红军长征史的研究，并接受过电视台关于"长征路上的巾帼英雄"的专题采访。2016年在纪念红军长征胜利80周年之际，我策划主编的《长征中的川籍女红军》一书得以公开出版，社会反响不错。在此基础上，我申报了四川省社会科学研究"十三五"规划2017年度重点项目研究课题《川籍女红军的长征历程及革命贡献》，获得批准立项，于2020年初在新冠疫情肆虐之下完成其最终成果撰稿并顺利通过结项，形成本书稿的基本内容。与此同时，我又在此基础上申报了国家社会科学基金项目《长征女红军对中国革命和建设的重要贡献研究》，并于2020年9月获得批准立项，于是又对此课题进一步深化拓展研究，终于形成这一国家课题的阶段性成果《浴血长征的川籍女红军》书稿。

本书的编撰出版，是一项艰巨的任务、浩大的工程。所幸的是，在本书的撰写过程中，得到了许多红军后代、有关部门领导和专家学者朋友们的大力支持和热情帮助。本书的顺利完成，首先得益于本人所在单位中共四川省委党校（四川行政学院、四川长征干部学院）领导及科研处的高度重视和大力支持。

特别令人感动的是，本课题研究过程中得到了全国各地健在的几位川籍女红军和20多个省份的共160多家川籍女红军后代的热情支持和帮助。其中，在北京的就有50多家红军亲属直接给予支持。原国家主席杨尚昆与李伯钊之子杨绍明同志自始至终关心支持本课题的研究，并担任本书顾问。中国共产党的主要创始人之一董必武与何连芝之女董良翚及董老之孙董绍壬、董绍新；开国上将洪学智与张文之子女洪虎、洪炜，萧华与王新兰之子萧云，朱良才与李开芬之子朱新春，王宏坤与冯明英之子王新中；开国中将刘忠与伍兰英之女刘蒨，张令彬与李玉兰之女张津飞，陈庆先与张静之子陈永安，陈仁麒与黎萍之子陈晓洲；开国少将龙飞虎与孟瑜之女龙铮，孙仪之与秦仪华之女秦柳莎，李基与权卫华之女李京沙，白崇友与王顺洪之子白黎明，樊学文与陈在如之子樊时青，任荣与黄琳之女任曼莉，陈文彪与贾晔之女陈岩，张汝光与何曼秋之子张冀，石忠汉与杨淑兰之子石晓光，以及李中权将军之子李洋等，都给予了热情支持，提供宝贵资料。在北京的其他许多川籍女红军后代，如王定国之子谢亚旭、蒲文清之女何丽、蒲云之女郑复康、尹清平之女何光瑢、马奎宣之子王新飞、甘棠之侄刘文山、史群英之子徐利京、赵明珍之女王莉莉、胡莹之女胡珍、李中秋之子沈继武、许明贵之女王成珉、陈其之子李学风、王克之女崔利群、王德银之子龙伏臣、王秀英之子谢太平、曲飞之女徐莎莉、贾克林之女赵金琳、吕明珍之女徐保平、谭新华之子马立国、岳世珍之女程延、侯正芳之女毛丽华、贺林之子杨庆苏、贺林声之子刘国华、彭云之子戴森元、邬先碧之女张晓云、熊芝兰之子白描、赵明光之子赵辉、杨磊之子蒲松、艾萍之子廖加毅、彭克昌之女姚景云、孙克之子肖援朝、苏琴之女张秋明、李元发之女邓良宝、苗玉香之女贺小洛、华全双之侄女王华等，都给予了大力支持。朱德元帅之外孙刘建将军，刘伯承元帅之外孙张昭昭，红军女将领张琴秋之外孙刘秉宏等也给予了关心和支持。

还有分布在以下20多个省（市、区）的其他川籍女红军的后代，也给予了热情支持。他们分别是：上海的罗炳辉将军与张明秀之女罗鲁安、苏力之子祝辉，天津的徐荷莲之女马燕平，黑龙江的金兆秀之女徐长珍，吉林的赵英之子陈奉春，辽宁的陈美福将军与张云之女陈继荣、罗林之子熊忠辉、文林之女曾江莉，内蒙古的刘昌将军与廖殿明之子刘国献，河北的白志文将军与郭长春之子白玉平、杜永莲之子王延川，河南的余秀英之子周玉贵，云南的丁荣昌将军与王超之子丁桂华、刘文泉之女王小新，山西的崔珍之子郑延涛、雷秀珍之女郝维英，山东的张济民将军与邢吉凤之女张彬，陕西的郑义斋烈士与杨文局之子郑盟海、万曼琳之子路阿峰、唐成芝之子赵太国、赵桂兰之女王亚琴、郑秀英之外孙薛艇，湖北的张广才将军与林江之子张林、李定灼将军与张苏之女李罄、张树才将军与何建平之女张北华、刘照林之女李军、吴朝祥之子乐洪、卢桂秀之女赵玉兰、何炽之子宋涛、刘学芝之女田苏华、姜萍之子傅建长、朱德云之女刘秋林，湖南的张英桂之子王地理、王瑛之女谭晓红、阎新之女陈荣莲，河南的翁琳之女杨苏英，江西的杨国钦之子谢军、李林之女徐燕、姚树兰之子郑志强、吕桂兰之子赵纯明、建华（白蒲秀）之子肖先洋、杜文凯之女况洁、段玉明之女万凤英、刘玲之女李莉、周世清之女杨小林、周秀英之孙女刘华、陈久红之外孙女邢春，江苏的周子昆将军与何子友之女周民、黎同新将军与杨征鹏之女黎桦，安徽的万子英之子余良胜，重庆的刘文治之女谢家喜、朱庭寿之女胡延萍，广东的杨梅生将军与刘坚之子杨秋元、刘子云将军与潘家珍之女刘南征、赖春风将军与黄海云之女赖亚力、赵珠明之子李藻强、胡杰之子沈华伦，广西的李登玉之女王翊、岳坤之孙女赖菲，福建的侯敏之子杨鲁军、高秀英之女钟小兰，新疆的徐美莲之女张抗战，甘肃的安明秀之子马玉虎、罗桂林之女于秀兰、刘万寿之子闫向真、张子槐之子李学民、马玉莲之子邢满堂、董桂芳之子刘西平，青海的吴明兰之子李创业、刘汉润之孙牛义等。

　　在川的众多川籍女红军后代中，在成都的有谭冠三将军与李光明之子谭戎生、钟池将军与林波之子钟小朝、胡登高将军与程桂之女胡延苏、马朝清之女宋云琳、李琳之子时军、李鸿翔之女陈艳林、李天秀之女伏清香、李玉南之子徐维陶、岳克之儿媳薛莉华、侯立珍之儿媳贾晓慧、牟炳贞之子王家源、陈明之子牟光灿、蒲秀珍之女王小玲、王世祥之女王莉萍、胡莲之女周和平、童云之女朱伶娅、韩明珍之女范沁莲、翟清明之子郭玉彬、郑光明之女龙玉玲、张子清之女沙晓燕、张艺之子许建民、张庭福之子黄新世、张诚之女李玲、傅安帮之女王新琴、巨林秀之女何源、赵正富之子赵苏友、王全英之外孙肖宇、李朝春之外孙女王洪英等，在内江的有女红军赵桂英之子田冲、李明之子陈新民、何光之儿媳李伏云，在巴中的有女红军王少连之子张碧志、马光清之子杨毅，在南充的有女红军贯文翠之外孙李志勇等，他们都给予了大力支持。尤其难能可贵的是，老红军张天伟与杨琴之子、80多岁高龄的四川省社会科学院原毛泽东思想研究所所长、研究员张国新先生仔细审读了本书全部书稿，提出了许多宝贵意见和建议。

从2017年以来，我有幸陆续采访到了7位健在的川籍女红军——张文（北京）、万曼琳（西安）、李鸿翔（成都）、王全英（都江堰）、赵桂英（内江）、王少连（巴中）、刘文治（重庆）。如今除百岁女红军王全英还健在外，以上其余6位均已相继离世。另外还有一位走完了长征、至今健在广西南宁、已99岁高龄的四川万源籍女红军李登玉，其女儿王翊为本书提供了不少珍贵资料。

本课题研究还有幸得到了中国社会科学院近代史研究所研究员陈铁健先生，中共中央党校（国家行政学院）原副教育长兼教务部主任柳建辉教授及党史教研部张珊珍教授，原中共中央文献研究室第一编研部主任熊华源研究员（本书顾问），原中共中央党史第一研究部主任霍海丹、蒋建农研究员，中央广播电视总台社教节目中心特别节目部主任、大型电视专题片《长征之歌》总导演闫东，四川大学陈廷湘教授（本书顾问并作序）、杨天宏教授，四川师范大学侯德础教授、王晓焰教授，四川开放大学沈庆生教授，原成都军区某部政委管严，川陕苏区将帅碑林纪念馆终身名誉馆长张崇鱼，甘肃省社会科学院研究员董汉河等专家学者，以及成都红军后代联谊会会长、开国将军余洪远之子余昂的热情帮助和指教。中共四川省委党史研究室的党史专家龚自德、周锐京等及其他地方党史部门、四川省妇女联合会、中国国家图书馆、四川省图书馆、四川省档案馆以及长征女红军精神研究会的专家朋友们也给予了许多帮助。我指导的硕士研究生李国强、肖星、王栎曦、吴秀娟、冯欣、王世辉等也参与了部分资料收集整理工作。四川人民出版社为本书的编辑出版付出了大量心血。谨在此一并致谢！

　　研究和弘扬长征精神是个永恒的课题。本书只是本人所做科研课题的一个阶段性成果，因作者时间、精力及水平所限，书中缺点与不足在所难免，敬请读者批评指正。

王友平（376273783@qq.com）
2024年10月